PRODOTTI ITALIANI

Davide Paolini

PRODOTTI ITALIANI

76 SPEZIALITÄTEN
50 REZEPTE
40 KULINARISCHE AUSFLÜGE
EINKAUFSTIPPS

Christian Verlag

Aus dem Italienischen übersetzt von Bettina Chegini für GAIA Text, München
Redaktion der deutschen Ausgabe: Annerose Sieck für GAIA Text, München
Satz und Produktion: GAIA Text, München

http://www.christian-verlag.de

Die Originalausgabe mit dem Titel *Viaggio nei giacimenti gastronomici italiani* erscheint gleichzeitig im Verlag Arnoldo Mondadori Editore S.p.A., Mailand

Art Director: Giorgio Seppi
Grafische Gestaltung: Mirko Milani

Druck und Bindung: Artes Gráficas Toledo, S.A.
Printed in Spain

ISBN 3-88472-427-4

Inhaltsverzeichnis

Einführung

Was haben *jambon di Bosses, colatura, formaggio di fossa*, traditioneller Balsamico-Essig aus Modena, *ventricina, lardo* aus Colonnata, *pane* aus Altamura, *ragusano* und die übrigen Produkte gemeinsam, die in diesem Buch vorgestellt werden? In den Augen eines oberflächlichen Touristen wohl wenig. Denn nur der Reisende, der sie erforscht, sie berührt und kostet, erfährt, welch enormer Unterschied zu den gastronomischen Produkten besteht, die in Serie und in großen Mengen hergestellt werden. Die in diesem Buch vorgestellten Produkte der italienischen Regionen sind einzigartige Schätze und geschmackliche Raritäten. Sie sind das Ergebnis von Wissen, das seit Generationen überliefert wird. Sie zeugen von echter Handwerkskunst, die durch mechanische oder technologische Mittel keineswegs ersetzt werden kann.

Härtester Gegner dieser gastronomischen Nischenprodukte sind nicht nur die Normen der Europäischen Union, die von den Kleinerzeugern hohe Investitionen für hygienische Zusatzeinrichtungen verlangen, sondern das Gesetz der Nachfrage, das Erzeugnisse mit geringem Absatz für immer vom Markt verbannt. Um in Geschäften und Supermärkten einen – wenn auch beschränkten – Platz in den Regalen zu finden, muss ein Produkt zunächst bekannt sein; eine Eigenschaft, die gerade solchen gastronomischen Schätzen fehlt.

Dieser kulinarische Reiseführer entstand daher aus dem Wunsch heraus zu verhindern, dass sie das Schicksal erleiden, das ihnen „vorgezeichnet" scheint. Italien hat sich in Artikel 9 seiner Verfassung den Schutz von erhaltenswerten Gütern zum Ziel gesetzt: „Die Republik fördert die Entwicklung der Kultur und der wissenschaftlichen und technischen Forschung. Sie schützt die Landschaft und die historischen und künstlerischen Güter der Nation." Auch die gastronomischen Schätze werden als „erhaltenswert" eingestuft. Umweltschutz ist mittlerweile durchgesetzt, seltene Tier- oder Pflanzenarten werden vor dem Aussterben bewahrt. Wie aber soll man gewährleisten, dass gastronomische Raritäten erhalten werden? Nun, indem man ihren Bekanntheitsgrad erhöht, ihre Qualität schützt und Absatzmärkte für sie findet. Dafür hat man bei der EU Gütesiegel beantragt, und die geschützten Herkunftsbezeichnungen IGP (Indicazione Geografica Protetta) und vor allem das höherwertige Siegel DOP (Denominazione di Origine Protetta) zeichnen heute viele lokale Produkte aus.

Es wäre jedoch falsch, diese Schätze zu „ghettoisieren" und Nischen für wenige Feinschmecker zu schaffen. Statt dessen werden sie in diesem Buch in den Mittelpunkt bestimmter Routen gestellt, Seite an Seite mit Denkmälern, malerischen Landschaften und Kunstwerken. Die Orte, an denen man sie herstellt, sollten aber nicht zu Museen, sondern zu wirklich „lebendigen Schauplätzen" kulinarischer Handwerkskunst werden.

Davide Paolini

Aostatal

Die Beschaffenheit einer Region beeinflusst fast immer auch deren Lebensmittelproduktion. So ist es auch im Aostatal, das – im Norden begrenzt vom Massiv des Mont Blanc, auf den Flanken vom mythischen Monte Rosa und vom Gran Paradiso – in seiner geografischen Abgeschiedenheit eine Gastronomie entwickelt hat, die ganz im Zeichen der Almwirtschaft auf den zahllosen Weiden im Hochland steht sowie der Haltbarmachung und Verarbeitung des Fleisches. Letzteres war wegen der schwierigen Transportsituation eine Notwendigkeit. Alle Erzeugnisse mussten lange haltbar sein – nicht nur Milch- und Käseprodukte, sondern auch andere Produkte wie etwa Brot.

Die Milch stellt den größten Schatz dieses Landstrichs dar, das zwar von der Fläche her klein ist, jedoch mit einer unglaublich großen Auswahl von Gaumenfreuden aufwartet. Aus diesem kostbaren Nahrungsmittel von den Sommerweiden rund um die Provinzhauptstadt Aosta, fern aller Umweltsünden, entsteht *fontina*, der bedeutendste Käse der Region.

Neben der umfangreichen Produktion ist dies auch der vielseitigen Verwendbarkeit dieser Käsesorte zu verdanken, die mit zahlreichen weiteren Spezialitäten des Aostatals harmoniert, wie etwa der bekannten gewürzten Polenta. *Fontina* ist Hauptbestandteil der viel gerühmten Fonduta und veredelt überdies fast alle Gemüsesuppen, an denen man sich in dieser Bergregion mit Vorliebe wärmt. Doch die Auswahl an Käsesorten ist sehr vielfältig. So

Regionale Spezialitäten

KÄSE *Seite*

- ***Fontina*** *12*

Robiola vom Großen Sankt Bernhard, Salignön, Toma aus Gressoney, Toma rubleque

WURSTWAREN

- ***Jambon de Bosses*** *14*
- ***Lardo di Arnad*** *16*

Boudin, Rindfleisch in Salz, Mocetta (von der Gämse), Schinken aus Saint Marcel, Tetoun

VON FELD, WALD & WIESE

Esskastanien

VERARBEITETE LEBENSMITTEL

Schwarzbrot

selten wie ausgezeichnet ist der *salignön*, köstlich der *toma* aus dem unteren Aostatal (oder *toma* aus Gressoney) oder der *robiola* vom Großen Sankt Bernhard.
Nicht unerwähnt bleiben soll der *toma rubleque* (auch *reblec* oder *rebleque*).

hen sie zirka zwanzig Tage lang mit verschiedenen Gewürzen. Das Erzeugnis wird in Formen gepresst, gekocht und serviert.
Die Abgeschlossenheit des Tales hat nicht nur das Schwarzbrot erhalten, das in winterlich wärmende Suppen

Auch Rindfleisch hat man mit Salz und den verschiedensten Gewürzen konserviert, daneben gibt es den unvergleichlichen *prosciutto di Bosses* (oder besser *jambon*), den ebenso exzellenten Schinken aus Saint Marcel sowie *lardo* (Speck) aus Arnad.

Das Château St. Pierre, eine der vielen Burgen im Aostatal, thront vor einer schneebedeckten Gipfelkette.

Doch Kühe „geben" nicht nur Milch; produzieren ihre Euter nicht mehr, werden diese im Aostatal zu *tetoun* verarbeitet: In Gignod legt man Kuheuter in Holzbehälter ein, die anschließend mit Salzlake gefüllt werden. Dort ziegetunkt wird, sondern regte auch dazu an, einige besondere Leckerbissen zu „erfinden", wie die *mocetta*, köstliche Gämsenkeulen, die wie Schinken reifen und als Vorspeise oder Appetithäppchen an keiner Tafel fehlen dürfen.

Den Vergleich mit anderen italienischen Regionen braucht dieser Landstrich nicht zu scheuen. Neben kulinarischen Köstlichkeiten erwartet den Besucher aber auch ein echtes Paradies für Bergsteiger und Skifahrer.

Kulinarische Ausflüge

Ruinen und Feste:
Von St.-Rhémy-en-Bosses bis Arnad

Durchstreift man das Aostatal von Nord nach Süd, so entdeckt man nicht nur ein Paradies für Skifahrer und Bergsteiger. Die Region birgt ein wahres Füllhorn an Kultur und gastronomischen Schätzen.

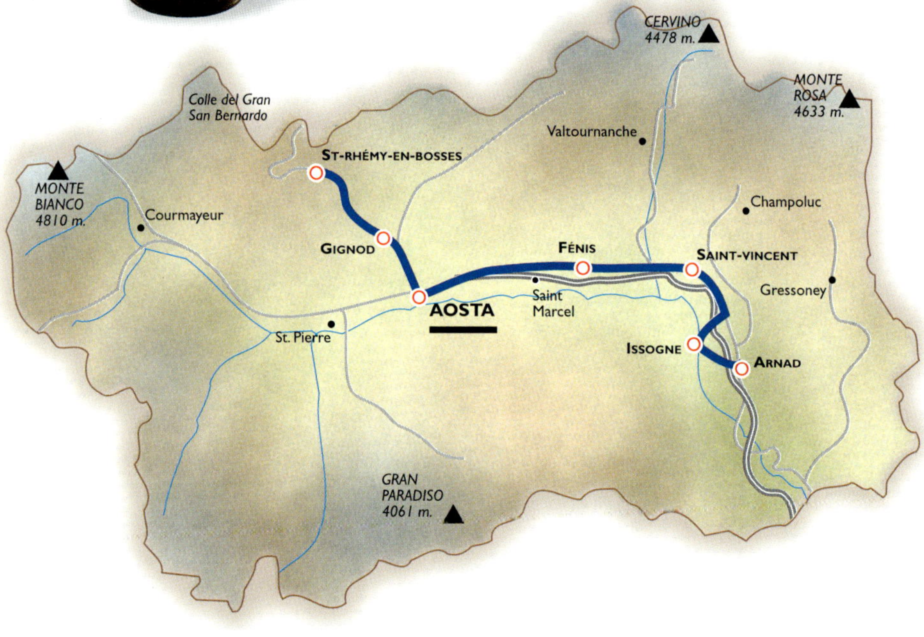

Oben rechts
Ruinen des römischen Theaters in Aosta.
Die imposanten Überreste lassen die einstige Majestät erahnen.
Oben links
„Caffé valdostano" oder „Freundschaftsbecher", ein Symbol hiesiger Gastfreundschaft.
Rechts
Die Ostwand des Monte Rosa.

Route 1

- Ausgangspunkt ist **St.-Rhémy-en-Bosses**, das vermutlich bereits in vorrömischer Zeit bewohnt war; es teilt sich in zwei Ortsteile, das (nahezu unbewohnte) Dorf St.-Rhémy und das 3 km entfernte Bosses. Sehenswert sind die Kirche San Remigio, der Karneval (letzter Karnevalssonntag und Faschingsdienstag) und die *sagra del' jambon de Bosses* (2. Sonntag im Juli), ein Fest zu Ehren des Bosses-Schinkens.

• Weiter geht es nach **Gignod**, wo die Pfarrkirche Sant' Ilario (15. Jh.) und ein quadratischer Turm aus dem 3. Jahrhundert sehenswert sind. Am vorletzten Augustsonntag kostet man hier *feta du tetoun* (typische Wurst mit Kuheuter), dazu *fontina*, *pane nero* (Schwarzbrot), Würste, Kartoffeln und lokale Weine.

• Von Gignod bis **Aosta** (zirka 10 km): Attraktionen sind der herrliche Augustusbogen (25 v. Chr.), das römische Theater und die prätorische Pforte. Hier sollten Sie unbedingt den *fontina*-Käse und die köstlichen Wurstwaren kosten – wie *boudin* (mit Schweinespeck und -blut und Kartoffeln) und *mocetta*, eine Wurst aus Muskelfleisch, die mit Salz, Pfeffer, Thymian, Salbei, Lorbeer, Rosmarin und Pfefferkraut gewürzt wird und monatelang reift.

• Von Aosta bis **Fenis** (14 km): Bemerkenswert sind das mittelalterliche Kastell, die *sagra della frutta* Mitte Juni und der Châtaigne d'Or, ein Kastanienfest, wo es *caldarroste*, geröstete Maroni, und andere Produkte aus Kastanien gibt (letzter Samstag und Sonntag im Oktober).

• Von Fenis bis **St.-Vincent** (13 km): Das Touristenzentrum aus römischer Zeit verdankt seinen Ruf der antiken Thermenanlage und dem Spielkasino. Eindrucksvoll ist die mittelalterliche Kirche San Vincenzo.

• Von St.-Vincent bis **Issogne** (zirka 10 km): Die Burg aus dem 15. Jahrhundert birgt Kunstobjekte aus Gotik und Renaissance.

• Nahebei finden Sie **Arnad** mit der im 11. und 12. Jahrhundert erbauten San-Martino-Kirche und dem *lardo di Arnad*-Fest (Ende August).

Unten links
Blick auf Saint-Rhémy.
Unten rechts
MARKTSZENE, Ausschnitt aus einem Fresko im Kastell von Issogne (spätes 15. Jh.).

Oben
Die Burg von Fenis zählt zu den am besten erhaltenen der Region.

Fontina

AUSSEHEN: *Die Form ist zylindrisch, mit leicht gewölbtem Boden und ganz oder nahezu flachen Seiten. Die Käselaibe wiegen zwischen 8 und 18 kg (die Genossenschaft versucht, sie auf 9 kg zu standardisieren); Höhe 7–10 cm; Durchmesser 30–50 cm.*
FARBE: *Der Teig ist gelb (im Sommer intensiver gefärbt). Die Rinde ist haselnussfarben bis dunkelbraun, je nach Reifezeit geht sie ins Orange über.*
GESCHMACK: *Der Teig zergeht auf der Zunge und ist von besonders süßem, verlockendem Geschmack. Im Sommer hergestellte Fontina hat einen leicht bitteren Nachgeschmack.*
VERWENDUNG: *Erstklassiger Tafelkäse, auch in der Küche verwendbar (für Fonduta, oder in Scheiben auf Fleisch und Gemüse zum Überbacken „alla valdostana“).*
HERKUNFT: *Das gesamte Verwaltungsgebiet Aostatal; hoch geschätzt sind Fontina aus Valtournanche, Champoluc und Aosta.*

Dieses Produkt aus dem Aostatal blickt auf eine jahrhundertelange Tradition zurück: Unverändert blieben Zutaten, Verarbeitung und Geschmack.
Der DOP-Käse aus halbgekochtem Teig verdankt seine hohe Qualität der besonders geschmackvollen Milch sowie der sorgfältigen Verarbeitung und Reifung.
Die Vollmilch stammt von rot oder schwarz gefleckten oder von Aostatal-Kühen, die auf Bergweiden grasen. Verarbeitet wird ausschließlich Rohmilch (das Herstellungsreglement schließt eine Wärmebehandlung vor dem Gerinnen aus). Und so lässt sich das Aroma der Bergkräuter, von denen sich die Kühe ernähren, leicht herausschmecken: Grünfutter im Sommer und Heu aus der

Fonduta

ZUTATEN FÜR 4 PERSONEN:
• 400 g Fontina aus dem Aostatal • 200 ml Milch • 20 g Butter • 4 Eigelb • 1 Trüffel aus Alba • geröstete Brotscheiben

- Fontina in dünne Scheiben schneiden, in einen Terracotta-Topf geben und mindestens zwei Stunden in Milch einweichen.
- Butter in einem geeigneten Tiegel (möglichst aus rostfreiem Edelstahl und mit abgerundetem Boden) schmelzen. Fontina zugeben und bei niedriger Hitze (am besten im Wasserbad) ständig rühren, bis der Käse zu schmelzen beginnt.
- Die Hitze erhöhen und immer schneller rühren, um Klumpenbildung zu vermeiden.
- Das Eigelb nach und nach zugeben und rühren, bis eine kompakte Masse entsteht; Sie darf keine Fäden ziehen.
- Fonduta auf die Teller verteilen, hauchdünne Trüffelscheiben darüber geben und mit gerösteten Brotscheiben oder Polentastückchen auftunken oder wie Fondue „gabeln".

Gegenüberliegende Seite, oben Gefleckte Kühe aus dem Aostatal liefern die Milch für Fontina.
Gegenüberliegende Seite, unten Im Sommer hergestellte Fontina hat einen leicht bitteren Nachgeschmack.
Oben, von links Beim Herausholen des Käsebruchs, beim Säubern der Laibe mit Wasser und Salz und beim Stempeln.

Gegend während des übrigen Jahres.
Nach dem Gerinnen wird der Käse in Formen gefüllt und trocken gesalzen; so reift er zirka drei Monate. Die Laibe ruhen in Grotten, Stollen und alten Minen auf Tannenholz-Gerüsten – bei einer Temperatur zwischen 6 und 10 °C und einer Luftfeuchtigkeit von mindestens 90 Prozent – und werden täglich gewendet.
Der Teig ist weich, geschmeidig, halbgekocht, mit leichter Löcherung und einem Fettanteil von mindestens 45 Prozent. Die Rinde ist dünn und kompakt, ihre Farbe tendiert zu Braun. Je nach Reifezeit geht die Farbe der Rinde ins Orange über.
Der Name „Fontina" wurde erstmals 1717 erwähnt, doch bereits in Texten von 1267 ist allgemein die Rede von *vacherinos*, einem spezifischen Produkt aus Kuhmilch, das als Vorläufer der Fontina gilt.

EINKAUFSQUELLEN

LA VALLE IN UN PUNTO DI PANIZZI PAOLO
Via Roma, 53 - 11013 Courmayeur (AO)
0165 844429

F.LLI PANIZZI - *via Circonvallazione, 41 11013 Courmayeur (AO)* *0165 843041*

CONSORZIO PRODUTTORI FONTINA
Piazza Arco d'Augusto, 10 - 11100 Aosta
0165 44091

Jambon de Bosses

AUSSEHEN: *Halb gepresste Form, um den oberen Teil der Keule ist eine Schnur gebunden.*
FARBE: *Beim Anschneiden haben die Scheiben eine schöne Rotweinfarbe, die mit der weißen Fettschicht kontrastiert.*
GESCHMACK: *Das Fett ist aromatisch; Das Fleisch hat einen delikaten Nachgeschmack nach Wild und ein schmackhaftes süßes Aroma, das ihn von allen anderen Schinken unterscheidet.*
VERWENDUNG: *Wie jeder große Schinken allseitig verwendbar, für Vorspeisen ebenso wie für den Hauptgang.*
HERKUNFT: *Die Gegend rund um Saint-Rhémy-en-Bosses (1600 m) in der Provinz Aosta, im Tal des Großen Sankt Bernhard.*

Von allen Schinken *made in Italy* ist dies vielleicht der am wenigsten bekannte, steht den Übrigen jedoch im Geschmack um nichts nach. Jährlich werden nur zirka

500 Bosses-Schinken hergestellt. Sie haben eine lange Tradition: Hinweise auf den *tybias porci* aus St.-Rhémy finden sich bereits in einem Dokument aus dem Jahre 1397. Heute erhalten ein gutes Dutzend Kleinerzeuger diese Tradition aufrecht, insbesondere Landwirte und Gaststätten. Wie ehedem schlachtet man Schweine ausschließlich von Ende Oktober bis Anfang November. Ein Großteil der

Oben
Alljährlich feiert man in St.-Rhémy am zweiten Julisonntag die *sagra del jambon*, ein Fest zu Ehren des Schinkens.
Rechts
Das Fleisch hat einen delikaten Beigeschmack von Wild und duftet süß.
Gegenüberliegende Seite, oben
Die Schinken reifen in *rascards*, Almhütten aus Holz.
Gegenüberliegende Seite, unten
Der Schinken wird unter anderem mit Thymian, Rosmarin und Knoblauch gewürzt.

Schweine ist für den Eigenbedarf bestimmt; der Rest deckt die Nachfrage innerhalb des Tals.
Die Schinken produziert man einzig rund um die Ortschaft Saint-Rhémy-en-Bosses; hier verarbeitet man die frischen Keulen von Schweinen aus dem Aostatal, dem Piemont, der Lombardei, Venetien und der Emilia-Romagna und lagert sie zur Reifung. Die Keulen werden mit Salz eingerieben und zirka 20 Tage lang in Pfeffer, Salbei, Rosmarin, Knoblauch, Wacholder, Thymian und

Lorbeer aromatisiert; den Oberschenkelkopf und die Muskeloberflächen reibt man mit grob gemahlenem schwarzem Pfeffer ein, um das Oxidieren zu vermeiden. Der Reifeprozess dauert mindestens zwölf Monate. Um die besten Stücke genießen zu können, muss man sich 18 bis 24 Monate gedulden. Diese wichtige Reifungsphase durchlaufen die Schinken meist in den *rascards* (Holzhütten auf den Bergweiden) in rund 1800 Metern Höhe.
Das jährliche Fest *sagra del jambon* findet in Saint-Rhémy am zweiten Julisonntag statt: Dies ist wohl der beste Zeitpunkt, um die Delikatesse zu kosten und zu kaufen. An diesem Tag geht die gesamte Produktion (von gerade einmal 500 Schinken) innerhalb weniger Stunden über die Theken. Danach

findet man die Köstlichkeit nur noch in den Restaurants im Aostatal oder in Privathäusern.

EINKAUFSQUELLEN

Restaurant da Lettry
Ortsteil Saint Leonard, 11
11010 Saint-Rhémy-en-Bosses (AO)
0165 780927

Consorzio Jambon de Bosses
c/o Municipio - Ortsteil Saint Leonard, 10
11010 Saint-Rhémy-en-Bosses (AO)
0165 780821

Lardo di Arnad

AUSSEHEN: *Der Speck wird stückweise verkauft, mit mindestens 3 cm dicker Schwarte. Man produziert ihn aus Schulter und Rücken vom Schwein.*
FARBE: *Weiß, etwas Fleisch ist eingeschlossen.*
GESCHMACK: *Angenehm delikat, mit dem intensiven Aroma der Kräuter, mit denen er gewürzt wird.*
VERWENDUNG: *Häufig veredelt man damit Polenta. In das kalte Wasser für den Maisbrei gibt man einige dicke Scheiben.*
HERKUNFT: *Die Ortschaft Arnad (Ao).*

Jahrelang war Speck aus Arnad von der Tafel verbannt, dann spielte er unversehens wieder eine Hauptrolle. Dieses „Wunder" ist wenigen Vorreitern zu verdanken, insbesondere Arnad, einem kleinem Weiler im Aostatal, der auf eine jahrhundertelange Tradition der Speckherstellung zurückblickt.

Spuren bezeugen, dass hier bereits ab 1550 Speck konserviert wurde: In den Archiven des Klosters Sant' Orso entdeckte man Dokumente, aus denen hervorgeht, dass der Speck früher an die Armen verteilt wurde.
Welche Bedeutung dieses Produkt im Laufe der Jahrhunderte für die Region

Ganz oben
Ein alter hölzerner *doil.*
Oben
Die Mischung aus Kräutern und Gewürzen ist ein Geheimnis.

Unten
Speck aus Arnad schmeckt angenehm delikat.

Ein Allroundtalent

Speck aus Arnad genießt man auf verschiedene Weisen: In sehr dünne Scheiben geschnitten mit einer Scheibe Roggenbrot, wie eine Bruschetta zubereitet (oder mit einer Scheibe gerösteter Polenta), bildet er eine exquisite Vorspeise. In der Küche gibt man ins Kochwasser für Polenta eine Scheibe Speck, oder man verfeinert damit Braten, Wild und Gemüsesuppen.
Einstmals war rund um Arnad (wie fast im gesamten Aostatal) die verbreitetste Zutat *pestada de lard*, die wichtigste Ingredienz für fast alle Gerichte.
Der klein gewürfelte Speck wurde mit einem großem Messer oder einem Wiegemesser auf einem speziellen Brett, das in der Mitte eine Vertiefung hatte, fein gehackt.
Die fertige *pestada de lard* wurde roh in die Minestra gegeben oder mit Zwiebeln und Kräutern in der Pfanne zum so genannten *soffritto* geröstet.

gewann, beweisen auch das 1763 erstmals für das Kastell Arnad erstellte Inventar, in dem Speck aufgeführt ist, und später die Speisekarten der Tavernen in Aosta.
Ein Speck mit der Herkunftsbezeichnung „Valle d'Aosta Lard d'Arnad" muß aus Schulter und Rücken von Schweinen aus dem Aostatal, der Emilia Romagna, Venetien, der Lombardei und dem Piemont gewonnen werden. Sein Geheimnis? Es sind *doils* und Bergkräuter. *Doils* nennt man im örtlichen Dialekt die Holzbehälter (heute bestehen die für den Handel bestimmten Behälter aus rostfreiem Stahl oder Plastik), die die Speckstücke spätestens zwei Tage nach dem Schlachten aufnehmen. In diese *doils* schichtet man mehrere Lagen Speck, abwechselnd mit Salz und einer „geheimen" Mischung aus Gewürzen und Kräutern wie Pfeffer, Lorbeer, Salbei, Rosmarin, Nelkenblüten, Zimt, Wacholder und Muskatnuss. Der Speck wird mit Wasser (das mit Salz und Gewürzen gekocht wurde) übergossen und der Behälter versiegelt. So reift er drei Monate bis über ein Jahr. Um ihn haltbar zu machen, übergießt man ihn mit Weißwein und lagert ihn in luftdichten Gefäßen.

Links
Heute verwendet man statt der *doils* Behälter aus Eisen oder Plastik.
Unten
Speck aus Arnad wird, eingelegt in Salzlake, in Glasgefäßen verkauft.

EINKAUFSQUELLEN

Salumificio Bertolin, *via Nazionale, 11 Ortsteil Extraz, 11020 Arnad (Aosta)*
0125 966127

Piemont

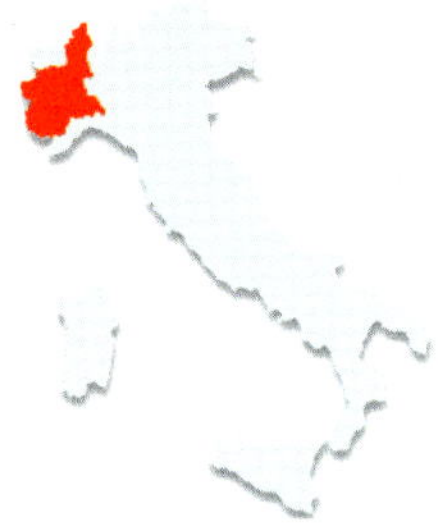

Diese Region hat die Welt der Feinschmecker mit zwei herausragenden Gaumenfreuden erobert: den weißen Trüffeln aus Alba und einem Quintett von Rotweinen (Barolo, Barbera, Barbaresco, Dolcetto und Nebbiolo). Oft geschieht es ja, dass das hohe Prestige einer Delikatesse oder einer Küche den von weit her erwartungsvoll Angereisten enttäuschen kann.
Hier, in den Langhe und im Monferrato, kann Ihnen das mit Sicherheit nicht passieren! Denn bei der Suche nach Trüffeln oder Gerichten, die dieser kulinarische Diamant und ein feiner Tropfen veredeln, gibt es Dutzende atemberaubender Produkte zu entdecken.
Unsere Tour quer durch das Käseangebot beginnt bei Cuneo. Hier begegnet man einer großen Auswahl an *tome*; am bekanntesten sind *tomini* aus Lanzo, die man in Öl, Petersilie und Peperoncino mariniert serviert, und *ricotta* (oder *seirass* aus dem Gebiet von Pinerolo).
Weiter geht es mit *murianengo* (typisch für das Alta Val di Susa, im Gebiet um den Moncenisio), *paglierina* (typisch aus Cocconato im Hügelgebiet des Monferrato) und nicht zuletzt *acceglio* (Maira-Tal), dem kostbaren wie seltenen *bettelmatt* (Ossola-Tal) und *brus*, einer Delikatesse aus einer pikanten Mischung fermentierter Käse, die gelegentlich mit Grappa verfeinert wird.

Regionale Spezialitäten

KÄSE — *Seite*

- ***Castelmagno*** 24
- ***Gorgonzola*** 26
- ***Murazzano*** 28
- ***Robiola di Roccaverano*** 34

Acceglio, Bettelmatt, Bra, Bruss, Frachet, Grana Padano, Motta, Murianengo, Paglierina, Raschera, Sargnon, Seirass, Taleggio, Toma aus Lanzo, Toma piemontese und Tomini

WURSTWAREN

Salsiccia aus Bra

VON FELD, WALD UND WIESE

- ***Nocciola Tonda Gentile*** 30
- ***Riso del Piemonte*** 32
- ***Tartufo bianco di Alba*** 36

KONSERVEN

Cugnà

KONDITORWAREN

Baci di Cherasco 22

Haselnußcreme, Cuneesi, Gianduiotti, Krumiri, Margheritine aus Stresa und Torrone

Weiterhin gibt es *sargnon* (rund um Biella), *frachet* aus den Hochlagen um Novara und *motta* aus Vercelli.
Mit einem Wort, das gesamte Piemont produziert Käse von so guter Qualität, dass insgesamt neun davon das heiß begehrte DOP-Siegel der europäischen Union erhielten: *bra, castelmagno, murazzano, raschera, robiola* aus Roccaverano, *roma piemontese, gorgonzola, grana padano* und *taleggio*.
Seinen außerordentlichen Überfluss bezeugt das Piemont auch, indem es vielen Käsesorten einen leckeren Begleiter zugesellt: *cugnà* (eine Verballhornung von „Cotognata") aus dem Most von Barberatrauben, Kürbis, Quitten, Wal- und Haselnüssen.
Die große piemontesische Tradition des *bollito*, einem Fleischeintopf aus sage und schreibe acht oder neun erlesenen Fleischsorten (aus der Gegend um Carrù, die für fette Ochsen berühmt ist), verlangt die *cugnà* als Beilage zu diesem königlichen Regionalgericht (als Saucen werden dazu auch *bagnetto* und *ratatuia* gereicht).
Das Gebiet besitzt eine große Tradition der Käseherstellung, eine üppige Küche mit erlesenem Fleisch, schmackhafte Vorspeisen, aber auch überlieferte Desserts allerersten Ranges. Man denke nur an die Produkte aus *nocciola gentile*, einer Haselnuss-Sorte: vor allem Kuchen, aber auch *torrone*, Haselnusscreme (oder *giacometta alessandrina*).
Und dann: *cuneesi, krumiri* und zum Abschluss eine Reminiszenz an eine große Vergangenheit, die in der Schokolade fortlebt – wie dem köstlichen Nougatkonfekt *gianduiotti*.

Weinberge durchziehen die Langhe. Wie das Monferrato zählen sie zu den interessantesten und vielseitigsten Anlaufstellen für „Gastronauten".

Kulinarische Ausflüge

1 ***„La dolce via": Von Bra bis Monforte***
Lieblich wie die Konturen der Hügel, zuckersüß wie die Konditorwaren mit Haselnuss und Schokolade, oder *dolcetto* wie der hiesige Wein: Diese Route durch die Langhe steht ganz im Zeichen des Genießens.

2 ***Reis und Seen: Von Vercelli bis Stresa***
Eine Route für romantische Gourmets bis zum Lago Maggiore. Den krönenden Abschluss einer Reise zu zweit bildet hier die Tafel mit einem Käse für Kenner: dem Gorgonzola.

3 ***Entdecken Sie einen großen Käse neu: Von Cuneo bis Castelmagno***
Die Zeit scheint hier stillzustehen: Seit 900 Jahren wird im Granatal *castelmagno* produziert.

4 ***Die Schätze des Piemont: Von Dogliani bis Alba***
Wein, Käse und Trüffeln erwarten Sie auf der zweiten und längeren Route durch die Langhe. Sie empfiehlt sich, wenn man die Vorzüge dieser Region entdecken möchte, aber nur wenig Zeit hat.

Ganz oben
Die kostbaren weißen Trüffeln.
Oben
Dieser grün emaillierte Ofen ist typisch für die Traditionen des Piemont.

Route 1

- Ausgangspunkt ist **Bra**, bekannt durch Barockkirchen, durch *bra*, einen Käse aus Kuhmilch, und die *salsiccia* aus Rindfleisch.
- 5 km weiter liegt **Cherasco**. Die Wiege der berühmten *baci* besticht durch das Kastell der Visconti aus dem 14. Jahrhundert, den Rathausturm aus dem 15. Jahrhundert und prachtvolle Privatresidenzen.
- Weitere 9 km führen nach **La Morra**. Vom Turm aus dem 18. Jahrhundert genießt man einen unvergleichlichen Blick über die Langhe.
- 6 km sind es nach **Barolo**. Der Ort ist das Zentrum des Barolo, des Königs der Weine: Kosten Sie die edelsten *crus* in der Enoteca im Kastell Falletti.
- 6 km entfernt befindet sich **Monforte**. Die Piazza, überragt vom Glockenturm aus dem Jahr 1200, dient hier als Auditorium.

Route 2

- Ausgangspunkt ist **Vercelli**: Besuchen Sie in der Stadt die Abtei Sant'Andrea und die Museen Borgogna und Leone. Und genießen Sie die Landschaft mit den fruchtbarsten Reisfeldern ganz Italiens.
- Zirka 20 km weiter liegt **Novara**. Sehenswert: Baptisterium und Museo Lapidario im Dom; eine Kostprobe wert ist der echte

zweischichtige *gorgonzola*.

• 31 km über die Staatsstraße 229 liegt **Borgomanero** mit der schönen romanischen Kirche San Leonardo.

• Nach weiteren 13 km gelangt man ins zauberhafte **Orta San Giulio** am See: Erkunden Sie es zu Fuß, um die Gäßchen und Barockbauten zu sehen.

• Weitere 35 km führen nach **Stresa** am Lago Maggiore. Das Städtchen mit der reizvollen Seepromenade ist berühmt für die Musikwochen im Spätsommer. Naschen Sie die hiesigen *margheritine*, eine Süßigkeit, die einst zu Ehren der Königin Margarete von Savoyen aus der Taufe gehoben wurde.

Route 3

• Ausgangspunkt ist **Cuneo**, eine schöne mittelalterliche Stadt. Sehenswert sind die Kirche Sant' Ambrogio (18. Jh.) und die Kirche Santa Maria.

• Der Weg führt weiter über **Caraglio** und das nur wenige Autominuten entfernte **Monterosso Grana**. Einen Besuch wert ist hier das ethnografische Museum Coumboscuro.

• Eine enge Straße führt weiter durchs Tal hindurch über **Pradleves** bis nach **Castelmagno** (26 km von Caraglio entfernt) mit den Steinhäusern, der berühmten Wallfahrtskirche San Magno und dem noch berühmteren (und raren) *castelmagno*, einem Käse, der seit dem Jahr 1100 hier hergestellt wird.

Route 4

• Ausgangspunkt ist **Dogliani**: Ein Schlückchen Dolcetto in der Enoteca im Rathaus (Fr.–So.) ist eine gute Wegzehrung für die Reise.

• Nach 12 km gelangt man nach **Bossolasco**. Den heiteren Ferienort schmücken die pittoresken Schilder der Kunsthandwerker, die zeitgenössische Künstler schufen.

• 10 km weiter südlich liegt **Murazzano**, die Heimat des gleichnamigen Frischkäses aus der Milch von Langhe-Schafen (und Kühen).

• Zirka 20 km ist **Mombarcaro** entfernt: Interessant ist hier die Kirche San Michele aus dem 18. Jahrhundert.

• 21 km weiter umsäumen Nußbaumhaine Cravanzana mit der Burg (17. Jh). Nicht weit entfernt liegt **Roccaverano**: Besichtigen Sie die Kirche der Assunta und kosten Sie vom *robiola*, einem Frischkäse aus Kuh-, Ziegen- und Schafsmilch.

• Nach 24 km erreicht man **Alba**, die Hauptstadt des *tartufo* (Trüffelmesse im Oktober), mit dem Kloster San Domenico, dem Stadtmuseum sowie Konditoreien und Feinkostgeschäften.

Ganz oben
Reisfelder rund um Vercelli: Auf den überfluteten Feldern zerfließt das zarte Grün der wachsenden Reishalme in den silbernen Reflexen des Wassers.
Oben
Die reizvolle Insel San Giulio, die Perle inmitten des Orta-Sees.

Baci di Cherasco

AUSSEHEN: *Baci sind von Hand und daher unregelmäßig geformt; jede Praline wiegt zirka 8 g.*
FARBE: *Wie Bitterschokolade.*
GESCHMACK: *Zartbitter, mit einem leichten Nachgeschmack nach gerösteten Haselnüssen.*
VERWENDUNG: *Zu jeder Tageszeit, passender Begleiter ist Grappa.*
HERKUNFT: *Cherasco in der Provinz Cuneo.*

Man schrieb das Jahr 1881, als ein erfinderischer Zuckerbäcker aus Cherasco, Marco Barbero, diese köstlich ausgefallenen Pralinen erfand, die mittlerweile zum Wahrzeichen des Städtchens in den Langhe avancierten.

Die Geschichte der Baci ist interessant. Marco Barbero, der Spross eines bescheidenen Schneidermeisters, beschloss das Handwerk des Konditors zu erlernen und verdingte sich in Turin als Gehilfe. Einige Jahre später, ins heimatliche Cherasco zurückgekehrt, eröffnete der unternehmungslustige Marco einen wunderschönen Laden in der Ortsmitte: mit Holzregalen, Tischchen aus weißem Marmor und Kupferlüstern. Seine Ambition war es, nicht nur das Gelernte in die Praxis umzusetzen, sondern sich darüber hinaus im Erfinden der verschiedensten Naschereien zu versuchen.

Dass er die richtige Formel entdeckt hatte, stellte er fest, als er seinen Kunden ein Tablett mit ausgefallenen Pralinen anbot. Außen dunkel und im Inneren knusprig, fanden sie allgemein großen Anklang.
Das Rezept für Baci aus Cherasco blieb bis heute ebenso unverändert wie die elegante Konditorei. Für die „Küsse" werden einfache Zutaten verwendet (Haselnüsse aus den Langhe, im Holzofen geröstet, und Bitterschokolade), doch das Geheimnis ihrer Herstellung ist *top secret* und wurde erst von der Gründerfamilie eifersüchtig gehütet, später von Giancarlo Torta, der im September 1997 den Betrieb von den beiden Barbero-Schwestern übernahm. Die Konditorei Barbero stellt das ganze Jahr über Baci her, wenn auch die sommerliche Hitze Produktion und Verbrauch etwas drosselt. Die dekorativen Pralinenschachteln, die seit dem 19. Jahrhundert nicht verändert wurden, schmücken heute die renommiertesten Konditoreien in den größten Städten Italiens. In der Folge dieses Verkaufsschlagers wurden andere süße „Küsse" erfunden, doch die aus Cherasco sind bis heute unerreicht.

Gegenüberliegende Seite, oben
Haselnüsse sind eine der wichtigsten Zutaten für Baci aus Cherasco.
Gegenüberliegende Seite, unten
Ein Tablett voller Baci und eine der raffinierten Verpackungen, in denen die köstlichen Pralinen verkauft werden.
Diese Seite, oben
Luftansicht von Cherasco; gut sichtbar ist die Wallfahrtskirche der Madonna del Popolo.
Mitte
Bitterschokolade verleiht den Baci ihren typischen Geschmack.
Unten
Das elegante Interieur der Pasticceria Barbero.

EINKAUFSQUELLE

Pasticceria Barbero
Via Vittorio Emanuele, 74
12062 Cherasco (CN) ☎ 0172 488373

Castelmagno

AUSSEHEN: *Die Laibe wiegen zwischen 2 und 7 kg; sie sind zylinderförmig, mit flachen Oberflächen; Höhe 15–20 cm; Durchmesser 15–25 cm.*
FARBE: *Der Teig ist halbfest und mürbe, mit der Reifung nimmt er eine goldgelbe Färbung mit blaugrünlicher Äderung an. Die Rinde des jungen Käses ist gelb-rötlich und wird im Laufe der Zeit dunkel, dick und rau.*
GESCHMACK: *Fein, delikat, mäßig gesalzen beim jungen Käse; im Laufe des Reifeprozesses wird er kräftig und pikant.*
VERWENDUNG: *In erster Linie als Tafelkäse, auch wenn die Gastronomen des Herkunftsgebiets ihn unter anderem mit Gnocchi und Crêpes kombinieren.*
HERKUNFT: *Begrenzt auf drei Ortschaften im Granatal: Castelmagno, Pradleves und Monterosso Grana.*

Wie zahlreiche Käsesorten aus dem Piemont blickt auch der Castelmagno auf eine lange Geschichte zurück. Rund um Cuneo war er einst derart kostbar, dass er als Maß- und Tauscheinheit diente: *caseus unus valens denarios duodecim* (ein Stück Käse ist zwölf Münzen wert), befand ein Schiedsspruch aus dem Jahre 1277.

1996 gelang es dem Schutzkonsortium, das DOP-Zeichen für diesen Käse zu erhalten. Er wird aus der Vollmilch von Kühen hergestellt; gelegentlich fügt man etwas Schafsmilch und/oder Ziegenmilch einer Piemonteser Rasse hinzu. Die Milch des ersten Melkgangs bleibt die Nacht über in Holz- oder Aluminiumbehältern stehen; am Tag danach wird die Milch des zweiten Melkgangs hinzugefügt. In Kessel ge-

Oben
Für die Herstellung von Castelmagno reift der Käsebruch in der Molke.
Rechts
Ein Laib Castelmagno: Den Reifegrad erkennt man an der Konsistenz des Teigs.

gossen und auf 37–38 °C erhitzt, gerinnt sie mit flüssigem Kalbslab. Der Käsebruch – eine der Charakteristika des Castelmagno – bildet sich erst nach einigen Tagen.
Die Kühe bekommen Futter aus der Umgegend; *evax*, typisches Grün von den Sandböden ringsum, verleiht der Milch ihren unverwechselbaren Geschmack.

Selleriecreme mit Castelmagno

ZUTATEN FÜR 4 PERSONEN:

- *1 großer weißer Sellerie (geschält von 400 g Gewicht)*
- *250 g Kartoffeln* • *1 halbe Zwiebel*
- *2 EL natives Olivenöl extra* • *1,3 l heiße Hühnerbrühe*
- *70 g Castelmagno DOP* • *4 EL flüssige Sahne*
- *Salz* • *geröstete Brotscheiben*

• Sellerie schälen, gründlich waschen, Fäden entfernen und in sehr kleine Stücke schneiden; Kartoffeln in kleine Würfel schneiden und die Zwiebel hacken.
• Öl in einem Topf erhitzen, Gemüse zugeben und kurz andünsten.
• Brühe zugießen, zum Kochen bringen und bei geringer Hitze zirka 25 Minuten köcheln lassen. Vom Feuer nehmen und alles pürieren.
• Klein geschnittenen Castelmagno und die Sahne zufügen.
• Erneut pürieren und sofort in warmen Tellern mit geröstetem Brot servieren, garniert mit einem Sellerieblatt.

Die Käselaibe reifen zwei bis fünf Monate in natürlichen Grotten oder auf den Almen der Bergdörfer heran. Einst wurden die Reste des Castelmagno aus der Speisekammer dazu verwendet, traditionellen *brus* (oder *bros*, oder auch *bross*) herzustellen, eine Creme, zu der mit Grappa verfeinerte Reste verschiedener Käsesorten vergoren werden. Heute ist diese Spezialität so gut wie nicht mehr zu finden.

Oben links
Heranreifende Käselaibe.
Links
Castelmagno wird aus Kuhmilch zweier Melkgänge hergestellt.

EINKAUFSQUELLEN

AZ. AGRICOLA LA POIANA - *Piazza Caduti, 1 12020 Castelmagno (CN)* - *0171 986190*

AZ. AGRICOLA DOVE OSANO LE AQUILE *Via Matteotti, 4 - 12020 Castelmagno (CN)* *0171 986110*

MARCO ARNEODO - *Via Vittorio Veneto, 1 12020 Castelmagno (CN)* - *0171 986234*

Gorgonzola

AUSSEHEN: *Zylindrische Form mit geradem Boden; die Käselaibe wiegen zwischen 6 und 13 kg; die Rinde ist rau und rötlich.*
FARBE: *Das Innere ist weiß oder leicht strohgelb, der Edelschimmel bildet Flecken oder grünliche Streifen.*
GESCHMACK: *Süß und leicht pikant.*
VERWENDUNG: *Herrlich zu geröstetem Brot oder auf einer frischen Polentascheibe. In der Küche wird er häufig für Saucen und salzige Dips verwendet.*
HERKUNFT: *Im Piemont aus den Provinzen Novara, Vercelli, Cuneo und aus der Ortschaft Casale Monferrato. In der Lombardei aus den Provinzen Bergamo, Brescia, Como, Cremona, Mailand und Pavia.*

Es war einmal ein zerstreuter Hirte. Eines Tages, ohne auch nur die notwendigsten Geräte für die Verarbeitung zu besitzen, gab er den Käsebruch aus der wenigen Milch, den seine müden Kühe gaben, in einen Behälter. Monate später kehrte er auf die Bergweide zurück und fand einen „grünen Käse", den der Schimmel pikant und schmackhaft gemacht hatte. Dieser Käse feierte einen großen Erfolg.
Dies ist eine der vielen Legenden, welche die Entstehung des Gorgonzola umranken. Sicher ist, dass dieser einzigartige Käse seit dem 10.–12. Jahrhundert n. Chr. die Gaumen der Gourmets entzückt. Seinen Ursprung hat er in der Lombardei; später eroberte er auch die Käsereien im Piemont, dessen

Birnen mit Gorgonzola

ZUTATEN FÜR 4 PERSONEN:
- *4 Birnen* • *Weißwein zum Bedecken der Birnenhälften*
- *1 gehäufter EL Zucker* • *1 Prise Zimt*
- *45 g Gorgonzola* • *130 g Mascarpone*

- Birnen schälen und in Hälften schneiden. Kerne und Kernhaus entfernen.
- In eine Kasserolle geben und mit Weißwein bedecken.
- Zucker und Zimt zufügen. 5 Minuten kochen lassen.
- Abtropfen und abkühlen lassen, in Dessertschälchen verteilen.
- Gorgonzola in kleine Stücke schneiden. Mascarpone hinzufügen und mit einem Holzlöffel zu einer weichen Creme verrühren. Diese über die Birnen geben.

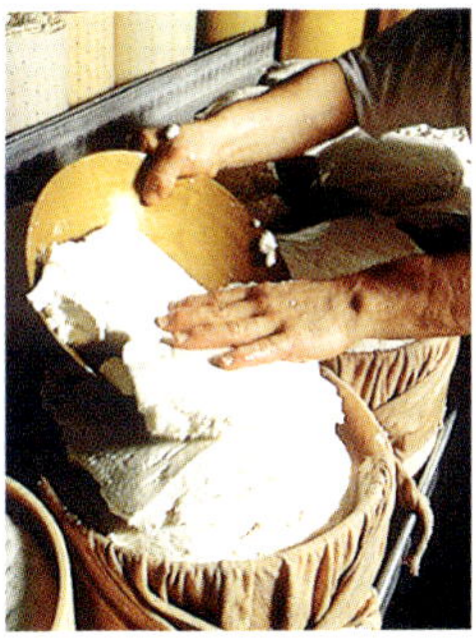

Gegenüberliegende Seite, oben
In einem Kühlraum reifen die Käselaibe bei geregelter Temperatur und Luftfeuchtigkeit.
Gegenüberliegende Seite, unten
Sein typisches Aussehen verdankt der Gorgonzola dem speziellen Edelschimmel.
Links
Der Teig wird in Formen gefüllt; die Form wird umgedreht, damit die Molke abfließt; Anschnitt zur Qualitätsprüfung.

berühmtestes Produkt er heute sicherlich ist. Gorgonzola ist ein fetter Weichkäse mit DOP-Siegel. Sein besonderes Aussehen

erhält er auf verschiedene Weise – je nachdem, ob es sich um den zweischichtigen Gorgonzola handelt, der nach einem alten, mittlerweile nicht mehr angewandten Verfahren hergestellt wurde, oder um den einschichtigen, modernen Typus.
Dieser wird aus Vollmilch hergestellt, die in einem einzigen Melkgang von Kühen in den vom Herstellungsreglement vorgeschriebenen Gebieten gewonnen wird. Die Milch wird pasteurisiert, dann fügt man Milchferment, Lab und Penizillinsporen hinzu. Damit letztere für die speziellen, grünen Flecken des Gorgonzola sorgen können, wird die Form nach einer Reifezeit von drei oder vier Wochen (insgesamt reift er mindestens 60 Tage) mit Kupfer- oder Stahlnadeln durchbohrt, so dass Luft ins Innere eindringen kann.

EINKAUFSQUELLEN

CASEIFICIO EREDI ANGELO BARUFFALDI
Via Roma, 32 - 28060 Castellazzo Novarese (NO)
0321 83717

CASEIFICIO LEONARDI ANTONIO
Via Momo, 130 - 28047 Oleggio (NO)
0321 998609

CASEIFICIO DEFENDI LUIGI SRL
Via Francesca, 4
24043 Vidalengo di Caravaggio (BG)
0363 301022

CONS. PER LA TUTELA DEL FORMAGGIO GORGONZOLA - *Via P. Azario, 3*
28100 Novara *0321 626613*

Murazzano

AUSSEHEN: *Zylindrische Form mit einem Durchmesser von 10–15 cm und einer Hartschicht von 3–4 cm. Die Laibe wiegen durchschnittlich 300–400 g.*
FARBE: *Im Inneren milchweiß (wenn der Murazzano jung ist), im Laufe der Reife tendiert er zu Strohgelb.*
GESCHMACK: *Frisch ist er süß, mit einer milchigen Note. Der gereifte Käse hat einen vollen, leicht pikanten Geschmack.*
VERWENDUNG: *Zum Abschluss eines Mahls zu Wein aus den Langhe.*
HERKUNFT: *Ein weites Gebiet, das verschiedene Orte umschließt; darunter Albaretto Torre, Bastia Mondovì, Bossolasco, Ceva, Cissone und Murazzano.*

Oben
Schafe aus den Langhe liefern die Milch, aus der Murazzano hergestellt wird.

Ein teuflisch verführerischer Käse. Die Legende besagt, dass eines Tages ein gewisser Giovannino aus Murazzano sich einige Käsestücke von einem schwarzen Raben stehlen ließ. Giovannino verfolgte den Vogel über Berg und Tal, jedoch erfolglos. Abends suchte er Unterschlupf und fand sich verwundert vor einer Tafel, die sich vor Murazzano-Käse bog. Er aß, ohne zu bedenken, dass ihn der „Gastgeber" zur Rechenschaft ziehen würde: In diesem Falle war es Beelzebub höchstpersönlich. Der Teufel nahm ihm den Käse weg und ihn gleich in die Hölle mit. Der schlaue Giovannino jedoch bat ihn, ihm einen letzten Wunsch zu erfüllen: Er wolle vom frischen Wasser des Brunnens trinken. Kaum jedoch näherte sich der Teufel dem Flaschenzug, schwupps ... warf ihn Giovannino in den Brunnen. „Willst du gerettet werden?", rief er hinab. „Dann gib mir den Murazzano zurück,

Rechts
Murazzano ist ein frischer Tafelkäse.

Murazzano mit schwarzen Trüffeln

ZUTATEN FÜR 4 PERSONEN:
- *50 g schwarze Trüffel aus den Langhe*
- *150 g mittelreifer Murazzano-Käse*
- *2 EL natives Olivenöl extra* • *1 TL Zitronensaft*
- *frisch gemahlener schwarzer Pfeffer*

- Die Rinde der Trüffel gut bürsten, um die Erde zu entfernen; dann die Rinde mit einem sehr scharfen, kleinen Messer entfernen und die Trüffel mit dem Trüffelhobel in feine Scheiben schneiden.
- Den Murazzano in einige Millimeter dicke Scheiben schneiden und auf den Teller arrangieren.
- Mit Öl, Zitronensaft und frisch gemahlenem schwarzem Pfeffer anmachen und mit den Trüffelscheiben garnieren.

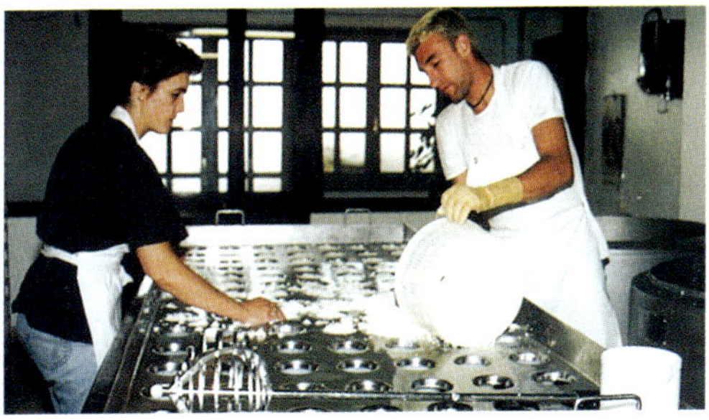

Links
Der Käsebruch wird zerkleinert; nach dem Abfließen der Molke füllt man die Käsemasse in die Formen.
Unten
Die Käselaibe werden zwei- bis dreimal umgedreht. So erhalten sie ihre charakteristische Form.

und ein wenig Geld zur Zukost."
Wie alle Legenden enthält auch diese ein Körnchen Wahrheit: die verführerische Klasse des Murazzano. Der frische, fette Käse mit DOP-Siegel wird in einigen Ortschaften der Provinz Cuneo und in der Hügellandschaft der Langhe aus Kuhmilch (nicht über 60 Prozent) und Schafsmilch einer alten Rasse, der Langhe-Schafe, hergestellt. Die Milch wird bei 37 °C mit flüssigem Lab eingedickt.

Den Käse gibt es in zylindrischen Laiben von 300–400 Gramm; meist verspeist man ihn nach vier bis fünf Tagen oder aber gereift. Mit Pfeffer und nativem Olivenöl extra gewürzt schmeckt er besonders köstlich.

EINKAUFSQUELLEN

COOPERATIVA CO.ZOO.AL. - *Regione Crovera 12060 Murazzano (CN)* ☎ *0173 791184*

LUCIANA CAMERA - *Ortsteil Sprella 12050 Feisoglio (CN)* ☎ *0173 831234*

ADAMI CLAUDIO - *Ortsteil Viora 12070 Paroldo (CN)* ☎ *0174 789074*

CONS. DI TUTELA COMUNITÀ MONTANA ALTA LANGA - *Via Umberto I, 1 12060 Bossolasco (CN)* ☎ *0173 799000*

Nocciola Tonda Gentile

AUSSEHEN: *Die Form der Haselnüsse ist annähernd kugelförmig und teils dreilappig, die Größe variiert zwischen 17 und 21 mm.*

FARBE: *Die Schale ist von mittlerem Haselnussbraun.*

GESCHMACK: *Allerfeinst in Aroma und Duft.*

VERWENDUNG: *Zur Herstellung von Süßwaren.*

HERKUNFT: *Orte im Hügel- oder Bergland in den Provinzen Asti, Alessandria, Cuneo (die meisten Nüsse wachsen in den Langhe) und diverse Orte in den Provinzen Turin, Novara, Biella und Vercelli.*

Oben
Haselnüsse der Sorte Tonda Gentile reifen in den Langhe heran.

Unten
Tonda-Gentile-Haselnüsse in der Schale, doch bereits getrocknet; rechts geschälte Nüsse.

Diese köstlichen Haselnüsse wachsen in einem breiten Landstrich im Piemont: eine Vielzahl runder, glatter, ölhaltiger, duftender Nüsse. Derart perfekt sind sie in ihrer Beschaffenheit, dass sie 1996 das IGP-Siegel erhielten. Bekannt und geschätzt sind sie seit langem, denn einstmals ließen die Bauern nichts verkommen und aßen die Früchte der wenigen Haselsträucher wie Obst oder als Beilage, pressten daraus Öl oder buken *focaccia*, Brotfladen.

Im 15. Jahrhundert sprachen die Heilkundigen der Haselnuss eine leberschützende Wirkung zu und

empfahlen, sie vor den Mahlzeiten *uste com trito sale* (mit Salz) zu verspeisen, oder aber *uste in vino sumpte* (in Wein), um den Appetit anzuregen. Geröstet und gemahlen, vermischt mit Zucker, Weißmehl, Butter, Eiern, Hefe, Zitronenschale und ein wenig Öl und Milch, sind

Haselnusstorte

ZUTATEN FÜR 6 PERSONEN:
* *6 Eier* * *300 g Zucker* * *100 g Butter* * *1 EL Mehl* * *1 Prise Backpulver*
* *300 g Tonda-Gentile-Haselnüsse aus den Langhe*

- Eier aufschlagen, Eigelb vom Eiweiß trennen.
- Eiweiß zu sehr steifem Schnee schlagen.
- Eigelb mit 100 g Zucker, der zerlassenen Butter, dem Mehl und Backpulver verquirlen.
- Die Haselnüsse getrennt mit dem restlichen Zucker klein hacken.
- Den Eischnee vorsichtig mit der Eiermasse und den Nüssen vermischen.
- Den Teig in eine eingefettete, mit Mehl bestäubte Kuchenform füllen und zirka 30 Minuten bei 180 °C backen.
- Erst die abgekühlte Torte aus dem Ofen holen.

Haselnüsse die Zutat der *torta di nocciola*, der regionalen Tortenspezialität. *Dulcis in fundo* ist die süße Tonda-Gentile-Haselnuss nicht wegzudenken aus einem köstlichen Konditoreierzeugnis: dem harten *torrone* mit seinem ausgeprägten, aber ausgewogenen Geschmack nach dickem Honig und – natürlich – Haselnüssen (aus denen er zu zirka 50 Prozent besteht). Es heißt, der *torrone* sei die älteste Leckerei aus dem Piemont, und tatsächlich rühmt er sich in Albese, wo sich diverse Konditoren und zahlreiche Straßenhändler auf diese Leckerei spezialisiert haben, einer langen Tradition.
Der piemontesische *torrone* unterscheidet sich von dem aus anderen Regionen Italiens (Cremona, Sizilien und Sardinien) dadurch, dass er statt der Mandeln Haselnüsse enthält. Und Haselnüsse veredeln auch *cuneesi alla nocciola*, eine Spezialität aus der Stadt Cuneo.

Unten
Ein Experiment ist die Ernte mit Netzen in einer Haselnussplantage im Piemont.

EINKAUFSQUELLEN

Bei Kauf von mindestens 10 kg:

FONTANA NOCCIOLE SNC - *Via Provinciale, 40 12050 Cravanzana (CN)* ☎ *0173 855069*

NOCCIOLE MARCHISIO SRL - *Corso Marconi, 38 12074 Cortemilia (CN)* ☎ *0173 821126*

CONS. DI TUTELA COMUNITÀ MONTANA ALTA LANGA - *via Umberto I, 1 12060 Bossolasco (CN)* ☎ *0173 793449*

Riso del Piemonte

Qualitätsmerkmale des Baldo-Reises
AUSSEHEN: *Superfino-Reis mit großen, zirka 7 mm langen Körnern; längliche Form mit flachen, regelmäßigen Seiten; die Spitze ist nur angedeutet.*
FARBE: *Bläulich und kristallin, kein Mehlkörper, ohne Streifen.*
GESCHMACK: *Voll und leicht stärkehaltig.*
VERWENDUNG: *Für cremigen Risotto mit Fleisch und Käse. Auch für Gemüsesuppen oder salzige Gemüsekuchen.*
HERKUNFT: *Diverse Ortschaften um Vercelli und Novara.*

Der Reisanbau hat im Piemont eine lange Tradition (aus Dokumenten von 1250 geht hervor, dass das Hospital Sant'Andrea in Vercelli die Kranken mit Reis verköstigte) und ist ein bedeutender Wirtschaftsfaktor: Mit 111 000 Hektar Reisfeldern (davon 67 000 allein in der Provinz Vercelli und 33 000 in der Provinz Novara) ist das Piemont das Reisanbaugebiet par excellence.

Hier wächst *riso superfino* – Reis erster Güteklasse mit großen, länglichen Körnern, wie Arborio, Volano, Roma und insbesondere Carnaroli und Baldo.

Carnaroli hat relativ lange, große Körner mit breitem Mehlkörper, der dank seines hohen Amylosegehalts das Korn bissfest macht, so dass es sich besonders für die Zubereitung von Risotto eignet.

Baldo ist eine neue Züchtung, die heute bei großen Köchen sehr beliebt ist; er stammt direkt von der Sorte

Oben, Mitte
Einst setzte man auf den Reisfeldern zahlreiche Unkrautjäterinnen ein, heute wird alles maschinell gemacht.

Oben, links
Diese reife Reisähre ist bereit zur Ernte.

Rechts
Im Piemont werden hervorragende Qualitäten Superfino-Reis angebaut, wie Arborio, Volano, Roma und vor allem Carnaroli und Baldo.

Risotto mit Barolo

Zutaten für 4 Personen:
- *1 Zwiebel* • *1 kleiner Rosmarinzweig* • *60 g Butter*
- *400 g Baldo-Reis* • *800 ml junger Barolo*
- *1 l kochende Fleischbrühe* • *Salz, Pfeffer*

- Zwiebel und Rosmarin fein hacken und im Tiegel bei geringer Hitze in 30 g Butter anschwitzen.
- Reis zufügen, einige Minuten lang anrösten.
- Mit Wein aufgießen, die Flüssigkeit aufsaugen lassen, ohne umzurühren.
- Zum Kochen bringen, unter Rühren die heiße Brühe löffelweise zugeben.
- Mit Salz und Pfeffer abschmecken.
- Ist der Reis bissfest, vom Herd nehmen, die restliche Butter unterrühren, einige Minuten ziehen lassen und servieren.

„Lady Wright" ab. Diese kreuzte man mit der alten italienischen Reissorte. Dank der großen Körner und der besonderen Konsistenz ist Baldo bestens für die Zubereitung von Risotto geeignet. „Reis wächst im Wasser heran und beschließt seine Tage im Wein", besagt ein altes piemontesisches Sprichwort. In der Tat darf ein Schuss Wein, in diesem Landstrich natürlich Rotwein, in keinem guten Risotto fehlen. Zu den regionalen Spezialitäten zählt der Risotto al Barolo, geschmackvoll, duftend und nahezu violett; *ris an cagnon* aus Biella, den Toma-Käsewürfel und Butter verfeinern, und insbesondere *panissa* aus Vercelli und *paniscia* aus Novara, denen Salamistückchen, die in Schmalz konservierten *d'la doja*, Geschmack verleihen. Die beiden letzteren unterscheidet die Flüssigkeit, mit der der Reis zum Kochen gebracht wird: Bei der *panissa* ist es eine Brühe aus Borlotti-Bohnen, bei der *paniscia* Gemüsebrühe aus Borlotti-Bohnen mit Sellerie, Karotten, Wirsing, Porree, Zucchini und Tomaten (das Ganze angerichtet mit gesottener Schweineschwarte).

Unten
Heute erntet man den Reis mit Mähdreschern.

EINKAUFSQUELLEN

Tenuta Castello - Fratelli Vercellone
Piazza Castello, 8 - 13034 Desana (VC)
0161 253352//318297

Az. Agricola - *Principato di Lucedio*
13039 Trino (VC) *0161 81519*

Robiola di Roccaverano

AUSSEHEN: *Er wiegt zwischen 200 und 400 g; Höhe 3–4 cm, Durchmesser 10–16 cm; zylindrische Form mit flacher, leicht welliger Oberfläche.*
FARBE: *Außen ist er weiß und ohne Rinde. Der gereifte Käse nimmt eine strohfarbene bis gelbe Farbe an.*
GESCHMACK: *Kräftig-aromatisch und etwas säuerlich.*
VERWENDUNG: *Tafelkäse.*
HERKUNFT: *Die Ortschaften Bubbio, Cessole, Loazzolo, Mombaldone, Monastero Bormida, Olmo Gentile, Roccaverano, San Giorgio Scarampi, Serole und Vesime in der Provinz Asti; Castelletto d'Erro, Denice, Malvicino, Merana, Montechiaro d'Acqui, Pareto, Ponti, Spigno und Cartosio (am linken Ufer des Erro) in der Provinz Alessandria.*

Robiola aus Roccaverano ist ein frischer DOP-Käse. Hergestellt wird er aus teilentrahmter Ziegen-, Schafs- und Kuhmilch, von der der Rahm (zu höchstens 85 Prozent) abgeschöpft wird. Das Milchvieh wird mit Grünfutter, Sandthymian und aromatischen Kräutern gefüttert. Diese Art der Ernährung – und die noch heute unter den Kleinerzeugern verbreitete Gepflogenheit, Rohmilch zu verarbeiten – verleiht dem Robiola seine kräftigaromatische Note.
Bei der Verarbeitung durchläuft er verschiedene Pha-

Robiola-Häppchen

ZUTATEN FÜR 4 PERSONEN:
• 150 g Robiola di Roccaverano DOP • 60 g frischer Toma DOP aus dem Piemont • 1 Bund Petersilie • 2 Basilikumblätter • 2 junge Sellerieblätter • einige Blättchen Brunnenkresse • 1 kleine Knoblauchzehe • 5 EL Sahne (oder einige EL natives Olivenöl extra) • Salz, Pfeffer • 1 kleiner Laib Bauernbrot

- Beide Käsesorten durch ein Sieb passieren und zu einer homogenen Masse verarbeiten.
- Die Kräuter sehr fein hacken, dann zusammen mit dem Käse in den Mixer geben.
- Knoblauch durch die Knoblauchpresse drücken und zum Käse geben, ebenso Sahne, Salz und Pfeffer; alles im Mixer pürieren, bis eine cremige, aber sehr dicke Mischung entsteht.
- Diese einige Stunden gut ziehen lassen.
- Brot in Scheiben schneiden und im Ofen rösten.
- Die Brotscheiben mit reichlich Käse bestreichen und servieren.

sen: Der Milch wird bei einer Temperatur von zirka 18 °C natürliches Lab zugegeben; dann ruht die Masse einen Tag lang. Daraufhin zieht der Käsebruch einen weiteren Tag lang in Käseformen. Dann würzt man die Käselaibe mit feinem Salz und lässt sie drei Tage lang reifen, bevor sie auf den Tisch kommen. Der Teig ist frisch, weich und kompakt.

Die kleinen Schafzüchter in den Langhe verarbeiten den für ihren Eigenbedarf vorgesehenen Robiola-Käse auf zwei verschiedene Arten: Sie lassen ihn zirka 20 Tage lang reifen oder würzen ihn mit verschiedenen Kräutern und legen ihn in Öl ein.

Robiola aus Roccaverano hat eine uralte Tradition. Sicher ist, dass bereits die ligurischen Kelten einen Käse aus Schafs- und Ziegenmilch herstellten, der später „rubeola" genannt wurde. Dieses Wort leitet sich vom lateinischen ruber, Rot, ab: Zu dieser Farbe tendierte die Käserinde nach einer längeren Reifezeit.

Gegenüberliegende Seite, oben
Der Käse wird in Formen gefüllt und reift auf Stroh.
Unten
Ziegen liefern die Milch für Robiola; frische Laibe sind weiß, reifer Käse färbt sich strohgelb.

EINKAUFSQUELLEN

CASEIFICIO SOCIALE DI ROCCAVERANO
Ortsteil Tassito, 17 - 14050 Roccaverano (AT)
☎ 0144 93068

CONS. PER LA TUTELA DEL FORMAGGIO DOC ROBIOLA DI ROCCAVERANO
c/o Comunità Montana - Langa Astigiana Val Bormida - Via Roma, 8
14050 Roccaverano (AT) ☎ 0144 93244

Tartufo bianco d'Alba

AUSSEHEN: *Die Trüffel gehört zur Gattung der Tuberaceae, hat eine glatte Oberfläche und besteht aus dem Fruchtkörper (gleba), überzogen von der Pilzrinde (peridio).*

FARBE: *Die Oberfläche ist ockerfarben, das Fruchtfleisch weiß bis gelb-grau, nimmt gelegentlich einen Fleischton an und ist durchzogen von dünner, weißer Äderung.*

GESCHMACK: *Intensiv; sie duften stark, etwas nach Knoblauch.*

VERWENDUNG: *Man hobelt sie roh über warme Gerichte, von Gemüsesuppe bis zu Pasta, Risotto, Eier und Fleisch.*

HERKUNFT: *Im Piemont findet man Trüffeln in den klassischen, renommierten Trüffelgebieten der Langhe und im Monferrato sowie in einigen Zonen rund um Alessandria, im Val Curone, an den Deichen des Po und im Val Cerina (von Chivasso bis Ponte Stura).*

Die wissenschaftliche Bezeichnung lautet *Tuber magnatum pico*: *Tuber*, weil die Trüffel ein unter der Erde wachsender Pilz in Form einer Knolle (tuber) ist, *magnatum*, weil sie so kostbar ist, dass nur die Reichen, also die Magnaten, sie sich leisten können, und *pico* nach dem Arzt, der den Pilz im 18. Jahrhundert beschrieb. Zahlreicher illustrer Liebhaber rühmt sich die Trüffel seit der Zeit des Patriarchen Jakob. Dazu gehörten Plutarch, Cicero, Kaiser Karl V. und Napoleon wie Camillo Benso, der Graf von Cavour.

Oben
Ein *trifolau* mit seinem Hund auf Trüffelsuche, einige Kilometer von Alba entfernt.

Rechts
Die Trüffel oder *tuber magnatum pico* nannte der römische Dichter Plinius das „Wundgewebe" der Erde.

Tortelli mit Ei und Trüffel

ZUTATEN FÜR 4 PERSONEN:
200 g Mehl • 7 Eier • Salz • 100 g Spinat • 50 g Ricotta • Muskatnuss • Pfeffer • 100 g Butter • 100 g geriebener Parmesankäse • 50 g weiße Trüffel aus Alba, in dünne Scheiben geschnitten

- Das Mehl mit 2 Eiern und wenig Salz vermischen und zu einem glatten, elastischen Teig kneten. Mit dem Nudelholz sehr dünn ausrollen und 8 Kreise von je 15 cm Durchmesser ausstechen. In der Zwischenzeit den Spinat waschen, dünsten, ausdrücken und hacken; 1 Ei, Ricotta und nach Belieben Muskatnuss, Salz und Pfeffer zugeben; zu einer homogenen Masse verarbeiten.
- Salzwasser zum Kochen bringen. In der Zwischenzeit die Tortelli zubereiten: Die Spinatmischung auf 4 Teigscheiben verteilen. In der Mitte eine Vertiefung machen, ein Eigelb mit der Hälfte des Eiweiß und ein Butterflöckchen zugeben. Das Ei salzen und pfeffern, jede Teigscheibe mit einer zweiten Scheibe bedecken, die Ränder anfeuchten und mit den Fingern zusammendrücken; dabei die Luft aus dem Inneren herauspressen.
- Die Tortelli 2 Minuten im kochenden Wasser ziehen lassen. Mit dem Schaumlöffel herausholen und auf Küchenpapier abtropfen lassen. In jeden vorgewärmten Teller einen Tortello geben, mit Parmesan und Trüffelscheibchen bestreuen und mit einem guten EL brauner, flüssiger Butter begießen.

Durchwandert man zwischen Mitte September und Ende Dezember die Gegend rund um Alba, trifft man überall auf die *trifolau*, die Trüffelsucher, in Begleitung ihrer Mischlingshunde (es müssen stets Mischlinge sein, sie haben eine feinere Nase) auf der Suche nach der kostbaren Knolle. Die duftendsten Trüffeln wachsen rund um Eichen; am hellsten und aromatischsten sind die in der Nähe von Linden. Ihre Form hängt von der Beschaffenheit des Bodens ab: Bei weichem Grund ist sie regelmäßig, bei sehr kompakter Erde unregelmäßig. Man genießt die Knolle stets roh. Mit Trüffelhobeln wird sie in dünnen Scheiben über meist warme Speisen gerieben, wie *risotto alla piemontese* oder *tajarin* aus Cuneo in Butter (nicht zu verwechseln mit Tagliatelle!). *Tajarin* sind aus Mehl und Eigelb. Häufig verfeinern Trüffeln auch kalte Gerichte, wie *carne cruda* aus Alba. Kostbar und kurzlebig wie jede seltene Pflanze hält sich auch die Trüffel nur wenige Tage lang an einem kühlen Ort: eingewickelt in Stoff oder leicht aufsaugendem Papier oder in einem Glasbehälter mit Reis. Manche bewahren sie in einem Butterpäckchen im Kühlfach auf und verwenden die Butter dann getrennt für Spiegeleier. Aber aufgepasst: Man säubert sie erst kurz vor dem Verzehr, indem man sie unter fließendem Wasser abbürstet.

Links
Der Fachmann erkennt die Qualität der weißen Trüffel sofort.

EINKAUFSQUELLEN

PRIMIZIE MARTINO - *Via Vittorio Emanuele, 27 12051 Alba (CN)* ☎ *0173 440614*

MORRA TARTUFI - *Piazza Elvio Pertinace, 3 12051 Alba (CN)* ☎ *0173 290072*

Ligurien

Das Land ist klein, schmal und schwierig zu bearbeiten.
Das Meer ist weit und reich an vorzüglichen Fischen. Bei Tisch verschmelzen diese beiden Welten und der Charakter der Ligurier symbolisch zu einem Gericht, einem großartigen Essen, das immer seltener in den Restaurants zu finden ist: *cappon magro* nach einem alten, komplizierten Rezept, das eine Fischsuppe und Gemüsesuppe zugleich ist.
Aus dem Fischfang entwickelte sich die Kunst der Zubereitung der Meeresfrüchte, beginnend beim Tunfisch, der diese Gewässer immer seltener durchzieht. In Imperia jedoch erhält man gute *bottarga*, Tunfischrogen, und *musciame* (oder *mosciame*), eine Tunfischsalami. Früher wurde die Salami aus Delfinfleisch gemacht, heute dürfen diese Fische nicht mehr gefangen werden.
Auch *stoccafisso*, Stockfisch, bereichert die Tafel in vielen Varianten: Nicht zufällig entstand ein interessantes Gericht – *stoccafisso accomodato alla genovese* – mit Tomaten, Rosinen, Kartoffeln und Pinienkernen.
Einige dieser Zutaten vereinen sich im Pesto. Er besteht vor allem aus dem bekannten *basilico*, das rund um Genua wächst. Dies ist ein gutes Beispiel dafür, wie die Ligurier ihre Fluren zu nutzen wissen: Neben Basilikum wachsen zahlreiche Kräuter und Gemüse, die täglich auf den Märkten feilgeboten werden.
Ihr König ist der *preboggion*, ein Gemüsekorb, dessen Zusammensetzung je nach

Regionale Spezialitäten

Saison wechselt: So kann er aus Wirsing, Borretsch, Mangold und Radicchio bestehen. Diese „Früchte der Natur" wurden und werden für Pastafüllungen *(pansotti)* und die Verfeinerung schmackhafter Gemüsesuppen verwendet. Neben Kräutern bringt dieser Landstrich zwei weitere Produkte hervor: Bohnen aus Badalucco und Kartoffeln aus Aveto, die im Aveto-Tal und im Graveglia-Tal angebaut werden.

Im kleinen Hafen von Camogli drängen sich Fischer- und Vergnügungsboote.

Natürlich und deswegen gesund ist auch das Olivenöl *extravergine* von der Ligurischen Riviera, das für seinen besonders milden, leichten Geschmack bekannt ist. Zwischen Albenga und Ventimiglia, in den Orten der Provinz Imperia (Chiusanico, Torri, Cesio, Lucinasco und Aurigo), in Vasta und im Dolcedo-Tal erstrecken sich Olivenplantagen, bei denen die hoch geschätzte „cultivar taggiasca" vorherrscht. In Ligurien findet man gar ein Zentrum der Schweinezucht, Sant'Olcese. Hier wird die nach dem Ort benannte *salame* hergestellt, die im Rauch reift. Einheimische genießen sie im Frühjahr mit Bohnen.

Ebenfalls in diesem Gebiet, aber auch in Serra, produziert man *mostradella*, eine Salami aus Schweinefleisch und -fett und Rindfleisch, die gewürzt und schließlich in Naturdärme gefüllt wird. Man brät sie noch frisch in der Pfanne.

Was an geringen Weideflächen vorhanden ist, wird für die Schaf- und Ziegenzucht genutzt. Würdige Vertreter ligurischer Käsesorten sind *bruzzu* aus Schafsricotta, der auch *brusso* heißt; er stammt von den Höhen im Inneren, bei Triora, Molini Triora und Cosio di Arroscia.

Kulinarische Ausflüge

Meer und Gebirge: Von Genua bis Triora

Meer, Strand, Olivenhaine und Bergweiden, wo sich Duft und Geschmack von Basilikum, Olivenöl, Olivencreme, *fagoccio, canestrelli, baci, tumette* und *brusso* aus Ziegenmilch treffen.

Route 1

• Ausgangspunkt ist **Genua**, die Stadt der schönen alten Kirchen und der stolzen Paläste. Daneben locken das futuristische Aquarium,

Ganz oben
Blick auf Imperia. Der alte Stadtteil, Parasio, thront auf dem Vorgebirge.
Oben
Ein marmorner Mörser, in dem Pesto bereitet wird.
Rechts
Ligurische Ravioli und Pansotti in Nuss-Sauce.

biscotti di pane (Brotgebäck) und *canestrelli* (kleine Kringel aus gerösteten, im Mörser zerstampften Mandeln, vermischt mit Zucker und Orangenblütenwasser und umhüllt von dünnem, buntem Konfekt oder Puderzucker). Nahebei liegen **Pra**, wo exzellentes Basilikum für Pesto wächst, und **Sant'Olcese**, wo die Metzgereien noch Wurstwaren aus Schweine- und Rindfleisch wie *mostradella* verkaufen (das Fleisch wird gehackt, gewürzt, in Därme gefüllt, in der Pfanne gebraten und frisch verspeist), oder *salame Sant'Olcese* (im Dezember verarbeitet, genießen sie die Ligurier im Frühjahr gerne mit jungen dicken Bohnen).

- 45 km trennen Genua von **Savona**: Ein Muss sind ein Besuch der vielseitigen Pinacoteca Civica und ein Abstecher nach **Albisola** (4 km), wo schöne Keramik hergestellt wird.
- Nächste Etappe ist **Alassio** (ca. 50 km): Hier locken das schöne, saubere Meer, der breiteste Sandstrand ganz Liguriens und zwei ganz besonders feine, interessante Überraschungen: *fagoccio*, süßes Gebäck mit kandierten und getrockneten Früchten, dem Anissamen, Orangenblütenwasser und Marsala Aroma verleihen. und *baci* aus Alassio, süße Nusskugeln, deren Rezeptur 1914 patentiert wurde.
- Weitere 20 km die Küste entlang geht es nach **Imperia**: Besuchen Sie hier Parasio, die Altstadt. Sehenswert ist auch das nahe **Sant'Agata d'Oneglia**, wo eines der besten Olivenöle *extravergine* der ganzen Riviera di Ponente hergestellt wird, aber auch eine köstliche *crema di olive*.
- Nach 40 km erreicht man **Triora** im grünen Argentina-Tal. Auf den Bergweiden grasen die Schafe, Ziegen und Kühe, die *formaggette a suola di pecora* (kleine Schafskäse), *tumette di capra* (Ziegenkäse) und *brusso*, eine rare Ziegenricotta, liefern. Sie fermentiert in geschlossenen Holzformen und wird häufig gerührt, bis eine pikante Masse entsteht. Und wenn Sie nach Triora reisen: Vorsicht vor den Hexen!

Unten
Fest im Hafen von Genua mit großer Beleuchtung: Gemälde von Domenico Pasquale Cambiaso (1811–1894) im Museo del Risorgimento, Genua.

Ganz unten
Blick auf Triora. Das Städtchen erlebte im 16. Jh. einige Hexenprozesse. Heute gibt es in Triora ein interessantes Museum für Ethnographie und Hexerei, das beeindruckende Zeugnisse jener Ereignisse birgt.

Basilico

AUSSEHEN: *Ganzjähriges Gewürzkraut mit hohem Stengel und vielen Verzweigungen, mit ovalen, lanzenförmigen Blättern und kleinen, weißen oder rosa Blüten.*
FARBE: *Die Blätter sind mehr oder weniger dunkelgrün.*
GESCHMACK: *Intensiv und angenehm.*
VERWENDUNG: *Unverzichtbar in Tomatensauce oder zum Würzen von Gemüsesuppen (wie Minestrone) und allen möglichen Gerichten; zu Pesto verarbeitet begleitet es Trenette (sie können mit Kartoffelstückchen und grünen Bohnen gegart werden), Trofie aus Recco und Gnocchi.*
HERKUNFT: *Der Anbau von Basilikum konzentriert sich hauptsächlich auf die Riviera di Ponente, auf die Gebiete Albenga, Andora und Diano Marina.*

Die Griechen nannten es „König" (*basileus*): Kein Name könnte dieser Pflanze gerechter werden, die auch in der Gegenwart ihre Wertschätzung behielt. Das römische Heer stärkte sich damit vor der Schlacht, denn das Basilikum war dem Kriegsgott Mars geweiht.

Doch das Kraut ist nicht nur Kriegern nützlich: Es hilft bei der Verdauung, ist ein gutes Antiseptikum, wird zur Mundspülung verwendet, für die Versorgung von Wunden, zur Abschreckung von Mücken – und für die Zubereitung von *pesto alla genovese*.

Rechts
Basilikum ist die wichtigste Zutat für Pesto alla genovese.

Pesto alla genovese

ZUTATEN FÜR 4 PERSONEN:
- *25 Blätter ligurisches Basilikum* • *1 Prise grobes Meersalz*
- *2 Knoblauchzehen* • *3 EL frische Pinienkerne*
- *2 EL geriebener Pecorino sardo*
- *3 EL geriebener Parmesankäse*
- *ca. 100 ml natives Olivenöl extra aus Ligurien*

- Basilikum, Salz, Knoblauch und Pinienkerne im Mörser zerstoßen, bis sie gründlich zerkleinert sind.
- Pecorino und Parmesan zugeben und mit einem hölzernen Spatel weiter zerkleinern.
- Wenn die Masse homogen ist, das Olivenöl langsam zugeben und weiter verarbeiten, bis eine weiche Creme entsteht, die sofort verwendet oder in ein Glas abgefüllt und mit Öl bedeckt wird, um sie im Kühlschrank aufzubewahren.

In Pra, am Stadtrand von Genua, ist Basilikum eine Leidenschaft, die von Generation zu Generation weitergegeben wird. Das gemäßigte Klima und der alte Brauch, den Boden mit Pferdemist zu düngen, verleihen dem Basilikum ein delikates Aroma. Dank der Treibhäuser kann es hier ganzjährig geerntet werden; am besten ist es im Sommer. Das für Pesto bestimmte Basilikum muss kleinblättrig sein und wird im Sommer 17–18 (im Winter 30–35) Tage nach dem Säen geerntet. Mit Basilikum bereiten die besten ligurischen Restaurants ihren Pesto zu. Zeffirino, Gastwirt aus Genua, verrät sein Geheimnis: „Die Zutaten für echten *pesto alla genovese* sind schlicht: hiesiger Knoblauch, toskanische Pinienkerne, Salz, Basilikum aus Pra, Parmesankäse, mittelalter Pecorino und natives Olivenöl extra aus Ligurien."

Oben, links
Marmormörser für die Zubereitung von Pesto.
Links
Eines der zahlreichen ligurischen Treibhäuser, in denen bestes, duftendes Basilikum gedeiht.

Neben der richtigen Menge an Zutaten benötigt man einen marmornen Mörser, einen Stößel aus Buchenholz und die Erfahrung, die nur die alten Ligurier haben: Aus dem Handgelenk geben sie die richtige Bewegung des Stößels im Mörser vor und lassen das Öl in dünnem Strahl einfließen, um eine möglichst homogene Masse herzustellen. Wer es eiliger hat, verwendet einen Mixer – doch der wahre Pesto wird anders gemacht.

EINKAUFSQUELLEN

AZ. AGRICOLA SACCO GIOVANNI BATTISTA
Via Branega inf., 14
16100 Genova Pra ☎ *010 663214*

Crema di olive nere ligure

AUSSEHEN: *Die Oliven werden zu einer feinen, homogenen Paste verarbeitet.*
FARBE: *Braun.*
GESCHMACK: *Würzig und kräftig, gleichzeitig delikat, wo der starke Geschmack der Oliven und Kräuter hervorsticht.*
VERWENDUNG: *Man reicht sie zu Pasta oder bestreicht damit Crostini.*
HERKUNFT: *Ganz Ligurien.*

So manch einer nennt sie gar Pâté, vielleicht um ihr das gleiche Renommee zu verleihen wie jener großartigen Delikatesse. In der Tat ist sie delikat, weich und duftend wie eine Pâté, doch *crema di olive nere ligure* ist eine schlichte Creme: Weder Butter noch die aristokratische Gänseleber (oder Fasanenleber) sind darin enthalten, sondern – ganz unprätentiös – Taggiasca-Oliven, Salz und natives Olivenöl extra; höchstens ein Blättchen Basilikum oder Rosmarin verfeinert die Creme. Olivencreme kann nicht als traditionelles Rezept aus Ligurien oder anderen italienischen Oliven anbauenden Regionen angesehen werden: In guter alter Zeit

Oben
Blick auf Sant' Agata d'Oneglia.
Rechts unten
Die Olivencreme wird in Gläschen verkauft.

Rechts oben
Olivencreme wird aus den in Ligurien weit verbreiteten Taggiasca-Oliven hergestellt.

Trofie mit schwarzer Olivencreme

ZUTATEN FÜR 4 PERSONEN:
350 g Mehl • Salz • Wasser • 4 EL schwarze Olivencreme

- Das Mehl auf ein Nudelbrett geben, etwas Salz und kaltes Wasser zugeben und zu einem homogenen, kompakten Teig verarbeiten.
- Gut durchkneten und nach und nach kleine, bohnengroße Stücke abteilen. Mit der Handfläche über das Nudelbrett rollen und zu einem kleinen, 3–4 cm großen Kloß mit dünnen Enden drehen.
- Die Trofie einige Minuten lang in reichlich Salzwasser kochen, abschütten und in eine Schüssel füllen.
- Die schwarze Olivencreme und ein wenig Nudelwasser zugeben, damit sich die Creme besser mit den Trofie vermischt.
- Gut mischen und sofort servieren.

liebte man die ganzen Früchte, zerdrückt und entsteint, mit Salz entwässert, sonnengetrocknet und dann gewürzt (je nach Ort mit Oregano, Orangenschale oder Peperoncino) und in nativem Olivenöl extra eingelegt. Olivencreme ist sicherlich ein modernes Produkt, das den Geschmack der Verbraucher trifft: eine junge, vielseitig verwendbare Erfindung, die von Gourmets begeistert gefeiert wird. Sie ist einfach zu genießen, aber auch einfach herzustellen: Sofort nach der Ernte werden die Oliven mit alkalischen Substanzen von ihrem charakteristischen Bittergeschmack befreit, gewaschen und in Salzlake gelegt. Dann werden sie pasteurisiert (Kleinerzeuger besorgen dies in kleinen Öfen), entsteint, püriert und gewürzt. In kleine Gefäße abgefüllt und mit nativem Olivenöl extra übergossen, hält sich die Creme mindestens zwei Jahre lang.

Links Traditionelle Ölpresse in Sant' Agata d'Oneglia.

EINKAUFSQUELLEN

LA BOTTEGA DEL FRANTOIO DI SANT'AGATA D'ONEGLIA - *Via Monti, 7 18100 Oneglia (IM)* ☎ *0183 299703*

Einer der besten Hersteller:

ANTONIO MELA, FRANTOIO SANT'AGATA D'ONEGLIA - *Strada dei Francesi, 48 18100 Oneglia (IM),* ☎ *0183 293472*

Olio extravergine d'oliva della Riviera Ligure

Qualitätseigenschaften des Cru-Öls Primo Fiore Oro Taggiasco aus der Ölmühle von Sant'Agata d'Oneglia (Via Scuole 20, Ortsteil Sant'Agata, 18100 Oneglia).
AUSSEHEN: *Matt.*
FARBE:. *Strohgelb.*
GESCHMACK: *Delikat-fruchtiges Aroma, mit Spuren von Mandeln und Pinienkernen.*
VERWENDUNG: *Köstlich ist es roh über Nudelsalaten, Gemüse und gesottenem Fisch.*
HERKUNFT: *Imperia, aus den Hügeln des Impero-Tals.*

Wenig, aber fein. Dieser Spruch passt wie maßgeschneidert auf natives Olivenöl extra von der ligurischen Riviera, das mit seinen drei Bezeichnungen, je nach Herkunftsgebiet – *Riviera dei Fiori* für die Provinz Imperia, die *Riviera di Ponente* um Savona und die *Riviera di Levante* – gerade einmal ein Prozent der gesamten italienischen Olivenöl-Produktion ausmacht.

Alle drei Öle bestehen im Wesentlichen aus Taggiasca-Oliven, die dank der geographischen Beschaffenheit der Region häufig auf terrassenförmigen Böden wachsen. Das Erzeuger-Reglement für das DOP-Siegel (mit dem das Öl 1997 ausgezeichnet wurde) schreibt vor, dass die Früchte von Hand oder mit mechanischen Instrumenten bis Ende Januar direkt vom Baum geerntet werden müssen. Der Olivenertrag darf sieben Tonnen pro Hektar nicht übersteigen, davon dürfen höchstens 25 Prozent zu Olivenöl gepreßt werden.
Den Anbau der Taggiasca-Oliven führten im Hochmittelalter die Benediktiner-Mönche ein: Sie begannen auf den Hügeln der Riviera di Ponente Terrassen anzulegen. Die Geschichte des ligurischen Olivenöls folgt dem wechselvollen historischen Auf und Ab, das der Philosoph Vico beschreibt: In der Epoche der Stadtstaaten blühte die Ölproduktion, 1500 bis 1600 erlebte der Markt eine Krise, der starke Aufschwung im 18. Jahrhundert setzte

Oben, rechts
Teller mit Taggiasca-Oliven, die hochwertiges Olivenöl liefern.
Rechts
Einige Flaschen Olivenöl.

sich im darauf folgenden Jahrhundert fort. 1782 schrieb Montesquieu, dass die Genueser „begonnen

Links
Die Oliven, aus denen das ligurische Olivenöl gewonnen wird, müssen im Januar geerntet werden.

haben, die Berge abzuholzen, um Olivenbäume anzupflanzen"; Mitte des 19. Jahrhunderts überzogen Olivenplantagen 40 Prozent der nutzbaren Flächen in der Region.

Links
Eine rotierende Ölpresse.
Daneben
Eine Flasche mit Olivenöl von der ligurischen Riviera.
Unten
Die Phase vor der Pressung und die Pressung selbst.

EINKAUFSQUELLEN

La bottega del frantoio di Sant'Agata d'Oneglia *(Laden in der Ölmühle) - Via Monti, 7 18100 Oneglia (IM)* ☎ *0183 299703*

Az. agricola Ranise Roberto *Via IV Novembre, 29 - Ortsteil Lecchiore 18024 Dolcedo (IM)* ☎ *0183 291615*

Olio Roi di Franco Boeri *Via Argentina, 1 - 18010 Badalucco (IM)* ☎ *0184 408004*

Lombardei

Sie gilt stets als „Industrie-" oder „Gewerbe"-Region: Ist von den Schätzen der Lombardei die Rede, so denkt man sofort an Finanzen, Eisen- oder Möbelindustrie. Insgeheim jedoch besteht der wahre Reichtum der Lombardei aus Produkten wie Käse und Wurst, Wein, Reis, Senffrüchte, Fleisch und Konditorwaren. Die lombardische Küche ist vielseitig, doch stets beachtenswert, sei sie regional oder gehoben. Seen, Flüsse und Berge steuern alle etwas bei: Reis und Gänse stammen aus der Lomellina, Polenta und *pizzocheri*, Bandnudeln, verbindet man mit dem Valtellina, Tortellini mit Mantua und Risotto mit Mailand. Herausragend jedoch sind die Produkte, angefangen bei den Käsesorten, von denen jeder Landstrich reichlich zu bieten hat: *bitto, casera, formaggio d'Alpe* und *scimudin* aus dem Valtellina, *caprino* aus Intelvi, *taleggio* und *caprino* aus dem Valsassina, *mascarpone* und *gorgonzola* aus Abbiategrasso, *quartirolo* und *taleggio* aus den Voralpen, *provolone* und *grana padano* aus Cremona, *grana lodigiano* und *pannerone* aus Lodi, *crescenza, taleggio, quartirolo* und *gorgonzola* aus Mailand, *formai de mut* und *branzi* aus dem Bremban-Tala, *parmigiano reggiano, provolone* und *grana*

Regionale Spezialitäten

KÄSE — *Seite*

- ***Bagoss*** — *52*
- ***Bitto*** — *54*

Branzi, Caprino aus Intelvi und dem Valsassina, Casera, Crescenza, Formaggella di Monte aus dem Camonica-Tal, Formaggella aus dem Scalve-Tal, Formaggio d'Alpe, Formai de Mut, Gorgonzola, Grana lodigiano, Grana padano, Mascarpone, Pannerone, Parmigiano reggiano, Provolone, Quartirolo, Scimudin, Silter, Stracchino dei Campelli und Taleggio.

WURSTWAREN

- ***Salame di Varzi*** — *62*

Bastardelli, Bresaola (Rind), Cacciatorini (Schwein), Cacciatorini (Pferd), Cotechino, Cotechino bianco, Gänsestopfleber, Luganiga, Mortadella, Mortadella di Fegato, Pancetta cotta, Gänsebrust, Gänseschinken, Salame di Rape, Gänsesalami, Salamelle, Salam d'la Duja, Salsiccia di castrato (Hammel), Slinzega (Pferd) und Violino (Ziege oder Schaf)

VON FELD, WALD & WIESE

Riso del Pavese — *60*

Buchweizen, Zitrusfrüchte vom Gardasee, Spargel aus Cilavegna, Zwiebeln aus Sermide, Bohnen aus Gambolò, Äpfel aus dem Valtellina, Melonen aus Viadana

VERARBEITETE LEBENSMITTEL

Mostarda di Voghera — *56*

Olivenöl extravergine vom Gardasee

KONDITORWAREN

Panettone — *58*

Ofelle, Torrone, Sbrisolona-Kuchen

padano aus Mantua, *bagoss* aus dem Caffaro-Tal (Bagolino), *bagoss* und *formaggella di monte* aus dem Trompia-Tal, *formaggella di monte* und *silter* aus dem Camonica-Tal, *formaggella* aus dem Val di Scalve und *stracchino* aus Campelli, *provolone* und *grana padano* aus der Gegend um Brescia.

Dieser außerordentliche Reichtum setzt sich fort mit exzellentem Reis, darunter Carnaroli aus der Lomellina (Pavia) und dem Mailänder Hinterland; hochwertiges Olivenöl *extravergine* aus Polpenazze del Garda, Puegnago del Garda, San Felice del Benaco und Limone am Gardasee; *mostarda* aus Cremona, aus Voghera und aus Mantua; *torrone* und *panettone* oder *ofelle* aus Parona (Pavia).

Die Palette der Delikatessen bereichert weiterhin eine große Auswahl an Wurstwaren, die – wie der Käse – fast überall zu finden sind. Aus Mortara, dem traditionellen Zentrum der Gänsezucht, stammen nicht nur Gänseschinken, -brust und -salami, sondern seit einigen Jahren auch der erste *fegato grasso* (Stopfleber) Italiens.

In Mantua genießt man den Risotto gerne mit *salamella*. Im Chiavenna-Tal kann man Pferdespezialitäten kosten, wie *slinzega* und *cacciatorini, luganiga* oder den seltenen *violino* von Schaf oder Ziege. Im Valtellina delektiert man sich an *bresaola, bastardelli, cotechino bianco* und *mortadella di fegato*, in Cremona an exzellentem *cotechino* (früher verfeinerte ihn Vanille), in Varzi, auf der anderen, von Weinbergen überzogenen Flussseite, an der berühmten Salami; im Camonica-Tal an *salsicciadi castrato*, in Brianza an Salami, *cacciatorini* und *pancetta cotta*, im Varesotto an *cacciatorini* vom Pferd und in Livigno an *salame di rapa*.

Die Fluren der Lombardei bringen auch zahlreiche Agrarprodukte hervor, wie Spargel aus Cilavegna (Pavia) und Cantello (Varese), Zwiebeln aus Sermide (Mantua), Äpfel aus dem Valtellina, Buchweizen und Zitrusfrüchte vom Gardasee, Melonen aus Viadana (Mantua) und Bohnen aus Gambolò (Pavia). Vieles kommt als Gemüsebeilage oder als Senffrüchte auf den stets gut gedeckten Tisch.

Ein Reisfeld in der Lomellina. Die Feuchtgebiete, die durch die Überflutung der Felder entstehen, sind ideal für verschiedene Tierarten – darunter Wasservögel, wie die Reiher im Hintergrund.

Kulinarische Ausflüge

1 ***Über Berg und Tal: Von Bagolino bis Bormio***

Herrliche Täler, malerische Weiler und romantische mittelalterliche Kirchen. Hier kostet man exzellente Wurst- und Käsewaren.

2 ***Durch die Ebene: Von Mailand bis Cremona***

Scheinbar gleichförmig ist diese Gegend, doch sie hat ein reiches Erbe an Geschichte, Kultur und gastronomischen Traditionen, beginnend mit den altehrwürdigen Gänsedelikatessen: etwas Altes, aber ganz neu.

• Durch das Caffaro-Tal geht es von Bagolino aus nach **Breno** inmitten des Naturschutzgebiets Adamello-Brento. Besuchen Sie hier die Kirche Sant' Antonio

Route 1

• Ausgangspunkt ist **Bagolino**, ein Skiort, zu dessen Hauptattraktionen die Kirche San Rocco aus dem 15. Jahrhundert und der seltene *bagoss* zählen, ein ausgereifter Käse aus Kuhmilch und einer Prise Safran.

Ganz oben
Ritzzeichnung eines Hirschkalbs aus dem Val Camonica, in Capo di Ponte.

(14. Jh.) mit Fresken von Girolamo Romanico.

- Von Breno aus geht es weiter nach **Capo di Ponte** (10 km). Versäumen Sie nicht den Nationalpark Rupestri mit Ritzzeichnungen aus der Jungsteinzeit.
- Zirka 20 km hinter Capo di Ponte liegt **Edolo**. Einen Besuch wert ist die Kirche San Giovanni mit Fresken aus dem 16. Jahrhundert.
- Von Edolo aus geht es nach **Tirano** (zirka 37 km); der Ort ist bekannt wegen der Wallfahrtskirche der Madonna (16. Jh.). Dahinter folgt **Grosio** (14 km), wo die Kirchen San Giuseppe (17. Jh.) und San Giorgio (11.–15. Jh.) zu erkunden sind.
- Hinter Grosio folgt **Bormio** (24 km), wo sich Genießer an der Kirche der Heiligen Gervasius und Protasius erfreuen, am *kuerc* (der offenen Halle, in der die Justiz waltete), *bresaola* aus Rindfleisch, *slinzega* (gereiftes Pferdefleisch), Ziegen-*violino* (gesalzene und monatelang gereifte Keule) und zwei exzellenten Käsesorten aus Kuhmilch, *bitto* und *casera*.

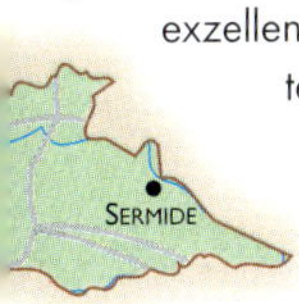

Route 2

- Ausgangspunkt ist **Mailand**. Ist es zu kalt für Plätze und Paläste, die man auf Spaziergängen besuchen sollte? Dann stärken Sie sich in einer Pasticceria mit dem traditionellen, hausgemachten *panettone*!

- Von Mailand aus fährt man 35 km bis **Vigevano**, das neben der Piazza Ducale (ein Entwurf Bramantes) und der gotischen Kirche San Pietro Martire auch die Freuden der Tafel in Ehren hält – wie Mortadella aus Schweineleber und *salame d'la doja*, eine Schweinswurst.
- Von Vigevano aus sind es 12 km bis **Mortara**, das unter Gourmets als Mekka der Gänsespezialitäten gilt. Leckerbissen sind Brust, kleine Schinken und Wurst, sowie Stopfleber, Leberterrine und -pâté (in der Metzgerei, die sie herstellt, gibt es auch den exzellenten Senf *mostarda di Voghera*).
- 37 km hinter Mortara liegt **Pavia**. Hier erfreuen das Kastell der Visconti (14. Jh.), *quartirolon* und *taleggio* (Weichkäse aus Kuhmilch) und Schweinesalami aus Varzi Auge, Gaumen und Geruchssinn.
- Von Pavia aus geht es nach **Cremona** (75 km). Besuchen Sie den romanischen Dom und das Rathaus aus dem 13. Jahrhundert, und kosten Sie vor allem *cotechino cremonese vaniglia* (eine Schlackwurst, die der klassischen Variante ähnelt; sie enthält jedoch mehr mageres Fleisch und weniger Schwarte) und *mostarda*, Senffrüchte (als Beilage zu gekochtem Fleisch), den Krümelkuchen *sbrisolona* und die klassischen *torrone*-Stäbe aus Eiweiß, Honig und Mandeln.

Oben
Die elegante Piazza Ducale in Vigevano entstand im 15. Jh. vermutlich nach einem Entwurf Bramantes.
Unten
Großer Gutshof inmitten der Reisfelder um Pavia.

Bagoss

AUSSEHEN: *Zylindrische Form mit gerader Hartschicht; Gewicht 15–16 kg; Höhe 12–14 cm; Durchmesser 35–40 cm. Der Teig ist hart, glatt oder mit leichter Löcherung; die Rinde ist glatt.*
FARBE: *Das Innere ist strohgelb; sehr reifer Bagoss nimmt eine grünliche Tönung an; die Rinde ist gelb-orange.*
GESCHMACK: *Süß, leichte Tendenz zum Pikanten mit fortschreitendem Reifegrad.*
VERWENDUNG: *Nach zirka 15 Monaten wird er als Tafelkäse verwendet und wie Grana stückweise oder auf Stein geröstet serviert; länger gereifter Käse (die Reifezeit kann bis zu 24 Monate betragen) wird gerieben.*
HERKUNFT: *Caffaro-Tal, Val Camonica, Val Trompia, Val Sabbia und Val Dorizzo; wichtigstes Produktionszentrum ist Bagolino (Brescia).*

Bagoss bedeutet im Dialekt dieses Bergdorfes in der Provinz Brescia so viel wie „aus Bagolino". Und der Name ist ein Sinnbild für das Band, das den mittlerweile seltenen Käse mit dem Zentrum seines Ursprungsgebietes verknüpft. Es handelt sich um ein halb gekochtes Produkt aus der Milch brauner Alpenkühe, von der der Rahm teilweise abgeschöpft wird; hinzu kommen Salz und Lab.

Bagoss wird rund ums Jahr hergestellt: Im Sommer kommt er von den Almen, in der Wintersaison stellen die im Tal ansässigen Molkereien den so genannten *invernengo* her. Für den Herstellungsprozess wird Rohmilch verwendet, die in

Oben
Die Milch für Bagoss liefern Kühe der braunen Alpenrasse.
Rechts
Ein Laib Bagoss. Der Käse gilt wegen seines unverwechselbaren Duftes als Aphrodisiakum.

Becken von 35–40 Litern zwölf bis 24 Stunden lang ruht, bevor sie entrahmt wird. Darauf wird die Milch in Kupferkessel gefüllt, die zirka drei Doppelzentner fassen, und über Holzfeuern auf eine Temperatur von 36–38 °C erhitzt (einstmals pflegten die Käsemacher Hand und Unterarm in die Milch zu tauchen: Fühlte sie sich weder kalt noch warm an, hatte sie die richtige Temperatur). Daraufhin wird die Milch dickgelegt und die Bruchmasse erneut auf eine Temperatur von 47–50 °C erhitzt.

Links, im Uhrzeigersinn
Der Käsebruch wird zerkleinert; dabei wird der Bruch ständig umgerührt, um das Gerinnen zu verhindern; die Käsemasse wird in die Käseform gepresst, damit die Molke ausläuft; der Käselaib wird in Leinen eingewickelt, damit die Oberfläche glatt wird.
Unten
Heranreifende Käselaibe.

Das Verarbeitungsverfahren ist ganz traditionell: Der herausgenommene Käsebruch wird von Hand in die Käseformen gegeben; nachdem der Teig mit einem fast 30 Kilogramm schweren Stein gepresst wurde, salzt man ihn ebenfalls von Hand trocken in der Form. Dies wird rund 40 Tage lang zweimal wöchentlich wiederholt. Bagoss reift in Kellern mindestens 15 Monate; die Reifezeit kann sich auch bis zu zwei Jahre lang hinziehen. In dieser Zeit werden die Käselaibe mit Leinöl eingefettet, um die Rinde elastisch zu halten. Wegen seines unverwechselbaren Geruchs und Geschmacks halten die Einheimischen den Bagoss für ein aphrodisierendes Lebensmittel.

EINKAUFSQUELLEN

Az. agricola Melzani Marco - *Via Mignano 25072 Bagolino (BS)* ☎ *0365 99442*

Bitto

AUSSEHEN: *Zylindrische Form, Gewicht 15–25 kg, Höhe 8–12 cm, Durchmesser 30–50 cm.*

FARBE: *Der Teig ist gelblich, die Rinde nach ein bis drei Monaten gelbgrau; sie dunkelt im Laufe der Zeit nach und verhärtet sich.*

GESCHMACK: *Delikat, süß, nach Butter; im Laufe der Reifung intensiver. Die Laibe mit einem höheren Anteil an Ziegenmilch können ein pikantes Aroma annehmen.*

VERWENDUNG: *Tafel- und Reibekäse; daneben verwendet man ihn für verschiedene regionale Spezialitäten wie Polenta taragna (mit Butter und Käse) und Pizzoccheri (Buchweizen-Bandnudeln).*

HERKUNFT: *Die gesamte Provinz Sondrio und die Orte Averara, Carona, Cusio, Foppolo, Mezzoldo, Piazzatorre, Santa Brigida und Valleve in der Provinz Bergamo (die besten Hersteller findet man zwischen dem linken Adda-Ufer und den Alpi Orobiche).*

Oben
Bitto wird in Almhütten auf 1800 bis 2000 m Höhe hergestellt.
Rechts
Bitto hat einen süßen Buttergeschmack, der im Laufe der Reifung an Intensität zunimmt.

Bitto ist ein halb gekochter Käse mit DOP-Siegel. Er besteht aus der Vollmilch von Kühen, der gelegentlich Ziegenmilch beigefügt wird (nicht über zehn Prozent). Da nur wenig davon hergestellt wird (1998 wurden zirka 16 000 bis 17 000 Käselaibe verkauft), zählt er in jeder Hinsicht zur Kategorie der gastronomischen Nischenprodukte.

Es kann auch gar nicht anders sein, wenn wir – wie bei einer Mathematikaufgabe – die Produktionszahlen auflisten: Hergestellt wird dieser Käse ausschließlich auf den rund 200 Almen auf 1800–2000 Metern Höhe, in den vier Monaten von Juni bis September, aus der Milch wandernder Herden. Mit Kalbslab dickgelegt und zwei bis drei Tage in die traditionellen Käseformen gefüllt, erhält er seine klassische runde Form, auf die der Schriftzug „Bitto" und die Nummer der Alm geprägt werden. Danach wird der Bitto trocken gesalzen und reift anschließend mindestens 70 Tage lang; der Reifeprozess kann beim Tafelkäse bis zu acht Monate und beim Reibekäse bis zu drei Jahre dauern (er hält sich danach bis zu zehn Jahre). Der Ursprung dieses Leckerbissens geht auf keltische Stämme zurück, die – von den Römern aus der Poebene vertrieben – sich in diese Berge zurückzogen, wo sie ihr Vieh züchteten und ihre Molkereitechniken pflegten. Im Laufe der Jahrhunderte blieben die Örtlichkeiten, in denen Bitto hergestellt wird, unverändert: Almen ohne elektrisches Licht, zweimal täglich wird von Hand gemolken, der Käse wird oftmals noch heute über Holzfeuern hergestellt und die Käselaibe zu Fuß mit Hilfe von Maul-

Unten
Der Käsebruch wird gepresst.
Ganz unten
Die Molke fließt aus den Käseformen.

eseln ins Tal gebracht (in letzter Zeit schicken die Berggemeinden den Almbetreibern zunehmend Helikopter).

EINKAUFSQUELLEN

F.lli Ciapponi – *Piazza 3 Novembre, 23 23017 Morbegno (SO)* ☎ *0342 610223*

Cons. di tutela dei Formaggi Valtellina Casera e Bitto – *Largo Sindelfingen, 9 23100 Sondrio* ☎ *0342 210247*

Mostarda di Voghera

AUSSEHEN: *Die kandierten Früchte sind in den Gläsern ganz und gut erkennbar.*
FARBE: *Jede Frucht bewahrt ihre natürliche Farbe.*
GESCHMACK: *Das süße Obst und der scharfe Senf schmecken deutlich heraus.*
VERWENDUNG: *Erstklassiger Begleiter zu Fleisch und Käse.*
HERKUNFT: *Die Gegend um Voghera.*

In der Gegend um Voghera waren eingelegte Senffrüchte einstmals der ideale Begleiter zu Fleischtopf, Gorgonzola und Kochsalami. Auch heute, wo die schnelle, leichte Küche Erfolge feiert, gibt es diese genussvollen Kombinationen noch.
Mostarda ist eine pikante Art des Einmachens. Der Name stammt vermutlich vom französischen *moutarde* (Senf), einer Verballhornung von *moût ardent* (sehr scharf); denn das Senfmehl wurde in Traubenmost aufgelöst und ließ ihn scharf werden.
Der Ruhm der Senffrüchte aus Voghera reicht weit zurück: 1397 bat Gian Galeazzo Visconti den Statthalter von Voghera um „ein großes Maß Mustarda de fructa mit Senf (...) das die Speisen und die Kapaune und das Wild und die gesottenen Kälber und den Spießbraten schmackhaft macht".
Für diese Spezialität verwendet man verschiedene Früchte wie Birnen, Aprikosen, Pflaumen, Mandarinen, Orangen,

Siedfleisch mit Senffrüchten

ZUTATEN:

- *1 Stange Staudensellerie* • *1 Karotte* • *Salz*
- *400 g Rindfleisch (Schwanzrolle oder Oberschale)*
- *300 g Ochsenrippchen*
- *etwas Kalbskopf* • *1 Zwiebel* • *Salz*

- Einen Topf mit zirka 2,5 l Wasser aufs Feuer stellen, salzen und das gründlich gesäuberte, gewaschene Gemüse dazugeben.
- Sobald das Wasser kocht, die Rindfleischstücke hineingeben, die eine längere Garzeit benötigen.
- Nach einer Stunde Zwiebel und Kalbskopf zugeben; weiter bei mäßiger Hitze und geschlossenem Deckel garen lassen.
- Das in Scheiben geschnittene Fleisch mit ein wenig grobem Salz bestreuen und mit einem kleinem Schöpflöffel ganz heißer Brühe übergießen. Heiß servieren.
- Als Beilage Senffrüchte reichen.

Pfirsiche, Feigen, Melonen und Kirschen, aber auch Kürbis. Der einzige traditionelle Hersteller, den es heute noch gibt (mit Ausnahme der Hausfrauen, die für den Eigenbedarf einkochen), verwendet Früchte von exzellenter Qualität, die er in Lake konserviert; sie werden entsalzen, gekocht und langsam in acht bis zwölf Tagen kandiert; in dieser Zeit fügt man dem Obst Zug um Zug Glukosesirup und Zucker zu. Schließlich wird der Kandiersirup entfernt, das Obst abgefüllt und mit Senfsirup aromatisiert.

Gegenüberliegende Seite
Mostarda ist ein köstlicher Begleiter zu gesottenem Fleisch und süßem Käse.
Diese Seite, von oben
Auslese der Früchte; Prüfung der Früchte im Salzbad; Prüfung der gekochten Früchte; Abfüllen von Hand und ein fertiges Glas.

EINKAUFSQUELLEN

La Corte dell'Oca di Gioacchino Palestro
Via Sforza, 27 - 27036 Mortara (PV)
0384 98397

Panettone

AUSSEHEN: *Zylindrisch; handgemachten Panettone erkennt man daran, dass er nach dem Backen mindestens vier Finger breit aus der Papierform hervorragt, in der er gebacken wird.*
FARBE: *Ein schönes Braun.*
GESCHMACK: *Delikat süß, weich im Mund; vor dem Verzehr leicht erhitzt, entfaltet sich der angenehme Buttergeschmack.*
VERWENDUNG: *Typisches Weihnachtsgebäck, gewöhnlich zum Dessert; inzwischen das ganze Jahr über erhältlich.*
HERKUNFT: *Der „echte" Panettone stammt aus Mailand.*

Oder *panatun*, wie die Mailänder sagen, denn dies ist das bekannteste und typischste Gebäck aus der norditalienischen Metropole. Um seinen Ursprung ranken sich zahlreiche Legenden. Eine der bekanntesten besagt, dass zu Zeiten der Sforza eines Tages den Hofköchen das Dessert verkohlte. So erfand der Bäcker Toni einen süßen Brotkuchen mit kandierten Früchten und Dörrobst, der großen Anklang fand; und vom „pan de Toni" war es nur ein kleiner Schritt zum „panettone". Auch Giuseppe Verdi reiht sich unter die zahlreichen Liebhaber des Panettone: Der Musiker kaufte ihn alljährlich im Advent in der altehrwürdigen Mailänder Pasticceria Cova.

Die Zutaten für den Panettone sind einfach: Weizenmehl, Zucker, Hefe, Saccharose, Honig, Glukose, Eier (das Eigelb verleiht dem Teig die typische gelbe Farbe), Butter, Milch, Wasser, Sultaninen, Orangeat und Zitronat, Salz, natürliche Aromen und Vanille.

Unten
Panettone, ein typisches Mailänder Weihnachtsgebäck, lieben mittlerweile Naschkatzen in aller Welt und zu jeder Jahreszeit.

Panettone mit Vanille- und Kakaomousse

Zutaten für 4 Personen:
- *1 Panettone von 1 kg*

Für die Creme:
- *1 l Milch* • *Schale einer Orange* • *500 g Zucker*
- *75 g Mehl oder Reisstärke* • *12 Eigelb*

Für die Vanillemousse:
- *20 g Gelatine*
- *200 g steife Schlagsahne*

Für die Kakaomousse:
- *100 g Blockschokolade*
- *200 g steife Schlagsahne*

- *Zubereitung der Grundcreme:* Milch mit Orangenschale zum Kochen bringen.
- In der Zwischenzeit Zucker, Mehl und Eigelb in einer Schüssel mischen.
- Wenn die Milch kocht, Orangenschale entfernen und die Mehl-Eier-Mischung zugeben.
- Erneut zum Kochen bringen; unter ständigem Rühren kochen lassen, bis die Creme fest wird.
- *Zubereitung der Vanillemousse:* Die fertige Creme abkühlen lassen und in zwei Hälften teilen.
- Die Gelatine in wenig Wasser auflösen, einer Hälfte der Creme zugeben, Schlagsahne zufügen und alles unterrühren.
- *Zubereitung der Kakaomousse:* Die grob gehackte Schokolade im Wasserbad schmelzen lassen, dann die restliche Creme und die Schlagsahne zugeben, gut mischen.
- Jede Scheibe Panettone mit den beiden Cremes anrichten.

Das wahre Geheimnis eines gelungenen Panettone ist die Hefe: Es muss frische Hefe sein, das Mehl reich an Gluten, und die Verarbeitung zeitaufwändig und sorgfältig. Für klassischen Mailänder Panettone, der zweimal gehen muss, benötigt man mindestens 22 Stunden: eineinhalb Stunden für den Vorteig, der zwölf Stunden gehen muss; dann eineinhalb Stunden für den eigentlichen Teig, der wiederum sechs Stunden geht, und – für ein Kilogramm Kuchen – eine Stunde Backzeit bei 180 °C.

Oben, von links
Zubereitung des Teigs, das Einfüllen in die Papierform und Panettone frisch aus dem Ofen.

EINKAUFSQUELLEN

Pasticceria Cucchi - *Corso Genova, 1 20123 Milano* ✆ *02 89409793*

Pasticceria Pinuccia di Oldani Busnelli *Piazza Cavour, 3 - 20010 Arluno (MI)* ✆ *02 9017690*

Riso del Pavese

Qualitätsmerkmale des Carnaroli-Reises
AUSSEHEN: *Großkörniger Superfino-Reis; die Körner sind zirka 7 mm lang und haben eine deutlich erkennbare Spitze.*
FARBE: *Bläulich mit kleinem, weißem Mehlkörper im Inneren, außen kristallin.*
GESCHMACK: *Klar, leicht süßlich; die Körner sind auch nach dem Garen fest.*
VERWENDUNG: *Typischer Risotto mit Fleisch, Fisch oder Gemüse, Reissalat.*
HERKUNFT: *Einige Ortschaften in der Lomellina, aber auch anderswo; diverse Orte in der Provinz Pavia und rund um Mailand.*

So mancher nennt sie die „Reishauptstadt", und diese Definition trifft auf die kleine Provinz Pavia sicherlich zu: Die Reisfelder erstrecken sich auf 85 000 Hektar. Hier, in diesem Winkel der Poebene zwischen dem Strom und den Unterläufen der Flüsse Ticino und Sesia, ist die Kultur des Reisanbaus einem Geschenk zu verdanken, das der Marchese von Mantova einst seinem Cousin Ludovico il Moro überreichte: einige Säcke Reis aus dem weit entfernten Orient. Der „Maure"

Ganz oben
In der Reismühle wird der Reis ausgehülst.
Oben
Die Ähren neigen sich unter dem Gewicht der Reiskörner.
Rechts
In solchen Packungen kommt Reis heutzutage in den Handel.
Gegenüberliegende Seite
Der reife Reis auf diesem Feld wartet auf die Ernte.

Risotto nach einem Rezept aus Mantua

ZUTATEN FÜR 4 PERSONEN:
- *120 g Salsicce (magere Schweinswürstchen) aus Mantua*
- *50 g Butter* • *1 kleine Zwiebel* • *300 g Carnaroli-Reis* • *100 ml trockener Rotwein*
- *1 l kochende Fleischbrühe* • *50 g geriebener Parmesankäse*

- In einer Kasserolle die gehäutete, klein geschnittene Wurst in 20 g Butter garen.
- In der Zwischenzeit den Risotto zubereiten: Zunächst die gehackte Zwiebel in 20 g Butter glasieren.
- Reis zufügen und anrösten.
- Mit dem Rotwein ablöschen, ständig rühren.
- Wenn der Wein teilweise verdampft ist, die kochende Fleischbrühe nach und nach zugießen.
- Einige Minuten, bevor der Reis gar ist, die Würstchen zugeben und ziehen lassen.
- Den Risotto vom Herd nehmen, wenn er noch bissfest ist; geriebenen Parmesan und die restliche Butter unterrühren.
- Heiß und nicht zu fest servieren.

ließ damit in der Gegend um Robbio die ersten Felder anlegen.
Heute wird rund um Pavia der größte Teil (im Vergleich zur Gesamtproduktion in Italien) der drei beliebtesten Reissorten des Landes angebaut: Arborio (45 Prozent), Vialone nano (43 Prozent) und insbesondere Carnaroli (gut 60 Prozent).
Carnaroli eignet sich hervorragend für Risotto: Beim Garen bleibt das Innere des Reiskorns bissfest, während an der Oberfläche die Stärke freigesetzt wird, so dass sich die Körner leichter binden. Carnaroli-Reis ist eine Züchtung aus zwei Reissorten (Vialone und Lencino): Eine perfekte Verbindung zwischen der geringen Klebrigkeit und der hohen Kochfestigkeit des ersteren und den großen Körnern des zweiten. Gourmets wissen, dass auch in der kleinen Provinz Pavia Carnaroli nicht gleich Carnaroli ist. Der beste Carnaroli wird zweifelsohne zwischen San Zenone Po und Costa Nobili am linken Ufer des Po angebaut.
In Pavia will es die Tradition, dass einem guten Carnaroli-Reis, der mit Brühe (je nach Rezept Gemüse-, Fleisch- oder Fischbrühe) in der Kasserolle gart, die typischen Produkte dieses Landstrichs zugefügt werden: Pilze, Wurst, Gemüse, Fische wie Schleie und Barsch oder Flusskrebse. In jedem Falle ist dieser Risotto ein Geschmackserlebnis, und Sie sollten ihn probieren!

EINKAUFSQUELLEN

AZ. AGRICOLA LA GALLINELLA - *Via Semiana, 1 27020 Velezzo Lomellina (PV)* ☎ *0384 43893*

CASCINA LA PERMUTA - *Via Scoglio, 17 27029 Vigevano (PV)* - ☎ *0381 329972*

Salame di Varzi

AUSSEHEN: *Klassische Salami in verschiedenen Größen, je nach Form.*
FARBE: *Angeschnitten ist das Fleisch tiefrot, der Speck weiß.*
GESCHMACK: *Süß und delikat.*
VERWENDUNG: *Als Vorspeise wird diese Salami vorzugsweise mit dem hausgemachten Brot gereicht, das einige Hausfrauen noch heute in ihren Holzöfen backen; passender Begleiter zu dieser Köstlichkeit ist ein strukturierter Rotwein wie Bonarda oder Barbera.*
HERKUNFT: *Ortschaften in der Provinz Pavia: Bagnaria, Brallo di Pregola, Cecima, Fortunago, Godiasco, Menconico, Montesegale, Ponte Nizza, Rocca Susella, Romagnese, Santa Margherita Staffora, Val di Nizza, Valverde, Varzi und Zavattarello.*

Oben
Dieser Holzschnitt zeigt die verschiedenen Teile des Schweins: Keulen, zwei Rückenstücke, das Bauchstück, Spitzbeine und Kopf.

Unten
Salame di Varzi schmeckt köstlich als Vorspeise, insbesondere zu hausgebackenem Brot.

Man kann sich nur den Liebhabern dieser Delikatesse anschließen, für deren Herstellung ausschließlich die besten, gereinigten Stücke von Schulter, Keule, Lende, Filet, entsehntem Nacken und Bauchspeck von Schweinen aus den Provinzen Pavia, Alessandria oder Piacenza verwendet werden. In den drei Monaten vor dem Schlachten müssen die Schweine auf traditionelle Weise gefüttert

Anno 1100 bereits pflegten die Marchesi Malaspina, Feudalherren des Städtchens Varzi in der Provinz Pavia, ihre Gäste bei mittelalterlichen Festen mit einer köstlichen Wurstspezialität zu bewirten. Das Rezept für die Salame aus Varzi wurde (glücklicherweise!) bis in unsere Tage überliefert.

werden und ein Gewicht von mindestens 150 Kilogramm erreichen: Dies sind einige der Bestimmungen, die das Herstellungsreglement des Schutzkonsortiums vorschreibt. 1996 erhielt es hierfür das DOP-Siegel. Mageres Fleisch und Speck werden in grobe Stücke zerhackt und mit Salz und schwarzen Pfefferkörnern, einem Aufguss aus Knoblauch und gefiltertem Rotwein gewürzt; hinzu kommen Natrium und Nitrit. Dann wird die Masse in Schweinedärme gefüllt. Man unterscheidet vier Sorten: dünne *filzetta*, langer *filzettone*, *sottocrespone* im einfachen Darm und *cucito* im doppelten Darm; sie unterscheiden sich in Größe und Mindestreifezeit. Die zirka 500 Gramm schwere *filzetta* benötigt mindestens 45 Tage „Ruhezeit"; *cucito* im doppelten Darm, der über zwei Kilogramm schwer sein kann, reift sechs Monate.

Links
Heranreifende Salami.
Unten
Salame di Varzi wird mit schwarzen Pfefferkörnern gewürzt.
Ganz unten
Je nach Form unterscheidet man vier Salamisorten: *filzetta*, *filzettone* und *sottocrespone* im einfachen oder doppelten Darm.

EINKAUFSQUELLEN

Salumeria Carini - *Via Pietro Mazza, 24 27057 Varzi (PV)* ✆ *0383 545038*

Cons. di tutela Salame di Varzi *Piazza Umberto I, 9 27057 Varzi (PV)* ✆ *0383 545350*

Trentino-Südtirol

Eine einzige, aber bedeutungsvolle Zahl offenbart bereits einiges über die gastronomische Reise durch diese Region: Über das Trentino verteilen sich 400 Almen (250 sind noch aktiv, der Rest wurde in Skihütten umgebaut oder wird von ökologisch orientierten Aussteigern geführt und bewohnt). Südtirol verweist gar auf 1200 aktive Almen; sie schützt das hier seit dem Mittelalter gültige Erbhof-Gesetz.
Die Bauern kultivieren das Land und produzieren Mehl in eigenen Mühlen. Die Küche dieser Region besteht größtenteils aus Gemüsesuppen und *canederli*, Brotklöße aus Trockenbrot, Milch, Mehl und Eiern, angereichert mit allem, was Haus und Hof hergeben – wie Speck dell'Alto Adige, Leber und Gemüse.
Zu den Südtiroler Produkten zählen neben dem berühmten *Speck dell'Alto Adige* (der sehr haltbar ist) auch Blutwürste *(sanguinacci)* vom Schwein aus Grieben, Blut (vom Schwein wird einfach alles verwertet), Paniermehl, Knoblauch, Majoran, Petersilie und Gewürzen.
Schmackhaft ist auch die Hauswurst, die – wie schon der Name besagt – hausgemacht ist: Würstchen aus Rind- und Schweinefleisch, die mit Kraut gekocht verspeist werden.

Regionale Spezialitäten

KÄSE	*Seite*
• ***Grana del Trentino***	*68*

Alpkäse, Asiago, Hoch-Pustertaler, Provolone Valpadana, Pustra-Bergkäse, Puzzone, Tirolese und Vezzena

WURSTWAREN	
• ***Speck dell' Alto Adige***	*70*

Blutwurst, Carne salada (Rind und Pferd), Hauswurst, Kaminwurst, Pancetta Affumicata, Reh- und Gämsenwürste

KONDITORWAREN

Zelten, Fiadoni, Pinza, Strudel

Aus dem Alta Val Badia stammt die Kaminwurst, die ebenso aus magerem, gehacktem Schweinefleisch, Rindfleisch und Speck besteht. Weitere hiesige Wurstwaren sind *salame die capriolo* (Rehwurst) und *camoscio*-Wurst.

Die Gastronomie des Trentino unterscheidet sich in großen Teilen von der in Südtirol: Pilze, Äpfel und Polenta stehen häufig auf dem Speiseplan.
Beide Provinzen sind spürbar deutsch-österreichisch geprägt.

In der Provinz Trento und in den Tälern des oberen Gardasees ist *carne salada* die meist gegessene Wurst. Rind- und Pferdefleisch finden sich darin, aber auch Zunge vom Mastkalb; die Zutaten ziehen einen Monat lang mit (von Zone zu Zone unterschied-

Dank der unzähligen Almbetriebe zählen die Käsesorten zu den wichtigsten Agrarprodukten aus dieser Region: Neben dem berühmten *asiago, grana padano (trentingrana)* und *provolone Valpadana* locken *vezzena* (oder *superasiago*),

Alpkäse her, Puster-Bergkäse (leicht pikant) und *tirolese* findet man im Pustertal.
In der genossenschaftlichen Käserei Dobbiacos findet man die typischen Käsesorten dieser Region. Etwas Besonderes ist der Hoch-Pustertaler, der aus voller

Im Hintergrund dieser herrlichen Berglandschaft im Val Gardena ragen die Dolomiten auf.

lichen) Aromen und Gewürzen in einem Holzbehälter.
Exquisit ist auch *pancetta affumicata*, Räucherspeck, aus Pergine und dem Mocheni-Tal; sie liegt 20 Tage in Salzlake und wird dann mit Gewürzen aromatisiert und geräuchert.

der von der Hochebene von Lavarone, aus Folgaria und Passo di Vezzena kommt; *puzzone* aus Moena (auf Ladinisch heißt er *sprez taprì*, aromatischer Käse), der auch für Campitello di Fassa typisch ist. In Südtirol stellt man den süß-aromatischen

oder teilentrahmter Kuhmilch hergestellt wird.
Die Naschereien sparen nicht an Trockenobst, Honig, Feigen und Gewürzen *(Zelten* und *fiadoni)*; Brot wird verwertet *(pinza)* oder frisches Obst verwendet, wie im berühmten Strudel.

Kulinarische Ausflüge

Bergweiden und Skipisten: Von Predazzo bis Toblach (Dobbiaco)

Eine Fahrt über Berg und Tal, umgeben von Szenarien, die unbestritten eines gemeinsam haben: ihre Schönheit. Besucher lernen auch vielerlei über die altehrwürdige Kunst der Rinderzucht und Käsebereitung.

Route 1

• Ausgangspunkt ist **Predazzo** im Val di Fiemme, ein renommierter Ferienort mit einem reichen Museum für Geologie, Paläontologie und Mineralogie. Im Restaurant hält der Käsewagen leckere Überraschungen bereit: vom *puzzone* aus Moena (weicher „Stinkkäse" aus Kuhmilch, der zirka fünf Monate lang reift) bis zu *grana* aus dem Trentino. Die Milch der Bergkühe unterscheidet ihn vom üblichen *grana*, was dem Geschmack offensichtlich zugute kommt.

• Von Predazzo aus erreicht man nach 51 km **Bozen (Bolzano)** mit dem schönen frühgotischen Dom. Wahrzeichen der Stadt ist der hohe Glockenturm (65 m). Kosten Sie einige typische Käsesorten aus „reiner" Kuhmilch, wie den süß-aromatischen Alpkäse, den Puster-Bergkäse mit leicht pikantem Geschmack und den *tirolese* aus der Milch von den Bergalmen im Pustertal.

• Von Bozen aus geht es nach **Brixen (Bressanone)** (41 km), das der Dom aus dem 13. Jahrhundert überragt. Kurios ist die Via dei Portici Maggiori mit herrlichen Gebäuden aus dem 16./17. Jahrhundert im germanischen Stil. Hier liegt die Wiege des echten Südtiroler Specks.

• Die nächste Etappe ist das zirka 50 km entfernte **Monguelfo**: Erkunden Sie das Kastell Welsperg und die Feinheiten der hiesigen Wurstwaren, wie *salame di capriolo* (Rehwurst) und *camoscio*-(Gäms-)Wurst,

Oben rechts
Typischer Ofen aus bemalten Kacheln von Kunter in Brunico.
Oben links
Die majestätische Sella-Gruppe von Colfosco aus.
Rechts
Der malerische Pragser Wildsee im Pustertal.

Kaminwurst (aus magerem, gehacktem Schweinefleisch, Rindfleisch und Speck) und Hauswurst aus Rind- und Schweinefleisch, die frisch gegessen oder gekocht mit Kraut serviert wird.

- 13 km trennen Monguelfo von **Dobbiaco**: Vergessen Sie nicht die Skier, besuchen Sie die Kirche San Giovanni Battista und kosten Sie die typischen Käsesorten der genossenschaftlichen Käserei wie Hoch-Pustertaler.

Oben
Die reizende Holzkrippe stammt von E. Petri.
Links
Die Glockentürme von Alt-Wengen und Santa Barbara, umrahmt von Rottannen-Wäldern, im Val Badia.

Grana del Trentino

AUSSEHEN: *Zylindrische Form mit leicht konvexer Hartschicht; Gewicht 30–38 kg; Höhe 18–25 cm, Durchmesser 35–40 cm. Der Teig ist hart, mit leicht granulierter Struktur, mürb, mit winziger, kaum sichtbarer oder fast nicht vorhandener Löcherung. Die Rinde ist hart, 4–6 mm dick, glatt und wächsern.*

FARBE: *Weißer Teig mit Tendenz zu Strohgelb.*

GESCHMACK: *Geschmack und Aroma sind ausgeprägter als bei den üblichen Grana-Sorten.*

VERWENDUNG: *Der junge Käse, in Stücke geschnitten, als Vorspeise oder zum Abschluss eines Mahls; reifer Grana ist optimal zum Reiben.*

HERKUNFT: *Die gesamte Provinz Trento.*

Dieser Grana-Käse, der 1926 aus der Taufe gehoben wurde, kann als „Nischenprodukt in der Nische" bezeichnet werden. „Grana aus dem Trentino" oder Trentingrana ist eine Unterkategorie des bekannten *grana padano*, dem das Herstellungsreglement des Schutzkonsortiums innerhalb des breiten Sektors der Milchverarbeitung und -herkunft eine Sonderstellung zuerkennt.
Dieser Käse entstand der Liebe wegen. Die romantische Geschichte nimmt ihren Lauf, als ein Käsemacher aus der Provinz Mantua, um seiner Angebeteten näher zu sein, in das Dorf Cloz im Val di Non umzieht, wo er mit der Herstellung dieses Grana-Käses beginnt. Innerhalb kürzester Zeit eroberte die Methode, mit der der Verliebte seinen „Padana" herstellte, die gesamte Provinz.
Trentingrana ist ein halbfetter, gekochter Hartkäse, der langsam reift. Er enthält ausschließlich Milch von Kühen aus den Bergtälern dieser Gegend, die sich – wie es das Herstellungsreglement vorschreibt – von Heu und den Gräsern der grünen Weiden nähren,

Rechts
Klima, Umwelt und das Grün aus den Bergen, mit dem die Kühe gefüttert werden, bringen einen bekömmlichen, geschmackvollen Käse hervor.

Spargel, Trüffel und Grana-Käse

ZUTATEN FÜR 6 PERSONEN:
40 Stangen Spargel • 80 g schwarze Trüffel • Salz
• 30 g Butter • 50 g Grana del Trentino

- Spargel gründlich schälen und in 4–5 cm lange Stücke schneiden.
- Die Trüffel waschen und bürsten, leicht schälen, falls die Rinde oben hart ist, und in dünne Scheiben schneiden. Die Spargel in reichlich Salzwasser ohne Deckel garen, am Ende der Kochzeit abgießen.
- In der Zwischenzeit die Butter in einer Pfanne schmelzen und darin die Trüffel bei niedriger Hitze dünsten. Die Spargel zugeben und ziehen lassen.
- Sautierten Spargel in tiefen Tellern anrichten. Granastücke zugeben und mit der Trüffelsauce begießen.

unter „ganzjährigem Ausschluss von Gärfutter jeglicher Art". Von der Milch wird der Rahm teilweise abgeschöpft. Dann verarbeitet man sie roh nach der traditionell in den Bergen angewandten Methode: Zunächst legt man sie mit reinem Kalbslab dick, dann kocht man die Masse auf, teilt sie in große zylindrische Käselaibe und legt sie in

Salzlake. Der Reifeprozess des Grana-Käses dauert mindestens 18 Monate. Dem achtsamen Gaumen des Gourmets wird nicht entgehen, dass Aroma und Geschmack ausgeprägter sind als die des üblichen *grana padano.*

Oben
Zwei Herstellungsphasen: der Käsebruch wird geschnitten und der Käse herausgeholt.
Unten
Reifende Käselaibe.

EINKAUFSQUELLEN

TRENTINGRANA - *Via della Cooperazione, 4 Ortsteil Segno, 38010 Taio (TN)* ✆ *0463 469256*

CONS. DEI CASEIFICI SOCIALI O TRENTINGRANA *Ortsteil Spini di Gardolo, 124 - 38100 Trento* ✆ *0461 961515*

Speck dell'Alto Adige

AUSSEHEN: *Länge 42 cm, Breite 30 cm, Höhe 6 cm, Gewicht 4–5 kg.*
FARBE: *Außen dunkel; beim Anschnitt sind die mageren Teile rosa bis rot, das Fett weiß.*
GESCHMACK: *Delikat und harmonisch.*
VERWENDUNG: *In Begleitung von Vollkorn- oder Roggenbrot und Butter, als Vorspeise oder Snack. In der Küche eine unverzichtbare Zutat zu* canederli *(Knödel) und in der Sauce zu Teigwaren wie Pappardelle und Tagliatelle. In Öl gebräunt wird er über Salate gegeben.*
HERKUNFT: *Die gesamte Provinz Bozen (insbesondere im Vintschgau zwischen Meran und der Schweizer Grenze).*

In Südtirol ist es seit dem Mittelalter Brauch, die Keule des Schweins zu entbeinen, zu würzen und in der Dachkammer reifen zu lassen; erst seit dem 18. Jahrhundert scheint man dazu übergegangen zu sein, sie auch zu räuchern. Mit Hilfe dieser Technik wurde früher *bachen* konserviert, der heutige Schinkenspeck.
Das heutige Herstellungsreglement schreibt vor, dass ein Produkt, das mit dem Logo „Speck aus Südtirol, IGP" gekennzeichnet werden soll, in der Provinz Bozen hergestellt werden muss. Das Fleisch (ganze Keulen mit Schwarte) würzt man mit grobem Meersalz, schwarzem Pfeffer, Piment, Knoblauch und Wacholderbeeren. So wird es in hölzerne Schütten gebettet (wo man es mehrfach wendet) und darauf kalt geräuchert (bei einer Temperatur unter 20 °C). Die letzte und längste Phase ist die der Reifung, die sich 22 Wochen und länger hinzieht.

Rechts
Speck mundet als Vorspeise oder Snack und ist aus der Regionalküche nicht wegzudenken.
Gegenüberliegende Seite, von links
Phasen der Herstellung von Speck: Das Mischen der Gewürze; Etikett mit dem Beginn der Reifezeit; das Räuchern; Geruchskontrolle und das Einbrennen der Kennzeichnung.

Speckröllchen mit Mischgemüse

Zutaten für 4 Personen:
• 8 Scheiben Speck • 50 g Erbsen • 50 g dicke Bohnen
• 80 g Auberginen • extra natives Olivenöl • 8 Spargelspitzen
• 60 g Zucchini • 50 g rote Paprika • Salz und Pfeffer
Für die Sauce:
• 80 ml Sahne • 1/2 EL Essig • Salz
• gehackte Kräuter • natives Olivenöl extra

- Aus den großen, breiten Speckscheiben 8 Röllchen oder Trichter formen.
- Die enthülsten Erbsen und Bohnen abbrühen. Die in kleine Würfel geschnittene Aubergine bei starker Hitze in heißem Öl kurz anbraten.
- Dann Erbsen, Bohnen und eine Garnitur aus gewürfelten Spargelspitzen, Zucchini und roten Paprika zugeben.
- Mit Salz und Pfeffer abschmecken.
- Die Röllchen mit dem kalten Gemüse füllen; Zutaten für die Sauce mischen und damit anrichten.

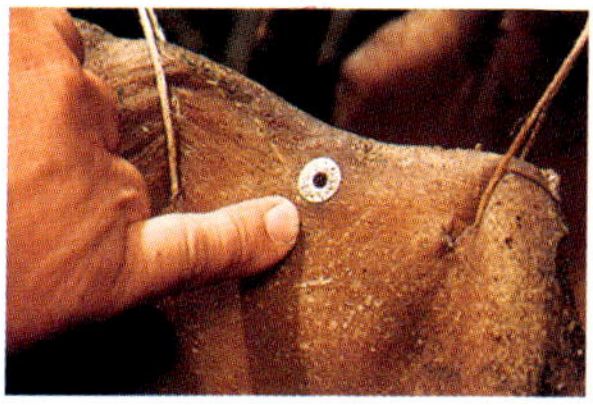

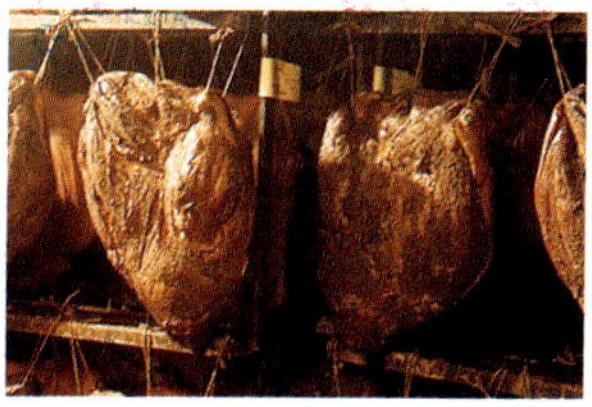

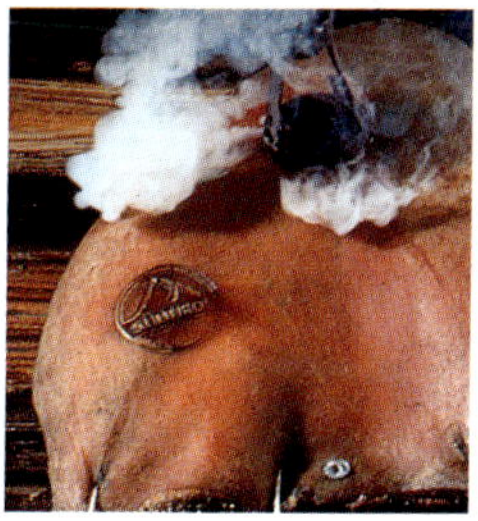

Dieses traditionelle Verfahren müssen auch die großen Hersteller anwenden. 1 200 000 Speck-*baffe* „Alto Adige" aus Südtirol wurden 1997 insgesamt hergestellt, gekennzeichnet und kontrolliert, doch ist dies nur ein Drittel der gesamten regionalen Produktion. Der Anteil steigt jedoch langsam an, und dies vor allem dank des Engagements des Konsortiums, das die Marke immer ansprechender und beliebter machte. Bis in die ersten Jahre unseres Jahrhunderts hinein pflegten die Bauern am Sonntag beim Kirchgang dem Gastwirt oder dem Pfarrer ein Stück Speck mitzubringen. Nach der Messe verteilte man den gekochten Speck unter den Gläubigen.

EINKAUFSQUELLEN

Salumeria Meranese - *Via Laurin, 59 Ortsteil Quarazze - 39012 Merano (BZ)* ✆ *0473 443095*

Mair Adolf - *Via Flora, 9 39020 Glorenza (BZ)* ✆ *0473 831207*

Cons. Speck Alto Adige (IGP) *Via Perathoner, 10 39100 Bolzano* ✆ *0471 945694*

Venetien

Seit alters her heißt es, das Bindeglied zwischen den diversen Küchen der sieben Provinzen Venetiens seien Maismehl und Reis. Anders ausgedrückt bedeutet dies, dass das gemeinsame Fundament dieser Küchen auf Polenta, dicken Gemüsesuppen (mit Reis) und Risotti aufgebaut ist.
Mais und Reis sind zwei Produkte, die großteils aus dieser Region stammen, wo sich Ebene, Hügel und Berge abwechseln. Insbesondere der Reis spielt eine Hauptrolle. Diverse Ortschaften in der Tiefebene von Verona bauen seit fast 500 Jahren den berühmten Vialone-nano-Reis an, der vor allem ein erstklassiger Risotto-Reis ist. Er wird auf den Speisezetteln der gesamten Region stets neu kombiniert: mit *radiccio rosso* aus Treviso, *radicchio variegato* aus Castelfranco, Spargel aus Bassano del Grappa, Bohnen aus Belluno, *bruscandoli* (auf den Feldern wild wachsende Hopfendolden) und *luganega* um Treviso bis hin zu den Fischen. Sie kommen aus zwei bedeutenden Fischereihäfen, Chioggia und Rialto (Venedig), wo nicht nur Hochseefische feilgeboten werden, sondern auch der frische Fang aus Lagune, Flüssen und Seen.
Und so locken Meeräsche, Goldbrasse, Seezunge, Aal, alle Blaufisch-Sorten, Meeresfrüchte (Meerspinnen, Cappesante-Muscheln, Heuschreckenkrebse, Schnecken, Herzmuscheln und Austern) und Süßwasserfische (Forellen, Schleien, Gardasee-Forellen und Marsoni). Besondere Erwähnung verdient eine Rarität, die nur in der Lagune um Venedig heimisch

Regionale Spezialitäten

KÄSE *Seite*
- ***Asiago*** 76

Cacio del Grappa, Casàt, Montasio, Monte Veronese, Morlàc, Spress, Stracchino, Taleggio, Ubriaco del Piave und Vezzena

WURSTWAREN
- ***Prosciutto veneto berico-euganeo*** 80

Bondola, Bresaola (Pferd), Gämsen- und Rehwürste, Ossocollo, Knoblauchwurst, Eselswurst, Pferdewurst, Luganega, Sfilacci aus Padua (Pferd), Soppresse

FLEISCH & FISCH
Ente, Kapaun, Perlhuhn, Gans, Hühnchen, Zicklein, Reh, Pferdefleisch, Süßwasserfisch, Meeresfisch, Meeresfrüchte und Strandkrabben

VON FELD, WALD & WIESE
- ***Fagiolo di Lamon*** 78
- ***Radicchio rosso di Treviso*** 82
- ***Riso Vialone nano veronese*** 84

Spargel aus Bassano del Grappa, Bruscandoli, Radicchio variegato aus Castelfranco, Mais

KONDITORWAREN
Baicoli, Fritole, Fugazza, Galani, Mandorlato, Offelle, Pandoro und Zaleti

ist: die Strandkrabbe. Diese Krebsart wird in dem Moment gefangen, in dem sie gerade den Panzer wechseln. Zu diesem Zeitpunkt sind sie überaus schmackhaft.
Der Kabeljau kommt als *stoccafisso*, Stockfisch (in Venetien heißt er häufig fälsch-

Mazzorbo in der Lagune von Venedig.
Die Lagune erstreckt sich über rund 50 Kilometer zwischen den Mündungen der Flüsse Sile und Brenta; sie ist reich an stillen, geheimen Winkeln und birgt schmackhafte Fische und Krustentiere.

licherweise *baccalà*) aus weit entfernten Gegenden, spielt jedoch eine Hauptrolle in der venezianischen Küche. Jede einzelne Stadt rühmt sich einer eigenen Spezialität: *baccalà alla vicentina, mantecato* (Stockfischmus) aus Venedig oder *alla Trevigiana*. Die Region ist auch reich an Fleisch; fast jede Provinz wartet mit eigenen Spezialitäten auf: Gänse, Hühner und Kapaune rund um Padua, wo das berühmte Huhn kaum mehr zu finden ist; aus Rovigo Enten und Perlhühner (kosten Sie sie in *tecia*, in der Steingut-Kasserolle); aus Belluno Zicklein und Reh; aus Verona Pferdefleisch (typisch ist *pastissada*, ein Ragout).
Käseliebhaber schlemmen *asiago* von den Almen der gleichnamigen Hochebene, *taleggio* oder *stracchino*; daneben findet man *montasio* (aus der Gegend um Belluno und einigen Käsereien rund um Treviso), *vezzena* (ein Käse, der auch im Trentino-Südtirol hergestellt wird; hier kommt er aus dem Gebiet um Asiago) und *spress*.
Raritäten sind *ubriaco del Piave* aus Treviso, *cacio* aus Grappa, *casàt* vom Gardasee und *morlàc*. Auch die Wurstwaren sind breit gefächert: neben klassischem *prosciutto* aus den Berico-euganäischen Bergen über den aus den Bergen von Asiago und Cadore bis hin zu Knoblauchwurst aus Valeggio, von *ossocollo*, der rund um Alleghe heimisch ist, über *soppressa* aus dem Pasubio-Tal und Abano bis hin zu Gämsen- und Rehwürsten und der immer rareren *salami d'asino*, Eselwurst, aus Montagnana und *bondola* aus der Provinz Rovigo.
Bemerkenswert ist die Tradition der Konditorwaren, besonders die venezianische: *baicoli, galani, fritole* und *fugazza*. Rund um Verona feiert der *pandoro* Triumphe, in Bovolone die *offella* und in Cologna Veneta der *mandorlato*.

Kulinarische Ausflüge

1 *Magische Atmosphäre: Von Padua (Padova) bis Treviso*

Entdecken Sie einen Winkel Venetiens, wo die Kultur der Denkmäler und Museen mit derjenigen der Tafelfreuden verschmilzt.

2 *Nicht nur für Vegetarier: Von Castelfranco Veneto bis Lamon*

Für vegetarische Gourmets. Sie verzichten gerne auf Fleisch? Dann haben Sie die Qual der Wahl: Radicchio, weißer Spargel oder Lamon-Bohnen.

3 *Liebe und Genuss: Von Verona bis Cologna Veneta*

Von der Stadt der Liebe (hier waren Julia und Romeo zu Hause) in eine Region, wo man sich ohne Gewissensbisse Genüssen wie *pandoro, mandorlato* und dem delikaten Schinken aus Venetien hingeben kann.

Route 1

- Ausgangspunkt ist **Padua**: Besuchen Sie die Basilika des Heiligen Antonius,die Kirche Santa Sofia und die Kirche der Erimitani. Zur Stärkung eignen sich traditionelle Pferdewürste: *bresaola, salame* und *sfilacci* aus Padua, dünne gesalzene Scheiben von Pferdekeulen, die geräuchert und in kleine Stücke geschnitten werden; man isst sie in Öl und Zitrone oder mit Polenta.
- Zirka 30 km trennen Padua von **Venedig (Venezia)**: Erkunden Sie den weltbekannten

Oben
ABENDMAHL IM HAUSE LEVI von Paolo Veronese (16. Jh.) in der Galleria dell'Accademia von Venedig.

Markusplatz und den Canale Grande, und lassen sich von den kulinarischen Genüssen der Lagune verführen: *risi e bisi* (Gemüsesuppe mit Reis und Erbsen), *figà* (Leber) mit Zwiebeln, *baicoli* und *zaleti* (traditionelle Kekse).

- Die nächste Etappe ist **Treviso** (von Venedig aus ca. 25 km). Im Dezember ist die Piazza dei Signori und der Dom in eine magische Atmosphäre gehüllt (Erntedankfest für den Radicchio).

Route 2

- Ausgangspunkt ist **Castelfranco Veneto**. Zweierlei ist hier zu sehen: Das Giorgione gewidmete Museum (der Maler wurde hier im 15. Jh. geboren) und das Fest des *radicchio variegato* aus Castelfranco (findet jedes Jahr in der Woche vor Weihnachten statt).
- 26 km von Castelfranco entfernt liegt **Bassano del Grappa** mit der berühmten Brücke über den Fluss Brenta. Kulinarisch gesehen steht die Stadt für zarten, süßen weißen Spargel (Spargelwettbewerb im April/Mai) und *asiago*, einen DOP-Käse aus Kuhmilch, den es in zwei Versionen gibt: „d'allevo" (mild) und „pressato" (gepresst).
- Von Bassano geht es nach **Lamon** (ca. 50 km). Entdecken Sie hier die berühmten Bohnen aus Lamon, denen die EU das IGP-Siegel verliehen hat. Sie ähneln entfernt Borlotto-Bohnen; die Schale ist hauchdünn, der Geschmack reich. Ende April, während des San-Giorgio-Festes zu ihren Ehren, verteilt man an die Feiernden die *menestra de san Dordi*, eine köstliche Bohnensuppe.

Route 3

- Ausgangspunkt ist **Verona**, eine Stadt mit vielen Gesichtern: Anziehungspunkt für Verliebte (die Sage will, dass Julia in der ehemaligen Kirche San Francesco begraben liegt), für Liebhaber von Musik und Kunst (die Arena vereint beides aufs Trefflichste) und für raffinierte Gastronomie: Eine Kostprobe wert sind hausgemachter *pandoro* aus den Konditoreien und *monte veronese*,

Mitte
In der Arena von Verona, dem römischen Amphitheater von 50 n.Chr., finden noch heute spektakuläre Aufführungen statt.

Unten
Romantischer Blick auf die Euganäischen Hügel bei Ganzignano.

ein DOP-Käse mit Kuhmilch aus den Ortschaften um Verona.

- Von Verona aus geht es durch die Felder um **Bovolone** und **Cerea**, wo der exzellente *vialone nano*, ein Risottoreis, angebaut wird, nach **Este** (71 km). Bekannt sind hier das Kastell aus dem 14. Jahrhundert und der Berico-Euganäische Schinken. In der Nähe liegen die Villen Benvenuti und Kunkler, wo Byron und Shelley residierten.
- Letzte Etappe ist **Cologna Veneta** (29 km). Hier sollten Sie den süßen *mandorlato* naschen, eine Variante des klassischen Torrone.

Ganz unten
Der Brücke in Bassano del Grappa ist ein berühmtes Lied der Bergbewohner gewidmet.

Asiago

AUSSEHEN: Allevo *ist zylinderförmig, Gewicht 8–12 kg, Höhe 9–12 cm und Durchmesser 30–36 cm.* Pressato *ist ebenfalls zylindrisch, Gewicht 11–15 kg, Höhe 11–15 cm und Durchmesser 30–40 cm.*
FARBE: *Der Teig ist beim* Pressato *weiß oder leicht strohgelb, die Rinde gelb bis strohfarben.* Allevo *ist innen strohfarben, je nach Reifegrad in verschiedenen Tönungen, mit dunkelbrauner Rinde.*
GESCHMACK: *Der des* Pressato *erinnert an Milch und tendiert zum Süßen. Der Geschmack ist weniger ausgeprägt und weicher als beim* Allevo.
VERWENDUNG: *Harmoniert bestens mit Polenta und heißen Suppen wie auch mit sommerlichen Salaten.*
HERKUNFT: *Provinz Vicenza, Teile der Provinz Padua (die an die Provinz Vicenza angrenzenden Ortschaften zwischen Carmignano di Brenta und Rovolon) und der Provinz Treviso (das Hügelband und die Täler darin, zwischen Piave und dem Bezirk Vicenza) sowie die Provinz Trento.*

Seit 1996 adelt den Asiago das DOP-Siegel. Die Herstellung des halb gekochten Käses ist ein bedeutender Wirtschaftszweig. Das Herstellungsreglement des Konsortiums schreibt vor, dass der Käse einzig aus der Milch von gefleckten, schwarzen und braunen Alpenkühen bestehen darf, die in den Provinzen Vicenza und Trento und in einigen Zonen rund um Padua und Treviso weiden.

Es ist leicht, den Gourmet vom unerfahrenen Käsegenießer zu unterscheiden. Nur der letztere würde nämlich in ein Feinkostgeschäft gehen und kategorisch „100 Gramm Asiago!" verlangen. Von der anderen Seite der Theke würde als Antwort zurückkommen:

Oben
Der Asiago wird geformt. Vollmilch wird zu frischem, teilentrahmte Milch zu gereiftem Käse verarbeitet.
Rechts
Asiago ist ein exquisiter Tafelkäse; häufig wird er in der Küche zur Verfeinerung verwendet. Gereift ist er ein erstklassiger Reibekäse.

Lammkoteletts mit würziger Sauce

ZUTATEN FÜR 4 PERSONEN:
• *zirka 500 g Lammkotelett* • *Salz* • *frisch gemahlener Pfeffer* • *Knoblauch* • *Thymian* • *Olivenöl* • *500 g Broccoli* • *50 g Butter* • *10 g Mehl* • *250 ml Milch* • *250 g gereifter Asiago* • *1 Eigelb*

- Fleisch von den Kotelettspitzen entfernen, so dass sie bloßliegen.
- Das Rippenstück mit einer Prise Salz, reichlich frisch gemahlenem Pfeffer, einer Knoblauchzehe und frisch gehacktem Thymian würzen. In der Pfanne bei starker Hitze in wenig Öl anbraten, dann im Ofen zirka 15 Minuten bei 250 °C garen (am Ende der Garzeit sollte es innen noch rosarot sein).
- Den Broccoli putzen, bissfest garen, dann in 40 g Butter in der Pfanne schwenken.
- Aus 10 g Butter, Mehl und der warmen Milch eine leichte Béchamelsauce herstellen; mit Salz und Pfeffer abschmecken, dann den klein gewürfelten Asiago und das Eigelb zugeben.
- Koteletts und Broccoli auf die Teller verteilen, mit der Sauce begießen und sofort heiß servieren.

Links
Heranreifender Asiago. Die Käselaibe wiegen zwischen acht und zwölf Kilogramm.

„*Pressato* oder *d'allevo*?" Hinter ein und demselben Namen verbergen sich nämlich zwei Käsesorten mit verschiedenen Eigenschaften – sowohl was die Größe und den Fettanteil (der des gepressten Asiago ist höher), als auch was die Reifezeit angeht. Gepresster Asiago *pressato* reift zwischen 20 und 40 Tagen; milden Asiago *d'allevo* nennt man „*mezzano*" (mittelalt), wenn er drei bis fünf Monate Ruhezeit durchlaufen hat, und „*vecchio*" (alt) nach einer Reifung bis zu neun Monaten. Er wird in verschiedenen Formen mit einem Gewicht zwischen acht und zwölf kg hergestellt; sein Geschmack wird mit der Dauer der Reifezeit immer ausgeprägter.
Im Mittelalter weideten in diesem Landstrich vorwiegend Schafe, erst vom 16. Jahrhundert an begann man allmählich auf Rinderzucht umzustellen. Wurden 1979 noch 60 Prozent *pressato* und 40 Prozent *d'allevo* hergestellt, so wuchs die Produktion von *pressato* mittlerweile auf 82 Prozent der gesamten Erzeugung an.

EINKAUFSQUELLEN

PUNTO VENDITA DELLA LATTERIA SOCIALE CATTOLICA - *Via Roma, 100*
36042 Breganze (VI) ☎ *0445 300579*

PUNTO VENDITA DELLA LATTERIA SOCIALE TRISSINO - *Via C. Battisti, 34*
36070 Trissino (VI) - ☎ *0445 962239*

CONS. DI TUTELA FORMAGGIO ASIAGO
Corso Fogazzaro, 18 - 36100 Vicenza
☎ *0444 321758*

Fagiolo di Lamon

AUSSEHEN: *Die Form variiert je nach Sorte:* spagnolit, spagnolon, calonega *und* canalin.
FARBE: *Die Hülse hat Streifen in verschiedenen Rottönen.*
GESCHMACK: *Nach dem Garen verliert sich der Geschmack der Schale, es entfaltet sich ein besonderes Kastanienaroma.*
VERWENDUNG: *Typische Rezepte sind* pendolon *(eine Art Polenta aus Bohnen),* fasoi col tocio *oder* sofegai *(Bohnen in Tomatensauce oder Weißwein) und* menestron *(Gemüsesuppe).*
HERKUNFT: *Sie werden in folgenden Ortschaften in der Provinz Belluno angebaut: Alano di Piave, Arsié, Cesiomaggiore, Feltre, Fonzaso, Lamon, Pedavena, Quero, Santa Giustina, San Gregorio nelle Alpi, Lentiai, Mel, Trichiana, Belluno, Sospirolo, Sedico, Ponte nelle Alpi, Vas, Limana, Sovramonte und Serena del Grappa.*

Oben
Diese Bohnen aus Lamon warten auf die Ernte.
Rechts
Lamon-Bohnen gibt es in vier Sorten: *spagnolit, spagnolon, calonega* und *canalin.* Sie unterscheiden sich in der Form.

Auf den ersten Blick könnte man sie mit gewöhnlichen Borlotti-Bohnen verwechseln, doch in Wirklichkeit haben die beiden Sorten wenig gemein – wenn man von den rötlichen Streifen auf der Hülse absieht. Bohnen aus Lamon wachsen in vier Sorten: *Spagnolit*, die kleinsten, sind rund und haben – wie die anderen Sorten auch – eine sehr dünne Hülse und einen vollen Geschmack; daher eignen sie sich gut für Gemüsesuppen. Sie gelten gemeinhin als die Sorte mit den besten Qualitätseigenschaften. Die größeren *spagnolon* sind eiförmig und finden in Salaten und Gemüsesuppen Verwendung. *Calonega* mit ihrer unverwechselbar platten Form gibt man ebenso in Gemüsesuppen, und die eiförmige *canalin*-Bohne mit der festeren

Tagliatelle mit Bohnensauce

Zutaten für 6 Personen:
• *600 g Weizenmehl* • *6 frische Eier* • *Salz*
• *400 g frische oder 200 g getrocknete (vorher eingeweichte) Bohnen aus Lamon*
• *1 kleine Zwiebel* • *150 g geräucherte Pancetta* • *3 Löffel natives Olivenöl extra* • *1 EL Senf*
• *4 EL Schlagsahne* • *geriebener Parmesankäse zum Bestreuen*

- Aus Mehl, Eiern und Salz einen dünnen, gleichmäßigen Pastateig herstellen und zu Tagliatelle verarbeiten.
- Bohnen garen und abtropfen lassen.
- Für die Sauce in einer großen Pfanne die fein gehackte Zwiebel samt der dünn geschnittenen Pancetta bräunen.
- Bohnen und 1 EL Senf zugeben.
- 30 Minuten köcheln lassen, zum Schluss mit der Schlagsahne binden.
- In der Zwischenzeit die Tagliatelle bissfest garen.
- Abgießen und in die Pfanne mit der Sauce geben,unter gelegentlichem Rühren erhitzen.
- Die Tagliatelle mit geriebenem Parmesan bestreuen und servieren.

Hülse schmeckt herrlich als Püree zubereitet.
Angebaut werden die Hülsenfrüchte auf der Hochebene von Lamon, deren Fruchtbarkeit und mildes Klima Bohnen von hoher Qualität hervorgebracht haben. 1996 wurden sie mit dem IGP-Siegel geadelt. Der Bohnenanbau hat eine altehrwürdige Tradition. Dafür steht auch das Fest zu Ehren von San Giorgio im April in dem Dörfchen Sorriva di Sovramonte, das auf die Zeit der schwarzen Pest im 17. Jahrhundert zurückgeht. In Sorriva wurden zwei Hirtenfamilien nicht angesteckt, weil sie auf den Bergweiden waren. Am Namenstag des Heiligen Georg schworen die Überlebenden dem Heiligen einen Eid, der seit damals stets eingehalten wurde: Alljährlich gedenkt seiner die gesamte Gemeinde und verteilt an jedermann einen Teller *menestra de San Dordi* (Gemüsesuppe aus Bohnen).

Mitte
Säckchen mit *fagioli di Lamon.* Erzeugt werden die Bohnen nach traditionellen, ökologischen Methoden.

Einkaufsquellen

Agriturismo Al fagiolo d'oro
Via A. Slongo, 49 - 32033 Lamon (BL)
0439 9136

Cons. di tutela del fagiolo di Lamon
c/o Pro Loco - 32033 Lamon (BL)
0439 96393

Prosciutto veneto berico-euganeo

AUSSEHEN: *Natürliche, halbgepresste Form.*

FARBE: *Rosa mit Tendenz zu Rot.*

GESCHMACK: *Das Aroma ist delikat, süß und duftend.*

VERWENDUNG: *Er wird roh gegessen, begleitet von einer breiten Auswahl von Produkten wie Spargel, Melone und Feigen, aber auch rohen Steinpilzen und Radicchio aus Treviso.*

HERKUNFT: *13 Ortschaften in den Provinzen Padua, Verona und Vicenza.*

Oben
Ausgewachsene Rasseschweine liefern Prosciutto veneto.

Unten
Dank seiner hohen Qualität eignet sich Prosciutto veneto für jede Kost.

Einzig der Schinken, der vom Salzen bis zur Reifung in einem spezifischen Landstrich zwischen Padua und Vincenza verarbeitet wird, darf sich mit der geschützten Ursprungsbezeichnung „Veneto (berico-euganeo)" schmücken. Diese Anerkennung verlieh ihm die EU 1996, wodurch er ins hehre „Who is Who" der italienischen DOP-Schinken aufstieg.

Das charakteristische Mikroklima und die besondere Herstellungstechnik verleihen dem Schinken aus

Venetien seinen unverwechselbaren Geschmack. Sein köstliches Aroma verdankt er überdies der Kunstfertigkeit, mit der die Metzger der Provinz die Schweinekeulen einsalzen. Je nach dem Gewicht der einzelnen Keule wissen sie genau,

Garganelli mit Schinken

Zutaten für 4 Personen:
* *60 g Butter* * *Salbeiblätter*
* *100 g gewürfelter Prosciutto Veneto berico-euganeo* * *300 g Garganelli*
* *Salz* * *20 g geriebener Parmesankäse* * *20 g geriebener Asiago*

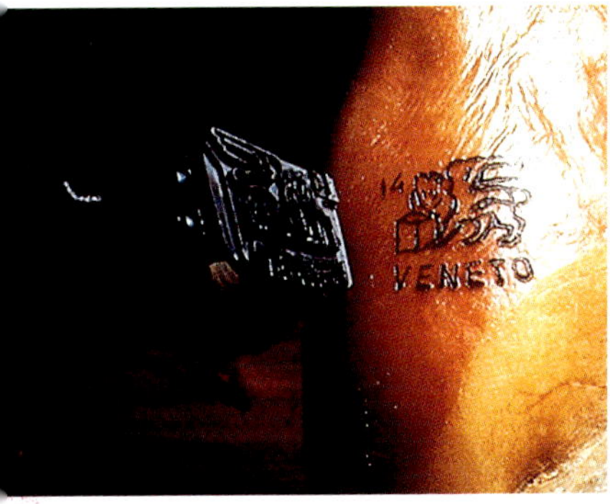

- Butter mit Salbei schmelzen lassen, die Hälfte der Schinkenwürfel zugeben.
- Die Garganelli in Salzwasser kochen, abgießen, geschmolzene Butter und geriebenen Käse untermischen.
- In Teller geben, restliche Schinkenwürfel auf die Teller verteilen und sofort servieren.

wie viel Salz sie ins Fleisch „einmassieren" müssen – und vor allem, wann der richtige Moment gekommen ist, um es zu entfernen. Auf diesen Vorgang folgt eine erste Lagerung, die sich 90 Tage hinzieht; daran schließt sich eine weitere Reifezeit von mindestens zehn Monaten an. Erst nach Abschluss dieses Prozesses kann beurteilt werden, ob sich der Schinken dazu eignet, durch das Brandzeichen auf der Schwarte mit dem begehrten Symbol des Löwen von San Marco und der Aufschrift „Veneto" ausgezeichnet zu werden.

Wer keine Eile hat, dem empfiehlt sich etwas Geduld: Je mehr Zeit vergeht, desto mehr entfalten sich mit der Reife Aroma und Duft des Schinkens.

Auch heutzutage wird Prosciutto veneto nach alter bäuerlicher Tradition hergestellt. Einstmals schlachteten die Bauern mit Hilfe des *mazzin*, eines erfahrenen Schlachters, zu Beginn jeden Winters ein Schwein und konservierten die Teile.

Oben
Der eingebrannte Stempel bürgt für Qualität.
Unten
Die Schinken reifen nach dem Salzen mindestens zehn Monate lang.

EINKAUFSQUELLEN

Prosciuttificio Daniolo Vittorio
Via Campana, 14/B - 35044 Montagnana (PD)
0429 81512

Cons. di tutela del Prosciutto veneto berico-euganeo - *Via Matteotti, 15*
35044 Montagnana (PD) *0429 82964*

Radicchio rosso di Treviso

AUSSEHEN: *Radicchio* precoce *erkennt man an den großen, langen, geschlossenen Blattrosetten.* Tardivo *hat regelmäßige, einheitliche Triebe und dichte, gerollte Blätter.*
FARBE: *Beim* precoce *ist die Blattäderung weiß, der Blattrand von intensivem Rot. Die Blattränder des* tardivo *sind weinrot, die Mittelrippe ist weiß.*
GESCHMACK: Precoce *schmeckt leicht bitter und ist von mittlerer Festigkeit.* Tardivo *ist angenehm bitter.*
VERWENDUNG: *Als Begleiter zu Pasta und für kalte Salate. Köstlich auch vom Grill.*
HERKUNFT: *Radicchio* precoce*: 28 Ortschaften in der Provinz Treviso; 6 in Padua; 7 in Venedig. Radicchio* tardivo*: 17 Ortschaften in der Provinz Treviso, 2 in Padua, 5 in Venedig.*

Rund um Treviso erzählt man sich folgende Anekdote: Eines Tages empfing Papst Pius X. eine bedeutende ausländische Persönlichkeit im Vatikan. Während der Audienz fragte der illustre Gesprächspartner den Papst, wo dieser denn geboren sei. Pius X. antwortete sofort, überzeugt, dass das Dörfchen Riese im Umland von Treviso (trotz seines Namens) absolut kein Begriff sei: „In Treviso". Sein Gesprächspartner ließ klar erkennen, dass er von dieser Stadt nie zuvor gehört hatte. So fragte der Papst erstaunt:

Oben
Roter Radicchio aus Treviso: links *precoce*, rechts *tardivo*.
Rechts
Einige Köpfe Radicchio *tardivo*, eine besonders knackige und angenehm bittere Sorte.

„Aber essen Sie denn keinen Radicchio?". Leider wissen wir nicht, welcher Sorte des roten Radicchio Pius X. den Vorzug gab: dem frühen *precoce* oder dem spät reifenden *tardivo.*

Der *precoce* ist dank seiner imposanten Größe und der voll entwickelten Blätter schlicht ästhetischer; kulinarische Experten greifen jedoch zum späten Radicchio mit seinem frischen Geschmack und dem bitteren Aroma.

Radicchio ist gesund: Insbesondere empfiehlt er sich für alle, die an Blutarmut, Diabetes, Hyperurikämie, Gicht oder Fettsucht leiden.

Gratinierter Radicchio rosso aus Treviso

ZUTATEN FÜR 4 PERSONEN:

- *1 Lauchstange* • *200 ml extra natives Olivenöl*
- *4 Köpfe Radicchio rosso aus Treviso*
- *400 ml junger Rotwein*
- *Salz und Pfeffer* • *10 g Butter*
- *16 Scheiben geräucherte Pancetta*
- *260 g Tomatensauce*
- *100 g geriebener Parmesankäse*

- Den Lauch in Öl dünsten.
- Die Radicchioköpfe der Länge nach vierteln, die Spitzen entfernen und zum Lauch geben.
- Einige Minuten dünsten.
- Mit Wein begießen und auf kleiner Flamme zirka 10 Minuten köcheln lassen, mit Salz und Pfeffer abschmecken.
- Dann die Radicchioviertel in eine feuerfeste, gebutterte Form geben, über jedes Viertel 1 Scheibe Pancetta, 1 EL Tomatensauce und 1 EL geriebenen Parmesan geben.
- Im Ofen bei 200 °C gratinieren und heiß servieren.

Roter Radicchio aus Treviso gedeiht am besten auf tonhaltigen und sandigen Böden und in einem Klima mit regenreichen, nicht allzu heißen Sommern und kalten Wintern. Die Aussaat erfolgt im Juli. Geerntet wird die frühe Sorte ab Anfang September, die späte ab Anfang November. Daran schließen sich drei wichtige Verarbeitungsphasen an: das Vortreiben der Pflanzen, das Treiben und Bleichen der Köpfe und schließlich das Säubern. Diese Verfahren erlauben es dem Radicchio rosso, all seine Qualitäten zu entfalten.

Oben, links „Winterblume" wird Radicchio bei der Ernte genannt.
Oben, rechts Radicchiosamen.

EINKAUFSQUELLEN

CONS. DI TUTELA DEL RADICCHIO ROSSO DI TREVISO - *c/o Camera di Commercio Piazza Borsa, 3 - 31100 Treviso*
0422 595224

Riso Vialone nano veronese

AUSSEHEN: *Semifino-Reis mit Körnern von mittlerer Größe und runder, halblanger Form, mit ausgeprägter Spitze und gedrungenem Kopf.*

FARBE: *Weiß, ohne Streifen, mit breitem Mehlkörper in der Mitte.*

GESCHMACK: *Die Körner schmecken und duften voll und delikat nach Kräutern.*

VERWENDUNG: *Für die typischen Risotti dieses Landstrichs – mit Kürbis, Schnecken oder Wild.*

HERKUNFT: *Diverse Ortschaften in der Tiefebene von Verona: Bovolone, Buttapietra, Casaleone, Cerea, Concamarise, Erbé, Gazzo Veronese, Isola della Scala, Isola Rizza, Mozzecane, Nogara, Nogarole Rocca, Oppeano, Palù, Povegliano Veronese, Ronco all'Adige, Roverchiara, Salizzole, Sanguinetto, San Pietro di Morubio, Sorgà, Trevenzuolo, Vigasio und Zevio.*

In der Tiefebene von Verona wird seit 1500 Reis angebaut: Das spezielle Klima und die großen, ganzjährig wasserreichen Flüsse bieten ideale Bedingungen.
Rund um Verona ist Reis ein Synonym für „riso Vialone nano". Der semifino-Reis gehört zur *Japonica*-Sorte, die erst seit 1937 hier angebaut wird.
2000 Hektar Anbauflächen, 90 000 Doppelzentner ungeschälter, geernteter Reis und 33 Bauernhöfe, die sich in einem Schutzkonsortium zusammengeschlossen haben: Die Zahlen spiegeln die Bedeutung des Reis-Anbaus wider.
Vialone nano wird Ende April und in den beiden ersten Maiwochen ausgesät; der Vegetationszyklus dauert zirka 155 Tage.
Wenn dann die Reisfelder trockengelegt und die Karpfen wieder „eingefangen" sind, die die Landwirte dort aussetzen, um die Felder von Insekten und Unkraut freizuhalten, wird der Vollreis (oder ungeschälte Reis)

Oben
Reisfelder aus der Vogelperspektive.
Rechts
Das IGP-Siegel, mit dem sich der Vialone nano schmückt, ist eine Garantie für Echtheit und Qualität.

geerntet, mit Heißluft getrocknet, von den äußeren Schichten befreit, gebleicht, selektiert und schließlich verpackt.
Vialone nano aus Verona erhielt 1996 das IGP-Siegel. Er muss auf Flächen angebaut werden, die sich wegen der Fruchtfolge „erholen"; zur Konservierung des verarbeiteten Reises darf keinerlei Insektizid verwendet werden.
Wie es das Schicksal der Raupe ist, sich erst in eine Puppe und dann einen Schmetterling zu verwandeln, so ist es das des Vialone nano, eine Viertelstunde in einer Kasserolle zu garen, bedeckt mit köstlicher Brühe, um zu einem exquisiten Risotto zu werden. Mit Radicchio rosso, Asiago-Käse, Spargel, Fisch oder Schnecken: Dies sind nur einige der möglichen Kombinationen, die die herausragenden Qualitäten dieses Reises zur Entfaltung bringen.

Reis mit Erbsen

ZUTATEN FÜR 4 PERSONEN:
• 2 kg frische junge Erbsen • 1,25 l kochende Gemüsebrühe • Salz
• 50 g klein gewürfelte Pancetta (oder roher Schinken)
• 1/2 Zwiebel (oder kleine Zwiebel) • 3 EL natives Olivenöl extra
• 250 g Vialone-nano-Reis aus Verona • Salz und Pfeffer
• 50 g geriebener Parmesankäse • 80 g Butter

- Die Erbsen enthülsen. Schoten auf die Seite legen.
- Eine Gemüsebrühe aus den Erbsenschoten herstellen, die in Salzwasser gekocht werden.
- Gewürfelte Pancetta (oder Schinken) und gehackte Zwiebel mit dem Öl und 25 g Butter in einer Kasserolle anbraten.
- Ist die Mischung angebraten, den Reis zugeben und einige Minuten rösten lassen.
- Dann die kochende Gemüsebrühe schöpflöffelweise zugeben und den Reis zum Kochen bringen, rühren.
- In den letzten 5 Minuten der Garzeit die Erbsen zugeben.
- Mit Salz und Pfeffer abschmecken.
- Vom Feuer nehmen, restliche Butter und Parmesan unterrühren.

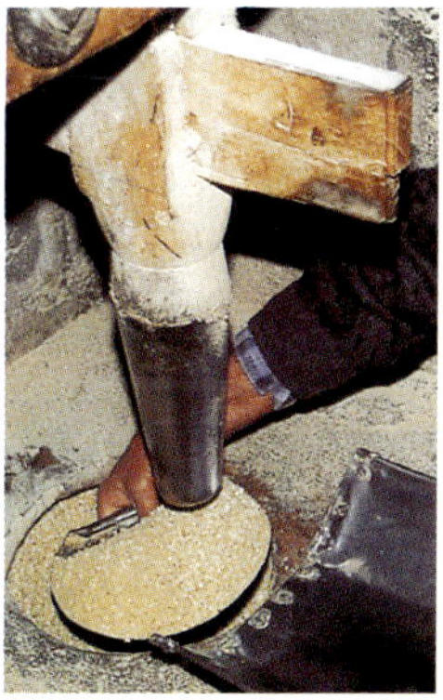

Von links
Geerntet wurde der Reis einst von Hand, heute jedoch mechanisch; in der Mitte wird „das Weiße gewonnen": Nach dem Schälen erhält man den weißen Reis. Weltweit ist Reis eines der verbreitetsten Grundnahrungsmittel.

EINKAUFSQUELLEN

GABRIELE E MAURIZIO FERRON SNC
Via Saccovener, 6 - Ortsteil Pila Vecia
37063 Isola della Scala (VR) ☎ *045 7301022*

CONS. PER LA DI TUTELA DEL RISO VIALONE NANO VERONESE - *Via Guglielmo Marconi, 2*
37063 Isola della Scala (VR) ☎ *045 6630815*

Friaul-Julisch Venetien

Zahlreich sind die kulinarischen Reminiszenzen: Die Küchenkultur Venedigs dominiert, wird jedoch ergänzt durch das Vermächtnis der Habsburger, Slawen und Orientalen (Kräuter und Gewürze werden in dieser Region viel verwendet).
Diese Mischung schmeckt man auch in den Käseprodukten und vor allem in den unverwechselbaren Wurstwaren.
Der erste Rang in der regionalen Gastronomie gebührt jedoch dem *prosciutto*. Neben dem bekannten Schinken aus San Daniele oder Sauris stellt man in einigen Gegenden des Carso oder in Cormons Schinken mit unverwechselbarem Geschmack her, der je nach Zutaten und Reifezeit variiert.
Hier dreht sich alles um Wurstwaren: Man findet Delikatessen, wie beispielsweise von der Gans, die im unteren Friaul Tradition haben. Bekannt sind vor allem die Friauler Gänse (eine Kreuzung zwischen Emden-Gans und Romagna-Gans); die Gänsezucht war einst in der ganzen Region üblich, heute ist sie fast ausgestorben. Geblieben ist eine große Tradition: Die Herstellung von geräucherter Gänsebrust, *salame d'oca friulano, salame d'oca giudeo* und Gänseschinken. Eine einzigartige Wurst, die nebenbei ein sehr beliebtes Produkt hervorbringt: *muset*, Schlackwurst, deren Name darauf anspielt, dass sie auch Teile vom Schweinskopf enthält.
Muset wird stets mit *brovada* (oder *broade*) serviert, ei-

Regionale Spezialitäten

nem leckeren, originellen Gericht aus weißen Rüben, die in Trester „ruhen", dann geschnitten und in der Pfanne mit Speck, Zwiebeln und Petersilie angebraten werden. Neben den Rüben findet man im Friaul herrliche *asparagi*, Spargel (besonders die aus Tavagnacco), und dank der zahlreichen Maisfelder eine exzellente Polenta, die an Stelle des Brotes gereicht oder mit Käse und anderen Zutaten kombiniert wird.

Unter den Käsesorten sticht vor allem der *montasio* hervor; dazu gesellt sich eine Reihe von Käsesorten, die nur in geringer Stückzahl hergestellt werden und daher schwer erhältlich sind: *Formaggio del cit* (so hießen die Bütten, in denen er einst lagerte) und *formaggio saltarello*, ein ehrwürdiger Almkäse aus der Milch der Kühe, die gerade auf die Bergweiden gezogen waren.

Dass letzterer wirklich nur ein Käse für „eingefleischte" Käseliebhaber ist, verdankt er vermutlich der Tatsache, dass kleine weiße Maden darin „springen" *(saltare)* und unermüdlich für seine cremige Konsistenz sorgen. Daneben gibt es den unkomplizierteren *liptauer* (Käse nach ungarischer Art), *salato duro* aus Friaul (oder *salato di Sauris*) und *strica, frico balacia* und *latteria* aus Fagagna.

Die Konditorwaren sind stark von Mitteleuropa geprägt: Üppiges Naschwerk voller Trocken- und kandierter Früchte, Rosinen, Nüsse und Pinienkerne. Neben *gubana*, die in den Provinzen Udine und Gorizia verschieden zubereitet wird, genießt man zu Weihnachten *putizza* und an Ostern *presnitz*.

Blick auf Sauris di Sotto, ein altes karnisches Dorf, das unverwechselbar delikaten Schinken produziert.

Kulinarische Ausflüge

1 ***Schinken über Schinken: Von Sauris bis San Daniele***

Eine Reise für den Sommer, wenn die Feste zu Ehren des Schinkens aus Sauris (Ende Juli) und San Daniele (Ende August) gefeiert werden.

2 ***Ein Füllhorn der Genüsse und Düfte: Von Udine bis Gorizia***

Auf dieser Reise bilden Dörfer und Weiler, Straßen und Flüsse den Hintergrund für eine Vielzahl von Schinken, Käsesorten und Naschereien mit ganz abwechslungsreichen Düften und Aromen.

Oben
Die turmbewehrte Burg von Gorizia, einem reizvollen Städtchen an den letzten Ausläufern der Julischen Alpen.
Rechts
Blick auf Gemona; das Dorf wurde vom Erdbeben von 1976 mit am schlimmsten heimgesucht.

Route 1

- Ausgangspunkt ist **Sauris**. Der altehrwürdige Ort in der Carnia bringt einen unverwechselbar süßen Schinken hervor, dem die leichte Räucherung Charakter verleiht. Einst diente er als Tauschobjekt, heute ist er (wie der typische Speck) Feinschmeckern nicht nur in Italien ein Begriff.
- Nächste Etappe ist **Ampezzo** (ca. 20 km). Hier finden Sie von einem örtlichen Erzeuger ein riesiges Angebot an regionalem Kuhmilch-Käse: *cuc* (*ciuc* gesprochen) aus halbgekochtem Bruch, der drei bis 18 Monate reift; den raren Streichkäse *cit*, für den nicht ganz perfekt gelungene Formen verwertet wurden, und der ebenso seltene *formaggio saltarello*, den nur wenige Kenner schätzen. Sie lieben diesen Käse vor allem wegen seiner cremig-streichbaren Konsistenz.
- Rund 35 km hinter Ampezzo gelangt man nach **Gemona del Friuli**. Besichtigen Sie das Renaissance-Rathaus und den Dom, der seit der Restaurierung nach dem Erdbeben von 1976 wieder in seinem früheren Glanz erstrahlt.
- Nur 10 km trennen Gemona von **San Daniele**: Die Biblioteca Guarneriana, das Rathaus aus dem 15. Jahrhundert und der Dom können dem sagenhaften Beinschinken kaum das Wasser reichen.

Mindestens zehn Monate Reifezeit und delikat-süßer Geschmack sind die Charakteristika eines der besten Schinken in ganz Italien.

Route 2

• Ausgangspunkt ist **Udine**, wo Sie die Piazza della Libertà aus der Renaissance mit den Loggien von Lionello und San Giovanni erwartet, überragt vom Uhrturm; sowie ein *tajut* (ein Achtelliter-Gläschen Wein) in einer der Osterien. Machen Sie einen Ausflug ins zirka 15 km entfernte **Fagagna** und genießen Sie *latteria*, süßen Käse aus Kuhmilch, dessen Reifezeit zwischen zwei und 18 Monaten variiert.

• 11 km östlich von Udine liegt **Buttrio**: Machen Sie einen Abstecher zur Genossenschafts-Molkerei und kaufen Sie *montasio*, den einzigen DOP-Käse der Region. Für Weinliebhaber: Wir sind in der südlichen DOC-Zone (Colli Orientali del Friuli). Kosten Sie unter anderem Merlot, Refosco dal Peduncolo Rosa und einen der aromatischen Traminer.

• Von Buttrio geht es nach **Cormons** (10 km), zum Palazzo Locatelli und zu einer Kostprobe aus der großen Auswahl von Weinen in der Enoteca, begleitet von hervorragendem Schinken, den ein örtlicher Erzeuger produziert.

• Von Cormons aus sind es 13 km bis **Gorizia**, der Heimat der *gubana*, dem süßen Wahrzeichen der Stadt (im Friaul gibt es zwei weitere Varianten des Blätterteiggebäcks, die aus Cividale und aus den Natisone-Tälern). Besuchen Sie auch den schönen Dom aus dem 14. Jahrhundert und die um 1100 von den Grafen von Gorizia erbaute Burg.

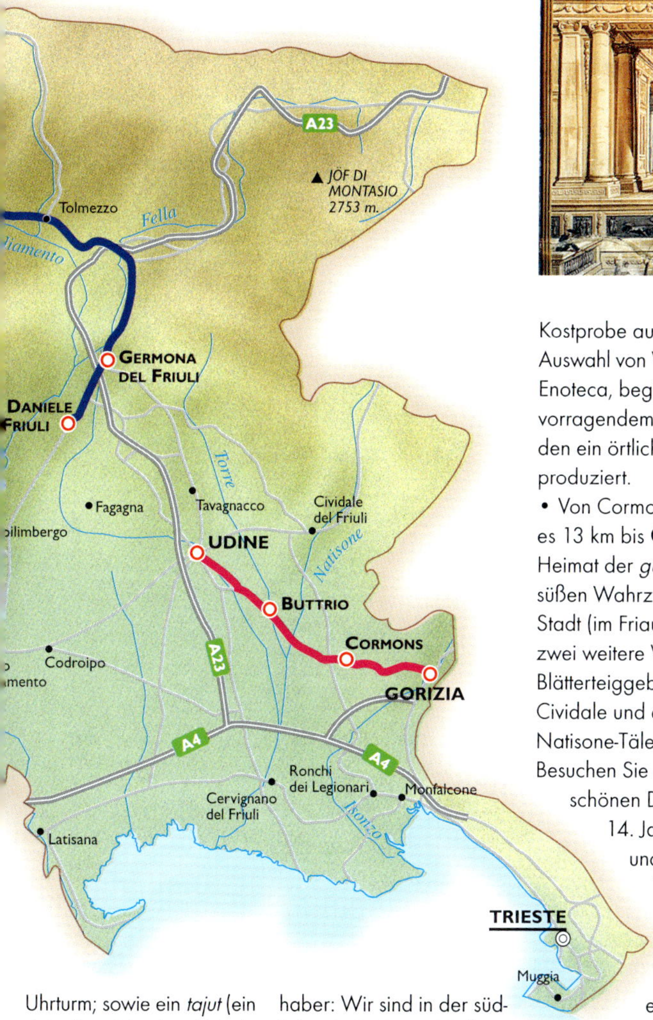

Oben
Perspektivischer Blick, Fresko aus dem 18. Jh. von Francesco Chiarottini (Palazzo Mangilli, Udine).
Unten
Der Natisone durchfließt Cividale del Friuli.

Gubana di Gorizia

AUSSEHEN: *Charakteristische Spiralform.*
FARBE: *Goldgelb, da der Teig außen mit Eigelb eingepinselt wird, bevor er in den Ofen kommt.*
GESCHMACK: *Der Geschmack erinnert an Frühling und Herbst zugleich; klar hervorgehoben werden das süß-säuerliche Aroma der Südfrüchte und der Duft der Gewürze.*
VERWENDUNG: *Das ursprüngliche Weihnachtsgebäck kommt heute das ganze Jahr über auf den Tisch, meist als Dessert.*
HERKUNFT: *Gorizia.*

Dies ist das süße Wahrzeichen Gorizias. Ohne Übertreibung lässt sich sagen, dass Gubana alle Kulturen in sich vereint, an denen diese Stadt dank ihrer Lage so reich ist.
Erstmalig erwähnt wurde Gubana, die in diesem Landstrich auch *presnitz* oder *strucolo alla goriziana* genannt wird, im Jahre 1714; seit damals findet man sie bei vielen Autoren. Luigi Peteani aus Terzo di Aquileia spricht 1891 in seinen *Pagine friulane* von der lokalen Folklore und

Oben
Unter den Zutaten für Gubana finden sich Mandeln und Walnüsse.
Unten
Gubana genießt man am besten warm.

erinnert sich, dass „Gubana aus Gorizia eine patentierte Spezialität ist, wie auch der Mailänder Panettone".
Zu ihrer Herstellung wird ein Teig aus Butter, feinstem Mehl, Eigelb, Eischnee, Weißwein, Zitronensaft und einer Prise Salz bereitet. Nachdem man ihn lange geknetet hat, rollt man ihn mit dem Wellholz aus und pinselt ihn mit Eigelb ein. Darauf verteilt man eine Füllung aus geschälten und gehackten Walnüssen und Mandeln, gehacktem Orangeat und Zitronat, in süßem Weißwein (wie Picolit, weißem Ramandolo oder Verduzzo bianco) eingeweichten Sultaninen, Zucker, geriebener Zitronen- und Orangenschale, einigen ganzen Nelken und Zimtpulver, Pinienkernen und kleinen Butterstückchen. Dann wird der Teig sorgsam aufgerollt, ein Kringel ohne Öffnung in der Mitte geformt und in den Ofen geschoben. Vor dem Servieren verteilt man Staubzucker auf der Gubana. Man verspeist sie in Scheiben geschnitten und möglichst lauwarm, denn auf diese Weise „quillt" der äußere, butterreiche Teig und verströmt einen köstlichen Duft.

Links
So wird Gubana hergestellt: Der Teig wird mit dem Wellholz ausgerollt, die Füllung darauf verteilt und zur typischen Form des Gebäcks aufgerollt.

Unten
Fertige Gubana wartet auf den Ofen.

EINKAUFSQUELLEN

PANIFICIO PASTICCERIA CENTRALE
Via Garibaldi, 4
34170 Gorizia ☎ *0481 530131*

PASTICCERIA MOSAICO - *Piazza Capitolo, 16*
33051 Aquileia (UD) ☎ *0431 919592*

PASTICCERIA GIUDITTA TERESA
Ortsteil Ponte San Quirino
33049 S. Pietro al Natisone (UD) ☎ *0432 727585*

Montasio

AUSSEHEN: *Zylindrisch; Gewicht 5–9 kg; Höhe 6–10 cm, Durchmesser 30–40 cm.*
FARBE: *Der Teig hat verschiedene Gelbtönungen; die Rinde ist strohgelb.*
GESCHMACK: *: Bei geringer Reife süß, bei den gereiften Reibesorten pikant.*
VERWENDUNG: *Bei Mahlzeiten zu jedem Gang passend; als Appetithappen für Aperitife, Zutat für Gerichte zum ersten Gang oder auch als Hauptgericht.*
HERKUNFT: *Die gesamte Region Friuli-Venezia Giulia, die Provinzen Belluno und Treviso, einige Orte in den Provinzen Padua und Venedig zwischen der Grenze zur Provinz Treviso und dem Brenta.*

Oben
Der Käsebruch.
Unten
Montasio-Laibe in drei verschiedenen Reifegraden.

Gegenüberliegende Seite, oben links
In Salzlake getauchte Käselaibe.
Oben rechts
Der fertig gereifte Montasio.

Montasio ist ein Käse mit geschützter Herkunftsbezeichnung, der im gesamten Gebiet der Region Friaul-Julisch Venetien, den Provinzen Belluno und Treviso und einem Teil der Provinzen Venetien und Padua produziert wird. Für den fetten, gekochten Halbhartkäse verwendet man nur Kuhvollmilch von Tieren der friesischen Rasse, von braunen Alpenkühen und rot gefleckten Kühen. Montasio ist seit dem

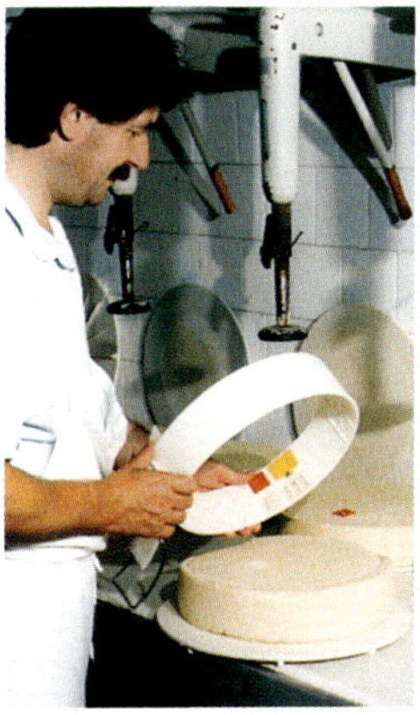

13. Jahrhundert bekannt. Seine Entstehung in jener Epoche verdankt er der Beharrlichkeit und Intelligenz der Benediktiner-Brüder auf dem Berge Montasio in den Julischen Alpen, die die Produktionstechniken der Almbauern in der Region verfeinerten. Der Begriff „formaggio montasio" taucht erstmals 1775 in den Preislisten der Stadt San Daniele auf. Und damals wie heute werden für Montasio Preise bezahlt, die über dem Durchschnitt liegen. Warum? Die Produktionstechnik ist zwar hoch entwickelt, doch das ursprüngliche Konzept der Käseherstellung wurde bis heute beibehalten. Noch heute wird frische Rohmilch verwendet, die nicht energetisch behandelt ist.

Die Laibe wiegen zwischen fünf und neun Kilogramm. Der Käse wird *„fresco"*, frisch, *„mezzano"*, mittelalt, und *„stravecchio"*, alt, verkauft – je nach Reifezeit, die von 60 Tagen bis fünf Monate für den frischen und fünf bis zwölf Monate beim mittelalten Käse dauert. Um einen „Stravecchio" zu erhalten, ist eine Ruhezeit von über einem Jahr erforderlich. Der Teig ist kompakt und elastisch und hat eine spärliche Rebhuhnaugen-Löcherung.

Omelett mit Birnen

ZUTATEN FÜR 4 PERSONEN:

- *2 Scheiben geräucherte Pancetta*
- *ein wenig Zwiebel*
- *600 g mittelalter Montasio (6 Monate)*
- *1 gekochte Kartoffel* • *schwarzer Pfeffer*
- *2 Abate-Birnen, geschält*
- *300 g Rucola* • *50 ml Béchamelsauce*

- In einer kunststoffbeschichteten Pfanne die kleingeschnittene Pancetta bräunen.
- Zwiebelscheiben, Käse und kleingewürfelte Kartoffel zugeben und pfeffern.
- Ist der Montasio geschmolzen, die kleingeschnittenen Birnen zugeben.
- Gut mischen und bei niedriger Hitze zu einer Art Omelett braten, auf beiden Seiten bräunen.
- In Stücke schneiden, mit Béchamelsauce beträufeln und auf einem Rucolabett servieren.

EINKAUFSQUELLEN

LATTERIA SOCIALE DI POCENIA
Via Diaz, 24 - 33050 Pocenia (UD)
0432 779251

LATTERIA SOC. COOP. A R.L. TURNARIA LAVARIANO - *33050 Lavariano (UD)*
0432 767116

CONS. PER LA TUTELA DEL FORMAGGIO MONTASIO - *Strada Statale Napoleonica km 1 33030 Rivolto di Codroipo (UD)*
0432 905317

Prosciutto di Sauris

AUSSEHEN: *Typische „Birnen"-Form.*
FARBE: *Die Keule ist außen von leicht „gebräunter" Farbe; im Inneren befindet sich dann weißes Fett, das Fleisch ist rosarot.*
GESCHMACK: *Leicht geräuchert; gewürzt mit Salz, Pfeffer und Knoblauch.*
VERWENDUNG: *Köstlich als Vorspeise; mit Kreuzkümmel gewürztes Brot als Begleiter betont den Geschmack noch.*
HERKUNFT: *Der Ort Sauris in der Provinz Udine.*

Oben
Zauberhaft breitet sich der See bei Sauris aus.

Unten
Schinken aus Sauris ist etwas für Kenner: Er schmeckt süßlich, leicht geräuchert und delikat-aromatisch.

Das Friaul ist ein Grenzgebiet, in dem sich der Einfluss der Slawen und Habsburger und der Venezianer vermischen. Käse, insbesondere jedoch Wurstwaren besitzen ein besonderes Aroma. Ein bedeutendes Gut in einer Gegend, die sich einer echten Kultur der Schinkenherstellung rühmen kann. Vielleicht ist ja nicht jedem bekannt, dass hier neben dem berühmten San Daniele auch der erlesene traditionelle Schinken

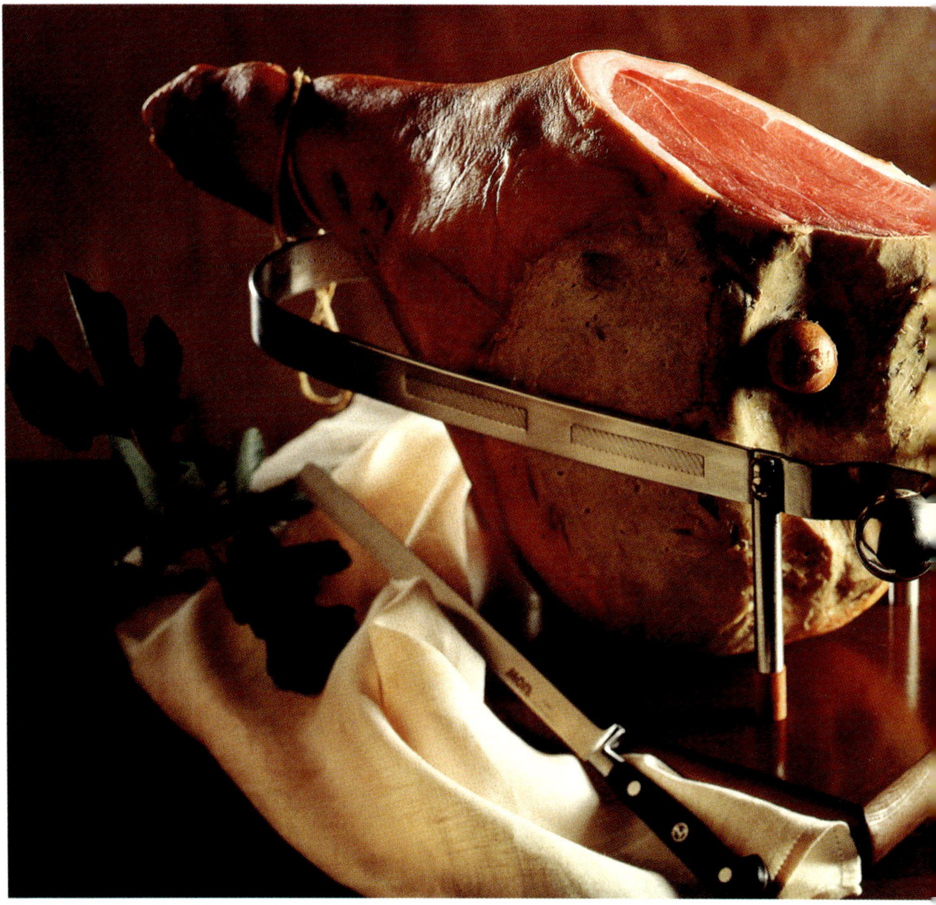

aus Sauris zu finden ist. Hergestellt wird er in der gleichnamigen Ortschaft in der Provinz Udine. Unter den gereiften Schweinekeulen, die man in Italien produziert, zeichnet ihn eine Besonderheit aus: Er ist der einzige geräucherte Rohschinken.
Die Räucherung ist eine alte Methode der Konservierung, die in diesem Landstrich verwendet wird; heute schätzt man diese Methode, weil sie dem Gaumen schmeichelt. Mittlerweile stellen nur noch ganz wenige Erzeuger traditionellen Sauris-Schinken her: zwei Metzgereien und einige Bauern. Nur ein einziger Hersteller vertreibt dieses Produkt noch über die lokalen Grenzen hinaus. Alljährlich stellt er zirka 25 000 Stück her; diese Menge erhöht sich im Laufe der Zeit ständig, reicht jedoch nicht aus, um die ansteigende Nachfrage zu stillen.
Die Gründe hierfür sind schnell erklärt. Die meist aus Umbrien stammenden Schweinekeulen werden mit Salz, Pfeffer und Knoblauch gewürzt und hängen drei bis vier Tage lang in Räucherkammern, die Buchenholzrauch durchzieht. Die Schinken werden daraufhin getrocknet. Erst nach einer Reifezeit zwischen zehn und zwölf Monaten kann man das köstliche Ergebnis genießen – ein wahrhaft sinnliches Erlebnis!

Oben
Die Phasen der Schinkenherstellung: Die Keulen werden gesalzen, im Holzrauch geräuchert und getrocknet.
Links
Heranreifende Schinken.

EINKAUFSQUELLEN

Prosciuttificio Wolf Sauris spa
Via Dante Volvlan, 88
33020 Sauris di Sotto (UD) ✆ 0433 86054

Prosciutto San Daniele

AUSSEHEN: *„Gitarrenform" dank der besonderen Konservierungsmethode für den „piedino", das „Füßchen" (er wird auch „prosciutto con il piedino" genannt).*
FARBE: *Der magere Teil ist rot bis rosarot, das Fett makellos weiß.*
GESCHMACK: *Süß und würzig, mit ausgeprägtem Nachgeschmack und aromatischem Duft.*
VERWENDUNG: *Als Snack, Vorspeise oder Hauptgericht; köstlich zu hausgebackenem Brot.*
HERKUNFT: *Aus der Ortschaft San Daniele del Friuli (Udine).*

Im Friaul wetteifern zwei große gastronomische Produkte um die Gunst der Genießer. Zwei Schinken aus ähnlichen Grundstoffen (Schweinekeulen erster Qualität), die sich jedoch in Herstellung und Prestige sehr unterscheiden. Einer ist der San-Daniele-Schinken, der mit „dem Füßchen", bekannt und berühmt in aller Welt; der andere der (nur quantitativ!) bescheidenere Sauris-Schinken. Zwei Spezialitäten, die mit Fug und Recht zu den kulinarischen Schätzen Italiens zählen.
Nur Schinken, die aus der Ortschaft San Daniele del Friuli in der Provinz Udine stammen, dürfen sich „Prosciutto di San Daniele" nennen und erhalten das DOP-Siegel. Die Schweinekeulen kommen großteils aus der Emilia-Romagna, der Lombardei und Venetien und wiegen mindestens 11 Kilogramm. Sie werden einem strengen Verarbeitungsprozess unterzogen und durchlaufen neun verschiedene Phasen: Gekühlt, beschnitten und mit Meersalz gesalzen, werden die Keulen flach

Rote Garnelen mit San-Daniele-Schinken

ZUTATEN FÜR 4 PERSONEN:
- *16 fangfrische rote Garnelen mit insgesamt 600 g Gewicht*
- *16 Scheiben Prosciutto San Daniele*

- Die Garnelen waschen und 5 Minuten in kochendem Salzwasser garen.
- Abkühlen lassen und auslösen; Kopf und Endstück des Schwanzes intakt lassen.
- Das Garnelenfleisch mit den Schinkenscheiben umwickeln und die Röllchen auf die Teller verteilen; nach Belieben mit einem EL hausgemachter Mayonnaise garnieren.

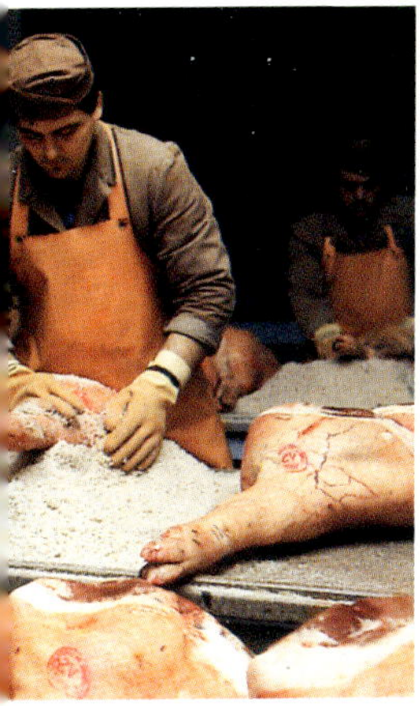

gepresst, ruhen, werden gewaschen, getrocknet und zuletzt mit Schweineschmalz eingerieben. Erst dann beginnt der Reifeprozess, der mindestens zwölf Monate dauert. Und das besondere Mikroklima des Ortes San Daniele (zirka 300 Höhenmeter und gesunde, frische Luft) verleiht dem Schinken seinen intensiven Duft und den süß-delikaten Geschmack. Auch Gabriele D'Annunzio wusste den San-Daniele-Schinken zu schätzen: Während seiner Aufenthalte im Vittoriale ließ er ihn durch einen Freund aus Brescia besorgen.

Gegenüberliegende Seite
San-Daniele-Schinken im Stück und aufgeschnitten.
Links
Das Salzen, das Einreiben mit Schweineschmalz und das Einbrennen des Siegels (unten).

EINKAUFSQUELLEN

PROSCIUTTI CORADAZZI DI RINO CORADAZZI & C. SNC - *Via Kennedy, 102*
33038 San Daniele del Friuli (UD)
0432 957582

PROSCIUTTIFICIO ZANINI GIOBATTA SS
Via Nazionale, 115
33030 Villanova di San Daniele del Friuli (UD)
0432 956017

PROSCIUTTIFICIO RINO BAGATTO
Via C. Battisti, 28
33038 San Daniele del Friuli (UD)
0432 957252

CASA DEL PROSCIUTTO DI CASTELLANI CATERINA - *Via Ciconi, 24*
33038 San Daniele del Friuli (UD)
0432 957422

CONS. DEL PROSCIUTTO DI SAN DANIELE
Via Andreuzzi, 8
33038 San Daniele del Friuli (UD)
0432 957515

Emilia-Romagna

Diese Region hat wirklich allen „Sinnen" etwas zu bieten: Einerseits sind da die schmackhaften Früchte ihrer Felder, andererseits sprechen die gastronomischen Produkte Geschmack, Geruchs- und Tastsinn, Auge und Ohr gleichermaßen an. Die Hauptstadt wird „la Grassa", die Fette, genannt (aber auch „die Gelehrte", dank ihrer Tischkultur und der alten Universität), was auf die Küche anspielt. Doch „fett" ist nicht gerade der passende Ausdruck – reich wäre wohl richtiger –, denn: Diese Region pflegt die

Kultur des guten Geschmacks. Dieser Lebensstil ist allen Provinzen – in der Emilia wie der Romagna – zu Eigen, doch kurioserweise führt dies keineswegs zu monotoner Gleichförmigkeit. Nicht nur Wurstwaren und Käsesorten gibt es in vielen Variationen, sondern auch die traditionelle, hausgemachte Pasta setzt den Gaumen in „Erstaunen".

So wird der *anolino* aus Parma in Bologna zum *tortellino* und verwandelt sich in Forlì zum *cappelletto* – alles wahre Wunderwerke an Phantasie und Kunstfertigkeit. Bei den verschiedenen Formen dieser Pastakringel, die zwar ungleich geformt sind, deren Namen jedoch die gemeinsame Herkunft verraten, entzünden sich stürmische Debatten über ihre Füllungen. In diesen Disputen wird häufig auch Pellegrino Artusi, der romagnolische Guru aus Forlimpopoli, konsultiert: Die einen füllen sie mit *parmigiano reggiano*, andere mit *for-*

Regionale Spezialitäten

maggio di fossa oder *ravaggiolo*. Mancher setzt auf *mortadella*, auf Parmaschinken oder *lombetto di maiale*, Schweinelende (alle diese Köstlichkeiten stammen einzig aus der Emilia-Romagna). Und doch dreht sich in der Region nicht alles um die Pasta, sondern vielmehr geht's ums Schwein. Schweine sind überall zu finden, vor allem auf den Bauernhöfen der Emilia und Parmas, wo die Vielzahl der Spezialitäten überrascht: Neben Schinken und *culatello*, Schinkenwurst, locken zahlreiche Wurst- und Salamivariationen. *Salami* aus Castelnuovo Monti, *crespone, cresponetto, strolghino, ciavarro* (oder „Narrenwurst") und *salame piacentino*, ebenso wie *salame* aus Ferriere und *pancetta* aus Casina.

Das Schwein liefert auch die Raritäten *vescovo* und *prete*, die immer seltenere *spalla di San Secondo* (Schulterstück mit Knochen), *zampone* (Schweinsfuß), *cotechino* (Schlackwurst), originelle *salama da sugo* aus Ferrara (hier ist Brot ein Kunstwerk und heißt „cornetto", daher „cornetti e salama" statt des traditionellen „pane e salame"). Die Kreativität der Schweinemetzger in der Emilia-Romagna ist außerordentlich.
Dennoch feiern auch die Molkereiprodukte Triumphe: Weltbekannt ist *parmigiano reggiano* und – wenn auch weniger – das gleiche Produkt aus der Milch der roten Kühe um Reggio, wie *robiola* aus Morfasso, *ravaggiolo* vom toskanisch-romagnolischen Apennin, *formaggio di fossa* (Höhlenkäse) aus Sogliano al Rubicone und *squacquerone* (ein Lautwort, das an das Aussehen des Weichkäses anspielt). Diese Produkte reicht man häufig zu *savor*, einer Konserve (*mostarda fine* aus Carpi ist fast nicht mehr zu finden), die man in der Romagna aus Traubenmost und Trockenobst herstellt; sie werden in traditionellem Balsamico-Essig aus Modena (reife Käse) mariniert oder mit Olivenöl *extravergine* aus Brisighella beträufelt.
Eine reiche, gelehrte und „fette" Region, in der sich die Liebhaber von Gebäck jedoch trösten können mit *spongata* und *dolce al cioccolato barozzi* aus dem Gebiet um Vignola.

Felder um Valnure in der Provinz Piacenza.

Kulinarische Ausflüge

1 ***Genüsse im Nebel: von Zibello bis Langhirano***

Eine „neblige“, suggestive Landschaft, die wunderbare Köstlichkeiten bereithält: *Salami, culatelli* und *anolini*.

2 ***Am Fuße des Apennin: von Agazzano bis Borgo Val di Taro***

Ein Ausflug voller Überraschungen durch heitere Bergdörfer, in denen Wurstwaren, Käse und Steinpilze die Basis der Alltagskost bilden.

3 ***Süß und salzig: von Castelnuovo Rangone bis Zocca***

Parmesan aus Reggio ist berühmt. Aber auf dieser Reise steht noch die Begegnung mit dem traditionellen Balsamico-Essig und dem Mandelkuchen an.

4 ***Tuffstein-Käse und feinstes Öl: von Sogliano al Rubicone bis Brisighella***

Der Begriff „gastronomische Schätze“ passt wie angegossen zum *formaggio di fossa* mit seinem betörenden Duft. Von hier aus geht es in die Romagna.

Ganz oben
Bemalter Keramik-Krug aus Faenza (16./17. Jh.).
Oben
Blühende Kirschbäume in Vignola, dem Anbauzentrum der gleichnamigen Kirschen.
Mitte
Aus den hiesigen Trauben keltert man renommierte Rot- und Weißweine, darunter den berühmten Sangiovese.

Route 1

- Ausgangspunkt ist **Zibello**, die Heimat nicht nur des *culatello* (in der ersten Juniwoche findet ihm zu Ehren ein Fest statt), sondern auch zweier anderer Wurstwaren, *fiocchetto* und *mariola*. Nach kurzer Fahrt (16 km) ist **San Secondo Parmense** erreicht, die Heimat der *coppa* und des „echten“ Vorderschinkens mit Knochen, *spalla cotta traditionale* (Fest Ende August).
- Weitere 16 km trennen San Secondo Parmense von **Colorno**: Kosten Sie den *vescovo* – ausgelöste Schweinehachse, mit *cotechino*-Mischung gefüllt.
- 36 km sind es bis **Langhirano**, dem Zentrum eines Gebiets, zu dem die Orte Felino, Tizzano Val Parma und Sala Baganza gehören. Hier wird der weltberühmte Parmaschinken hergestellt.

Route 2

- Ausgangspunkt ist **Agazzano**. Kosten Sie hier *tronchetto alpino*, einen jungen Käse aus Kuhmilch, der von April bis November hergestellt wird (lecker sind auch die Käsesorten *caprino* und *primo sale* aus dem nahen Piozzano).
- Nächste Etappe ist **Pianello Val Tidone** (10 km), woher drei Piacenzer DOP-Würste stammen: *coppa, pancetta* und *salami*.
- Zirka 50 km von Pianello entfernt liegt **Ferriere**: Probieren Sie hier unbedingt *cotechino di Ferriere* (gehacktes Fleisch und Schwarte, gesalzen, gewürzt und in Därme gefüllt) und Salami aus dem Alta Val Nure (oder Salami aus Ferriere).
- 30 km weiter liegt **Borgo Val di Taro**. Verschwenderisch ging die Natur hier mit Farben, Düften und insbesondere mit den begehrten *funghi Boletus*, den delikaten Steinpilzen, um.

Links
Die Tiefebene der Emilia ist eine der fruchtbarsten Agrarzonen Italiens.
Unten
Die imposante Burg von Vignola, ein viereckiger Verteidigungsbau.

Route 4

- Ausgangspunkt ist **Sogliano al Rubicone**, wo man sich von einer Scheibe *formaggio di fossa* verführen lässt: Den einzigartigen Duft und Geschmack verdankt er den Tuffsteinhöhlen, in denen seit dem 15. Jahrhundert Käselaibe reifen.
- Von Sogliano aus erreicht man nach zirka 16 km **Sarsina**. In der Osterzeit lockt hier traditionell süße *pagnotta pasquale*.
- Über Sarsina geht es nach **Bagno di Romagna** (ca. 15 km), um zwei köstliche Käsesorten zu kosten: *ravaggiolo*, einen jungen Käse aus Kuhmilch, und *pecorino in foja de noce*, der in Nussbaumblätter gewickelt in Terrakotta-Amphoren reift.
- Zwei knappe Autostunden führen durch den romagnolischen Apennin von Bagno nach **Brisighella**, wenn Sie eines der feinsten italienischen Olivenöle entdecken möchten.

Route 3

- Ausgangspunkt ist **Castelnuovo Rangone**. Hier kostet man den edlen traditionellen Balsamico-Essig aus Modena und den renommierten Schinken.
- Rund 15 km weiter liegt **Vignola**. Kirschbäume blühen gerade keine? Dann trösten Sie sich mit Süßem aus Röstmandeln, wie *amaretti* und *barozzi-* oder *muratori*-Kuchen.
- Von Vignola bis **Guiglia** sind es zirka 10 km: Stärken Sie sich hier mit traditionellem *borlengo*. Die Crêpe aus Wasser, Eiern und Mehl gart auf dem Holzofen und wird mit Speck, Knoblauch und Rosmarin belegt.
- Weitere 15 km sind es von Guiglia bis **Zocca**. Besuchen Sie das Kastanienmuseum und kosten *cotechino in galera* (in eine Fleischscheibe gewickelte Wurst im Mantel aus rohem Schinken) und *greppole*, romagnolische Schweinegrieben.

Aceto balsamico tradizionale di Modena

AUSSEHEN: *Dickflüssig, sirupartig-flüssig.*
FARBE: *Dunkelbraun, konzentriert und glänzend.*
GESCHMACK: *Süß-sauer; die beiden Geschmacksrichtungen vermischen sich sehr ausgewogen.*
VERWENDUNG: *Zum Würzen und als Zutat in der Küche.*
HERKUNFT: *Die gesamte Provinz Modena.*

Zwar wartet die Provinz Modena mit einer Vielzahl von Wurst- und Käsesorten auf, doch bekannt ist sie vor allem für ihre Kunstfertigkeit bei der Herstellung eines besonderen Nektars: des traditionellen Balsamico-Essigs aus Modena.
Wie kostbar diese Würze ist, verdeutlicht folgende Geschichte: Um das Jahr Tausend ließ Bonifacio III. aus der Toskana eine Kutsche mit Silberintarsien bauen, um ein Fläschchen davon als Geschenk an Kaiser Heinrich III. zu schicken. Ab 1800 finden sich zahlreiche Hinweise auf den Balsamico-Essig. Heute geben einige wenige Familien aus Modena den Ton bei der Produktion an; sie hüten und bewahren diese Kunst in ihren alten Essig-Manufakturen.
Als Grundstoffe dienen weiße, zuckersüße Trebbiano-Trauben, die so spät wie möglich geerntet werden. Beim ersten Anzeichen von Fermentation muss sofort, bevor der Zucker in Alkohol umgewandelt wird, der Traubenkamm vom Most entfernt werden; dieser wird gefiltert und in Kessel gefüllt, die direkt über dem Feuer kochen.

Ganz oben
Trebbiano-Trauben aus den Hügeln liefern den hochwertigen Essig.
Oben
Vier „traghi", alte Krüge aus Steingut für reifen Balsamico-Essig.
Rechts
Klassische Flasche mit traditionellem Balsamico-Essig aus Modena.

Der Most muss lange köcheln. So wird die anfängliche Menge um 30 bis 70 Prozent reduziert, je nach Jahrgang und Zuckergehalt der Trauben. Dann wird der Most in Holzfässer abgefüllt; mehrmals wird er in andere Holzfässer umgefüllt und mit Mostresten verstärkt. In puncto Anzahl, Fassungsvermögen und Abfolge der Fässer sowie Holzqualitäten gibt es keine feste Regel: Jeder Erzeuger verfährt nach eigenem Gutdünken. Mindestens jedoch reift der Essig in einer Serie – oder Batterie – von drei verschiedenen Fässern. Die meist benutzten Holzarten sind Kastanie, Kirsche, Maulbeerbaum, Wacholder und Eiche. Je länger der Balsamico-Essig reift (die Mindestreifezeit, um die Bezeichnung „aceto balsamico tradizionale di Modena" führen zu können, beträgt zwölf Jahre), desto hochwertiger wird er; teilweise lagert er über 30, gelegentlich gar bis zu 100 Jahre. Solche Reifezeiten bringen Produkte von überragender Qualität hervor.

Kürbisblüten mit traditionellem Balsamico-Essig aus Modena

ZUTATEN FÜR 4 PERSONEN:
- *100 g Ricotta • 1 Ei • 1 EL gehackte Petersilie • Salz und Pfeffer*
- *4 Kürbisblüten • 20 g Butter • 10 Tomaten*
- *1 TL traditioneller Balsamico-Essig aus Modena*

- Ricotta mit Ei, Petersilie, Salz und Pfeffer mischen.
- Kürbisblüten sorgfältig säubern, Blütenstempel entfernen.
- Die Ricottamischung hineinfüllen.
- Butter in einer Pfanne schmelzen und die geschälten, entkernten Tomaten zugeben.
- 5 Minuten köcheln lassen.
- Die gefüllten Kürbisblüten zufügen.
- 5 Minuten später das fertige Gericht mit dem traditionellen Balsamico-Essig aus Modena beträufeln.

Links
„Saz" nennt man die Glasbehältnisse, mit denen der Essig gezapft wird.
Unten, links
Hier entsteht ein Fass für Balsamico-Essig.

EINKAUFSQUELLEN

AZ. AGRICOLA MARVERTI IDA IN LANCELLOTTI
Via Gambisa, 375 - Loc. Limidi
41019 Soliera (MO) ☎ *059 567406*

AZ. AGRICOLA BARBIERI ACETAIA DEL CRISTO
Via Badia, 41 - Ortsteil San Lorenzo
41030 San Prospero (MO) ☎ *059 330383*

AZ. AGRICOLA LA CÀ DAL NÔN - ACETAIA 1883
Via Zanella, 5 - 41058 Vignola (MO)
☎ *059 300278/0347 2618557*

CONS. PRODUTTORI ACETO BALSAMICO TRADIZIONALE DI MODENA - *Corso Cavour, 60*
41100 Modena ☎ *059 242565*

Coppa e pancetta piacentina

AUSSEHEN: *Coppa hat eine zylindrische Form, an den Enden ist sie etwas dünner; nach dem Reifen wiegt sie mindestens 1,5 kg. Pancetta ist ebenfalls zylindrisch und wiegt zwischen 5 und 8 kg.*
FARBE: *Coppa weist beim Anschneiden die rote Farbe des mageren Teils auf, durchzogen von weißer Maserung. Pancetta ist leuchtend rot, mit weißen Fetteinsprengseln.*
GESCHMACK: *Coppa schmeckt süß-delikat; mit fortschreitendem Reifeprozess wird sie noch delikater. Pancetta hat ein süß-würziges Aroma.*
VERWENDUNG: *Gewöhnlich als Vorspeisen.*
HERKUNFT: *Die gesamte Provinz Piacenza.*

Neben der Salami sind Coppa und Pancetta typische Erzeugnisse aus der Provinz Piacenza, 1996 wurde ihre Ursprungsbezeichnung geschützt. Im Stadtmuseum von Piacenza ist ein Bronzeanhänger aus der Römerzeit zu bewundern. Er bildet ein Schweinchen ab, dessen Vorderpfoten sich um einen Ring schließen. Dies dokumentiert, wie tief verwurzelt in der Kultur dieses Landstrichs Schweinezucht und Verarbeitung des Borstentiers sind.

Beide Produkte werden aus dem Fleisch „schwerer" Schweine hergestellt, die aus überwachten Zuchtbetrieben für die Produktion von Parmaschinken in der Emilia-Romagna und der Lombardei stammen. Wäh-

Oben
Coppa wird mit natürlichen Aromen verfeinert, darunter Lorbeersamen.

Unten
Coppa und Pancetta fehlen rund um Piacenza auf keinem Vorspeisenteller.

rend jedoch Coppa aus ausgeblutetem Schweinehals und Schweinenacken besteht, stellt man Pancetta aus der äußeren Schicht des Schweinebauchs her. Frische Coppa wiegt niemals unter 2,5 Kilogramm. Sie wird trocken gesalzen, mit natürlichen Aromen (wie grob gemahlenem Pfeffer, Nelkenblüten und Lorbeersamen) gewürzt, die von Hand einmassiert werden, und in Zwerchfell vom Schwein gefüllt, das durchlöchert und mit Schnur umwickelt wird.

Eine Woche lang hängt die

Coppa im Trockenraum (bei Temperaturen zwischen 17 und 20 °C), dann reift sie – vom Salzen an gerechnet – mindestens sechs Monate lang.

Für Pancetta wird das Fleisch zunächst trocken gesalzen und mit natürlichen Aromen und Gewürzen aromatisiert, die von Hand einmassiert werden. So zieht sie zirka zwei Wochen lang. Dann wird das überflüssige Salz abgeschabt, und die Pancetta trocknet bis zu einer Woche. Darauf folgt eine Reifezeit von mindestens 60 Tagen in Räumen mit einer konstanten Temperatur von 10 bis 14 °C.

Dicke Bohnen mit Bauchspeck

ZUTATEN FÜR 4 PERSONEN:
• 2 kg frische Dicke Bohnen • 100 g Pancetta piacentina • 1 EL natives Olivenöl extra • 2 frische weiße Zwiebeln • Salz • Pfeffer • 1 Tasse heiße Brühe

- Bohnen enthülsen, in eine Schüssel geben und mit kaltem Wasser bedecken.
- Pancetta würfeln und in Öl bei niedriger Hitze in einem Keramiktiegel rösten, bis das Fett ausgebraten ist.
- Bohnen und fein gehackte Zwiebeln zugeben, einige Minuten köcheln lassen, mit Salz und Pfeffer abschmecken.
- Die heiße Brühe zugeben und zirka 1/2 Stunde bei starker Hitze kochen lassen; dabei oft umrühren und etwas heißes Wasser zugeben, wenn das Gericht zu trocken wird.
- Die Bohnen heiß im Kochtiegel servieren.

Links Mindestens sechs Monate dauert der Reifeprozess für Coppa, während Pancetta über 60 Tage reift.

EINKAUFSQUELLEN

SALUMIFICIO ALSENESE - *Via Marconi, 1 29010 Alseno (PC) ✆ 0523 949381*

SALUMIFICIO GIORDANO SNC *Via Provinciale, 28 - Ortsteil Case Draghi 29013 Carpaneto (PC) ✆ 0523 859083*

CONS. DI TUTELA COPPA PIACENTINA *c/o Camera di Commercio - Piazza Cavalli, 35/E 29100 Piacenza ✆ 0523 386256*

Culatello di Zibello

AUSSEHEN: *Klassische Birnenform; das Gewicht beträgt nach der Reifung 3–5 kg.*
FARBE: *Beim Anschneiden einheitlich rot; das Fett zwischen den Muskelbündeln ist weiß.*
GESCHMACK: *Unverwechselbar, süß-delikat.*
VERWENDUNG: *Eine derart exzellente Wurst passt zu allem.*
HERKUNFT: *Er darf nur in den Orten Zibello, Polesine Parmense, Busseto, Soragna, Sissa, Roccabianca, San Secondo und Colorno hergestellt werden.*

Oben
Die Poebene um Parma bietet ein ideales Klima für die Reifung der Schinken.

Unten
Geschnitten ist das Fleisch gleichmäßig rot; zwischen den Muskelsträngen blitzt weißes Fett hervor.

Unbestritten ist dies der König der italienischen Wurstwaren. Für Culatello, den feinsten Teil des Schinkens, bezahlt man um die 100 000 Lire pro Kilogramm: Die Sorgfalt, die lange Produktionszeit und die Kunstfertigkeit der Metzger, die zum Schutzkonsortium gehören, rechtfertigen diese Preise. Das Herstellungsreglement bestimmt, dass Culatello aus Zibello „aus den Muskelbündeln der hinteren und inneren Schenkelmuskeln der Schweinekeule gewonnen wird". Die Schweine dürfen nur mit Molke, Futtergerste und Kleie gefüttert werden. Culatello wird nur zwischen Ende Oktober und Februar hergestellt, wenn die optimalen klimatischen Bedingungen für den Reifeprozess herrschen: Der Nebel ist dicht und die Temperatur beträgt um die null Grad.

Das Fleisch wird geschnitten und geformt, indem man es zunächst verschnürt und mit Salz bestreut, das kräftig eingerieben wird; dann mit Wein abgewaschen, mit gemahlenem Pfeffer und Salz bestäubt und schließlich in Schweineblasen oder -darm abgefüllt. Culatello benötigt eine Trockenzeit zwischen 30 und 60 Tagen; darauf folgt eine Reifezeit von mindestens zehn Monaten in dunklen, feuchten Kellern. Die optimale Reifezeit

Culatello mit einem oder zwei t?

„Liebster Brozzi, Du wirst lachen über mich. Ich bin ein sehr begieriger Liebhaber des Culatello aus Parma (mit einem oder zwei t?) Ermattet von beschwerlicher Melancholie, verspürte ich soeben, wie mich Hunger quälte; und ich spürte meine Rippen gepeinigt, wie mit den härtesten Deiner Silberstücke, und spürte im Magen den Schnabel eines Deiner rächenden Adler. Während ich nicht ohne Ungestüm ausrief: ‚Sofort, sofort, sofort drei Scheiben Culat(t)ello!', erschien die Dame mit Deinen kostbaren Paketen. Das größte hatte die kegelförmige Form dieses kompakten Etwas mit roten, salzigen Fasern. Oh Fratelmo, die Halluzinationen des Hungers entrissen mir einen Ausruf voller Dankbarkeit und Glück: ‚Brozzi! Ein Culatello! Wie wusste er das nur?...' Ich fasse das Paket mit den Händen und fühle den heroischen Schnabel des Adlers... Ich gestehe Dir, dass ich für ein so schönes und starkes Erstrahlen wahrer Kunst gar seine Köstlichkeit vergessen habe. Meine Haushälterin Milia kann Dir die Wahrheit meiner Erzählung bezeugen. Frage sie nur! Ich werde Dir stets dankbar sein für die profunde Nahrung, die Du meinem Geiste schenkst (...) Verzeih großmütig meinem Hungerdelirium."

Gabriele D'Annunzio, Brief an Renato Brozzi, *30. Juni 1891*

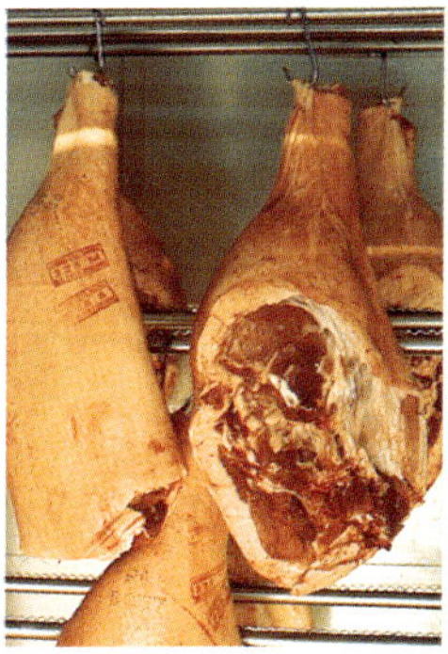

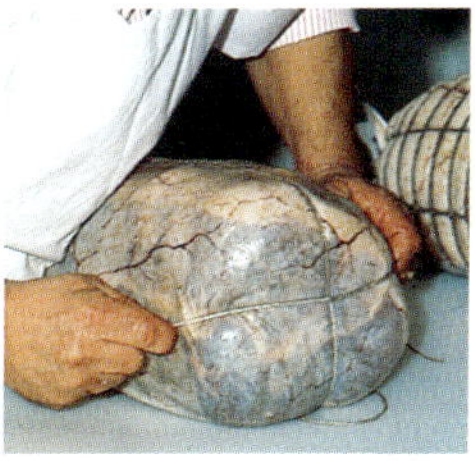

Von links
Von Schwarte umhüllte Schweinekeulen; das Salzen der Keulen; der Culatello wird eng verschnürt.
Unten
Ideal ist eine Reifezeit von 14 - 18 Monaten.

beträgt je nach Anfangsgewicht zirka 14 - 18 Monate.
Von Culatello ist bereits in einem Dokument der Stadt Parma von 1735 die Rede, aber: Von den 28 000 Culatello-Schinken, die 1998 auf den Markt kamen, können sich nur 7000 der Marke „Culatello di Zibello" rühmen. Die übrige Produktion stammt aus Erzeugerbetrieben, die ihren Sitz im „Nebelgebiet" haben.
Diese Schinken reifen zirka sechs bis acht Monate, werden bei künstlicher Temperatur getrocknet und zu einem deutlich günstigeren Preis verkauft.

EINKAUFSQUELLEN

RISTORANTE AL CAVALLINO BIANCO
Via Sbrisi, 2 - 43010 Polesine Parmense (PR)
0524 96136

TRATTORIA LA BUCA - *Via Ghizzi, 6*
43010 Zibello (PR) - *0524 99214*

LA BOUTIQUE DELLA CARNE
Piazza Garibaldi, 40 - 43010 Zibello (PR)
0524 99676

CONS. DEL CULATELLO DI ZIBELLO
Piazza Garibaldi, 43 - 43010 Zibello (PR)
0524 99131

Formaggio di fossa

AUSSEHEN: *Zylindrisch, mehr oder weniger verformt infolge der Fermentation und dem Einschichten der Käselaibe in die Höhlen.*
FARBE: *Nach dem Reifen in den Höhlen variiert die Farbe von Weiß bis Strohgelb, je nach der Reifezeit, die er zuvor durchlaufen hat.*
GESCHMACK: *Delikater Geschmack, der immer mehr ins Pikante tendiert; aromareicher Duft, der an Humus im Unterholz erinnert.*
VERWENDUNG: *In der Küche ist dieser Käse ein wahres Allroundtalent. Nicht fehlen darf er in Füllungen für Tortelloni und Cappelletti alla romagnola, unverzichtbar ist er auch im Teig für Passatelli. Man hobelt ihn über Carpaccio oder gratiniert damit Saisongemüse. Oder man serviert ihn mit Birnen, in Begleitung von Bio-Naturhonig oder Waldfrucht-Marmelade. Mit dem klassischen Obstkompott der Region, „savor", zaubert man daraus ein herrliches Dessert für anspruchsvolle Gaumen.*
HERKUNFT: *Von Sogliano al Rubicone (Forlì) dehnt sich das Produktionsgebiet nach Ravenna und ins obere Val Marecchia bei Pesaro aus (in der Provinz Pesaro wird Ambra di Talamello hergestellt).*

Ein altehrwürdiger, unverwechselbarer, typischer Käse aus Sogliano al Rubicone in der Provinz Forlì: So lässt sich Fossa-Käse kurz und bündig beschreiben.
Aus der Taufe gehoben wurde er im 15. Jahrhundert. Damals begannen die Einheimischen, den Winter über bis zum darauf folgenden Frühling in den Höhlen Lebensmittel wie Korn und Käse zu lagern.
Die Legende berichtet jedoch, dass der wahre Grund, warum sie für die Lagerung diese Örtlichkeiten wählten, ein anderer war: Sie suchten ein sicheres Versteck vor den Raubzügen des Feindes.
Die Höhlen sind Tuffsteingrotten, drei bis fünf Meter tief und zwei bis drei Meter breit; auf ihrem Grund ist ein weiterer Hohlraum von zirka einem Meter, in den die Flüssigkeit abfließt, die der Käse durch die Leinwandsäckchen ausschwitzt.
Im Inneren der Grotten herrscht eine Temperatur von zirka 20° C und eine Luftfeuchtigkeit von 80–90 Prozent. Diese Bedingungen verleihen dem Käse den besonderen Geschmack und das Aroma.
Für Höhlenkäse verwendet man zu 70–80 Prozent Schafsmilch, zu 20–30 Prozent Ziegenmilch und gelegentlich Kuhmilch, höchstens jedoch zu 20 Prozent.

Rechts
Höhlenkäse verströmt einen Duft, der an Unterholz erinnert.

Passatelli mit Fossa-Käse

Zutaten für 4 Personen:
- *4 Eier* • *geriebene Muskatnuss* • *Schale von 1 Zitrone*
- *150 g geriebener Parmesankäse*
- *100 g geriebener Fossa-Käse* • *150 g Paniermehl*
- *1,2 l Fleischbrühe* • *Salz*

- Die Eier aufschlagen und in eine Schüssel geben, etwas Muskatnuss und Zitronenschale darüber reiben, mit der Gabel verschlagen. Parmesan, Fossa-Käse und Paniermehl zugeben.
- Die Zutaten verrühren, bis eine feste Masse entsteht.
- Die Fleischbrühe zum Kochen bringen.
- Mittlerweile das Passatelli-Werkzeug an den beiden Griffen nehmen und aus dem Teig viele kleine Zylinder ausstechen; diese in die Brühe geben. Alternativ kleine Stäbchen mit der Hand formen.
- Sobald die Pasta im Topf nach oben kommt, die Suppe in die Suppenschüssel gießen.
- Die Passatelli heiß servieren.

Erst 1999 wurde ein Reglement erstellt, das den Fossa-Käse endlich von den zahlreichen Imitationen unterscheidet.
Der Produktionskalender ist genau festgelegt: Zunächst reifen die Käse ganz normal zwei bis drei Monate lang an der Luft; gegen Ende August werden jeweils 20–25 Käselaibe in einen Sack gefüllt und in den Höhlen eingeschlossen. Traditionsgemäß werden die Höhlen am 25. November, dem Tag der Heiligen Katherina, wieder geöffnet: Dann füllt sich der Ort mit dem typischen Duft des Höhlenkäses.

Oben, von links Die Käsesäcke werden zusammengestellt, die Höhle mit Stroh ausgefüllt und versiegelt, sobald der Käse darin lagert.
Unten, von links Nach dem Öffnen der Höhle erblickt der Käse das Tageslicht.

EINKAUFSQUELLEN

Formaggio di Fossa sas - *Via Pascoli, 8*
47030 Sogliano al Rubicone (FO)
0541 948687

Fungo di Borgotaro

AUSSEHEN: *Der Pilz kommt frisch, heil, mit festem Stiel und Hut in den Handel; die Oberfläche ist glatt und ohne Runzeln, die durch Flüssigkeitsverlust entstehen.*
FARBE: *Je nach Sorte unterschiedlich.*
GESCHMACK: *Delikat bis intensiv, je nach Röhrlings-Sorte.*
VERWENDUNG: *Die jungen, kleinen Pilze schmecken roh im Salat; sonst genießt man sie klein geschnitten und gegart, alleine oder als Basis für Saucen, die man zu Gerichten wie Risotto und Tagliatelle oder Fleischspeisen (wie Schnitzel) kombiniert.*
HERKUNFT: *Die Ortschaften Borgotaro und Albareto in der Provinz Parma und Pontremoli in der Provinz Massa Carrara.*

1996 erhielten die frischen Pilze der Gattung Boletus, besser bekannt als Steinpilze, aus den Wäldern eines bestimmten Teils des Apennins und aus Pontremoli in der Provinz Massa Carrara das IGP-Siegel der EU als Anerkennung für ihre exzellente Qualität und ihr Prestige, das sie seit Jahrhunderten in den umliegenden Landstrichen genießen.
Dieses Land liefert und vertreibt „im Herbst güldenen Röhrenpilz, selten schädlich, denn die Neigung des Ge-

Maronisuppe mit Steinpilzen

Zutaten für 4 Personen:
- *2 Zwiebeln* • *40 g Butter* • *2 EL natives Olivenöl extra* • *200 g Steinpilze*
- *200 ml edler Rotwein (oder trockener Marsala)*
- *250 g Maronimark aus geschälten Kastanien, im Mixer püriert oder im Mörser zerstoßen*
- *1,5 l kochende Fleischbrühe* • *Salz* • *250 ml süße Sahne*
- *1 TL Mais- oder Kartoffelstärke*
- *200 g Kastenbrot oder 4 Scheiben auf Stein (oder auf Holzglut) geröstetes Hausmacher-Brot*

- Die in Scheiben geschnittenen Zwiebeln in Öl und Butter anrösten.
- Die gesäuberten und in dünne Scheiben geschnittenen Pilze zugeben und bei mittlerer Hitze einige Minuten dünsten, um die Flüssigkeit herauszuziehen.
- Mit Wein begießen, die Flüssigkeit nahezu einkochen lassen.
- Das Kastanienmark zugeben, gut vermengen und die Mischung ziehen lassen.
- Die Brühe zugießen, unterrühren, salzen und 20 Minuten köcheln.
- Einige Minuten vor Ende der Kochzeit die Sahne unterheben, in der zuvor die Mais- oder Kartoffelstärke aufgelöst wurde: So wird die Suppe geschmeidiger und delikater.
- Die Teller mit gerösteten Brotscheiben auslegen und die Suppe servieren.

ländes lässt keine schlechten Säfte steigen". Mit diesen Worten beschreibt im 18. Jahrhundert Alberto Clemente Tasso in seiner *Istoria di Borgo Val di Taro*, wie bereits damals Sammeln und Verkauf der Pilze für die Talebene eine bedeutende Rolle spielten.
Gesammelt wird ausschließlich von Hand (niemals benutzt man dabei harte Plastikbehälter oder Tüten) in den Laub- und Nadelwäldern der Umgegend von Mai bis zu den ersten Schneefällen. In dieser Zeit findet man verschiedene Röhrlingssorten.
Von Mai bis September sammelt man den *Boletus aestivalis*, der im Dialekt *„rosso"*, „Roter", heißt wegen seines rotbraunen Huts. Den *Boletus pinicola*, der hier *„moro"*, „Brauner", genannt wird, mit seinem süßdelikaten Geschmack findet man im Sommer und Herbst in den Buchen- und Weißtannenwäldern. Von Juli bis September lugt der *Boletus aereus* mit seinem duftenden Fruchtfleisch und dem intensiven Geschmack in Eichen- und Kastanienwäldern aus der Erde. Schließlich sammelt man von September bis zu den ersten Schneefällen den *Boletus edulis*, der auch „Kältepilz" genannt wird: Seine Farbe variiert zwischen cremeweiß und braun, Duft und Geschmack sind delikat.
In Borgotaro entstanden auch die ersten Betriebe, die diese Pilze vertreiben. Heute kommen sie in Holzbehältern, in einzelnen Schichten, in den Handel.

Gegenüberliegende Seite, oben
Ein appetitliches Tablett voller Pilze.
Gegenüberliegende Seite, unten
Die Qualität der Steinpilze aus Borgotaro schützt das IGP-Siegel.
Links
Das Einlegen in Öl ist eine der ältesten Methoden zur Haltbarmachung von Pilzen.

EINKAUFSQUELLEN

Primizie della Bottega del Fungo di Agazzi & Bruschi snc - *Via Nazionale, 66*
43043 Borgotaro (PR) ✆ *0525 96898*

Cons. per la tutela dell'IGP Fungo di Borgotaro - *Via Battisti, 83*
43043 Borgotaro (PR) ✆ *0525 90155*

Olio extravergine d'oliva di Brisighella

FARBE: *Smaragdgrün mit goldenen Reflexen.*
GESCHMACK: *Pikant und angenehm bitter.*
VERWENDUNG: *Köstlich ist es roh zum Anmachen von rohem und gekochtem Gemüse, gedünstetem Fisch und Saucen.*
HERKUNFT: *Die Oliven müssen aus den Ortschaften Brisighella, Faenza, Riolo Terme, Casola Valsenio in der Provinz Ravenna und Modigliana in der Provinz Forlì stammen.*

Oben
In Brisighella baut man Oliven der Nostrana-Sorte an.
Unten
Öl aus Brisighella ist die Frucht einer akkuraten Auslese örtlicher *crus*.

Zwischen den Provinzen Ravenna und Forlì hat der Olivenanbau eine uralte Tradition: Der Fund einer Ölmühle lässt darauf schließen, dass Olivenöl hier erstmals in der Römerzeit hergestellt wurde. In Schriften ist vom Öl erst sehr viel später die Rede: In notariellen Urkunden vom Ende des 15. Jahrhunderts bis hin zu Monsignore Andrea Calegari aus Brisighella, der 1594 dem Leibarzt des Großherzogs der Toskana eine Beschreibung von Brassichella und Amone-Tal sandte, in der von Käse, Weinen und Öl die Rede ist. Er schreibt, dass die Öle aus Brisighella „derartig gut

Flusskrebse mit Safrangemüse

ZUTATEN FÜR 4 PERSONEN:
• *1,2 kg Flusskrebse* • *10 g Gelatine* • *1 g Safran* • *Salz* • *80 g Karotten* • *80 g Zucchini* • *80 g Zuchtpilze* • *80 g Sellerie* • *80 g Porree* • *20 g Kapern* • *20 g natives Olivenöl extra aus Brisighella* • *10 g Kerbel*

- Die geschälten Krebse 2 Minuten abbrühen und daraus 400 g Krebsschwänze gewinnen; die Schalen aufheben und in 600 ml Wasser kochen, bis es auf 400 ml reduziert ist, dann die Flüssigkeit in einen Topf abseihen.
- Die Gelatine in kaltem Wasser einweichen, zur Krebsbrühe geben und eine Minute kochen, bis sie sich ganz aufgelöst hat. Topf vom Herd nehmen, Safran und Salz zufügen und abkühlen lassen.
- Das Gemüse putzen, und in sehr kleine Würfel schneiden, eine Minute in Wasser blanchieren. In Eiswasser abkühlen, abtropfen lassen und trocknen. Mit Salz, Öl und fein gehackten Kapern würzen.
- Gemüse in die Tellermitte geben, Gelee und Kerbelblättchen um das Gemüse anrichten. Im Kühlschrank abkühlen lassen.
- Die fest gewordene Masse mit restlichem Gelee garnieren und den Kerbel damit bedecken. Erneut im Kühlschrank fest werden lassen.
- Vor dem Servieren die Krebsschwänze auf das Gemüse legen.

und geschmackvoll" seien, „dass sie keiner anderen Region missgünstig sind". Natives Olivenöl extra aus Brisighella erhielt 1996 das DOP-Siegel. Das Herstellungsreglement schreibt vor, dass zu mindestens 90 Prozent Oliven der Nostrana-Sorte aus Brisighella enthalten sind; der Olivenertrag pro Hektar darf fünf Tonnen nicht übersteigen, der Ölertrag höchstens 18 Prozent betragen. Alljährlich werden die Ölfrüchte vom 5. November bis 20. Dezember von Hand oder mit mechanischen Geräten direkt vom Baum geerntet. Man wäscht sie bei einer Temperatur unter 27° C und presst sie innerhalb von vier Tagen nach der Ernte.
Verkürzt man die Lagerzeit der Oliven, so erhält man ein Öl mit einem extrem niedrigen Säuregehalt; er beträgt in jedem Falle nie mehr als 0,5 Prozent.

Oben Abgefülltes Olivenöl.
Links, von oben Das Waschen und Mahlen der Oliven.

EINKAUFSQUELLEN

COOPERATIVA AGRICOLA BRISIGHELLESE
Piazzetta Porta Gabolo, 8
48013 Brisighella (RA) ✆ *0546 80131*

Parmigiano reggiano

AUSSEHEN: *Zylindrische Form mit leicht gewölbten Seiten und flacher, leicht konvexer Hartschicht. Die Käselaibe haben einen Durchmesser von 35-45 cm, die Seiten sind 18-24 cm hoch, Mindestgewicht 24 kg.*
FARBE: *Die Rinde ist goldgelb bis dunkelbraun, der Teig elfenbeinweiß bis strohgelb.*
GESCHMACK: *Würzig-delikat, nicht pikant.*
VERWENDUNG: *Je reifer, desto besser eignet er sich zum Reiben; in der Küche lässt er sich mit unzähligen Gerichten kombinieren, von Vorspeisen und Salaten über Gemüse bis hin zu Fleisch.*
HERKUNFT: *Die Provinzen Modena, Reggio Emilia, Parma, Bologna und Mantua.*

Parmesan ist weit mehr als nur ein „gekochter Halbfettkäse aus Kuhmilch, der langsam reifen muss", wie man ihn trocken definieren könnte: Parmesan ist der Käse par excellence. Produziert wird er in einem breiten Landstrich der Emilia und um Mantua. Man verwendet die Milch zweier aufeinander folgender Melkgänge von Kühen, die ausschließlich mit Gräsern oder Heu gefüttert werden dürfen. Die Rinderrasse, die die Milch dazu liefert, ist wichtig für die organoleptische Qualität des Parmesans: Der größte Teil der Züchter hält friesische Kühe, deren Milchertrag sehr hoch ist.
Die abends gemolkene Milch bleibt die Nacht über stehen. Am nächsten Morgen wird der aufgestiegene Rahm abgeschöpft und die frisch gemolkene Vollmilch zugegeben. Darauf folgen die diversen Phasen der Käseherstellung: Milchferment und Molke zur Fermentierung werden zugefügt und die Milch eingedickt; der Käsebruch wird aufge-

Oben
Der Käsebruch wird mit dem „spino", einem riesigen Quirl, zerkleinert.
Unten
Die Kombination von Parmesan und Birnen ist ein gastronomischer Klassiker.

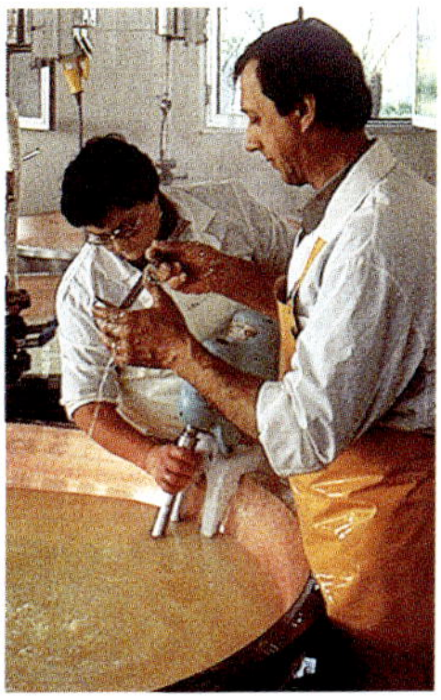

kocht und die Laibe in Salzlake getaucht. Daraufhin reift der Käse mindestens zwölf Monate lang, gelegentlich auch länger. Die geschützte Ursprungsbezeichnung, die Parmigiano reggiano 1996 vom Schutzkonsortium erhielt, ist die jüngste Anerkennung, mit der er geadelt wurde. Im 14. Jahrhundert bereits bemerkte Calandrino, eine berühmte Persönlichkeit aus Boccaccios *Decameron*, dass er einzig davon träume, „auf einem Berg von geriebenem Parmesankäse zu leben". Im 17. Jahrhundert dann eroberte die „Faszination" des Parmesans sämtliche Adelshöfe Europas: Sie lernten ihn zu schätzen dank der venezianischen Botschafter, die gewöhnlich ganze Käselaibe zum Geschenk machten. Parmigiano reggiano wurde in Europa derart berühmt, dass er auch in der *Enzyklopädie* von Diderot und D'Alembert Erwähnung findet.

Kartoffel-Käse-Auflauf

ZUTATEN FÜR 4 PERSONEN:
• *600 g Kartoffeln* • *Salz* • *150 g roher Schinken in Scheiben* • *150 g Emmentaler in Scheiben* • *150 g geriebener Parmesankäse* • *30 g Butter*

- Die Kartoffeln mit Schale in reichlich Salzwasser garen.
- Kartoffeln schälen und in nicht zu große Scheiben schneiden.
- Eine feuerfeste Form ausfetten und mit einer Schicht Kartoffeln auslegen; darauf Schinken-, Emmentalerscheiben und Parmesankäse verteilen.
- Dies wiederholen, bis alle Zutaten verteilt sind.
- Obenauf einige Butterflocken legen. Im Ofen bei 180 °C zirka 30 Minuten backen.

Oben
Am Ende der Kochzeit wird die Käsemasse aus der zugesetzten Molke herausgenommen.
Links
Die Struktur der Käselaibe prüft man durch „Klopfen".

EINKAUFSQUELLEN

Az. agricola Hombre - *Via Corletto Sud, 320 41100 Modena* ☎ *059 510660*

Caseificio Gennari Sergio e figli snc *(Käserei) Via Varra superiore, 14 43044 Collecchio (PR)* ☎ *0521 805947*

Cons. del formaggio Parmigiano reggiano *Via J.F. Kennedy, 18 - 42100 Reggio Emilia* ☎ *0522 307741*

Prosciutto di Parma

AUSSEHEN: *Rundliche Form, wie eine „Hähnchenkeule", ohne Bein.*
FARBE: *Aufgeschnitten sind die mageren Teile rosa bis rot und die Fettschicht weiß.*
GESCHMACK: *Süß-delikat.*
VERWENDUNG: *In leckeren Vorspeisen spielt er die Hauptrolle (Klassiker sind mittlerweile die Kombinationen mit Melone oder Feigen); kostbar und unersetzlich ist er auch für Füllungen von Teigwaren, für Fleisch und Gemüse, wie auch für Saucen und pikante Kuchen.*
HERKUNFT: *Die Provinz Parma, südlich der Via Emilia, von dieser aus mindestens 5 km bis hinauf auf 900 Höhenmeter, im Osten begrenzt vom Fluss Enza und im Westen vom Lauf des Stirone.*

Dieser rohe Schinken wird von Gourmets und Feinschmeckern in aller Welt hoch geschätzt. Doch Parmaschinken ist nicht irgendein roher Schinken: Der süße ist schlicht „crudo di Parma", der rohe Parmaschinken, ein wahres Kunstwerk und Ergebnis jahrhundertealter Sorgfalt, Meisterschaft und Erfahrung, die die Schinkenmeister von Generation zu Generation weitergaben.

Marco Porcio Catone erzählt in seinem *De rustica*, dass die Einwohner Parmas, als Hannibal nach seinem Sieg am Fluss Trebbia in Parma einzog, ihren Befreier von der römischen Tyrannei feierten: Sie holten aus Verstecken Fässer mit gesalzenen Schweinekeulen hervor. Dies waren die Vorgänger des heutigen rohen Parmaschinkens – des echten Schinkens, der auf der Schwarte als Markenzeichen die fünfzackige Herzogskrone eingebrannt trägt.

Er besteht aus den Keulen von Schweinen, die in elf italienischen Regionen geboren, aufgezogen und geschlachtet werden dürfen. Die Tiere müssen über neun Monate alt sein und

Rechts
Ein appetitanregender Teller mit Parmaschinken. Häufig kombiniert man ihn als leckere Vorspeise mit Melonen und Feigen.
Gegenüberliegende Seite, von oben
Verschiedene Herstellungsphasen: Salzen, Einfetten, Brandzeichnung und Reifung. Die Schinkenmeister geben ihre Kunst von einer Generation zur anderen weiter; so gilt Parmaschinken als „König" der italienischen Schinken.

Kartoffel-Schinken-Auflauf

ZUTATEN FÜR 4 PERSONEN:
- *1 kg Kartoffeln* • *2 Eigelb*
- *eine Prise Muskatnuss*
- *1 EL gehackte Thymianblättchen*
- *300 g Parmaschinken in Scheiben*
- *100 g Räucherlachs in dünnen Scheiben*
- *50 g Butter*
- *100 ml Weißwein* • *100 ml Porto*

- Kartoffeln kochen, schälen und mit einer Gabel zerdrücken.
- Kartoffeln mit 2 Eigelb, Muskatnuss und Thymian vermischen.
- Eine Kuchenform mit den Schinkenscheiben auslegen und abwechselnd die Kartoffelmasse, Lachsscheiben und Schinkenscheiben darauf verteilen, bis sie voll ist.
- Im heißen Ofen 10 Minuten backen.
- Butter, Weißwein und Porto zu einer Sauce mischen und den Auflauf damit servieren.

mindestens 150 kg auf die Waage bringen.
Die Keulen reibt man mit Salz ein, der einzigen Zutat, die zu ihrer Konservierung verwendet wird.
Nach einer ersten Phase der Lagerung in Kühlräumen kommen die Schinken in die Vorreifehallen, wo sie eingerieben werden (der Muskelteil wird mit einer Paste aus Schweinefett, Salz, gemahlenem Pfeffer und – gelegentlich – Reismehl bedeckt) und an speziellen „Gerüsten" aufgehängt werden. Die fertigen Keulen bekommen das Siegel, bevor sie auf den Markt kommen.

Links
Der aufgeschnittene Schinken ist rosa bis tiefrot.

EINKAUFSQUELLEN

- **PROSCIUTTIFICIO SANT'ILARIO DI MONTALI PIERO** - *Via Ponticella, 18 43010 Mulazzano Ponte di Lesignano Bagni (PR)* ☎ *0521 857144*
- **AZ. GALLONI SPA** - *Via Martiri della Libertà, 17 43013 Langhirano (PR)* ☎ *0521 861051*
- **PROSCIUTTIFICIO CASA GRAZIANO** *Ortsteil Reno sup. - 43028 Tizzano Val Parma (PR)* ☎ *0521 868640*
- **CONS. DEL PROSCIUTTO DI PARMA** - *Via Marco dell'Arpa, 8 - 43100 Parma* ☎ *0521 243987*

Toskana

Würde der Oskar für eine Küche verliehen, die schlicht ist, aber Aroma und Eigengeschmack der frischen Zutaten aufs Beste hervorhebt, so gewänne ihn ganz zweifellos die Toskana. Wenig kompliziertes Zutaten-Durcheinander, keine Saucen oder Fonds; statt dessen genießt man Gegrilltes und Fritiertes, sei es mit hellem oder rotem Fleisch, mit Fisch oder Pilzen; alles wird stets mit Olivenöl *extravergine* zubereitet.
Dieses Öl ist einer der größten Reichtümer der Region – wie auch der Wein aus den Hügeln des Chianti, rund um Lucca und aus der Maremma von allerhöchster Qualität ist. Eiserne „Toskaner" träufeln selbst auf ihr Steak, das die hoch geschätzten, aber immer selteneren Chianina-Rinder liefern, einige Tropfen natives Olivenöl extra und wählen als Beilage die exquisiten *fagioli zolfini*, Schwefelbohnen, aus Pratomagno, weiße Bohnen aus Casentino oder weiße Bohnen aus Sorana (einem winzigen Ort im Valleriana-Tal).
In der Toskana, wo die Küche des Meeres sich mit der des Landesinneren vereint, geben *minestra* (Gemüsesuppe), *minestrone* und dicke Suppen den Ton an, die stets aus frischen lokalen Produkten zubereitet werden.
In Viareggio, Livorno und Orbetello bieten die Fischer alle Arten von Fischen für *cacciucco* und andere Fischsuppen feil – ebenso wie Barben, die als *triglie alla Livornese* auf den Teller kom-

Regionale Spezialitäten

KÄSE	*Seite*
• ***Pecorino delle Crete senesi***	*132*
Marzolino, Pecorino aus Pienza	

WURSTWAREN	
• ***Finocchiona***	*126*
• ***Lardo di Colonnata***	*128*
Wildschweinwurst, Mortadella aus Prato, Schinken, Salame batardo, Sbriciolona	

FLEISCH & FISCH

Cèe, Fisch, Hühnchen aus Valdarno, Chianina-Rinder

VON FELD, WALD & WIESE	
• ***Olio extravergine d'oliva della Lucchesia***	*130*
• ***Fagiolo zolfino***	*122*
• ***Farro della Garfagnana***	*124*
Weiße Bohnen aus dem Casentino, weiße Bohnen aus Sorana, Augenbohnen, Pilze und Trüffeln, Safran aus San Gimignano	

KONDITORWAREN

Biscottini aus Prato, Brigidini, Cantuccini, Cialde aus Montecatini, Panforte und Ricciarelli

men. Eine Rarität sind *cèe* aus Pisa (Fischbrut vom Aal, dünn und winzig).

Die Bauern aus dem Chianti, dem Mugello, der Garfagnana, dem Casentino und der Maremma bauen die Zutaten für die beliebten Gemüsesuppen (*garmugia, ribollita,* Dinkelsuppe und *acquacotta*) an. Auch Pilze dürfen nicht fehlen (Zentrum ist Cutigliano), die aus dem Abetone, dem Mugello, der Garfagnana und der Lunigiana stammen; und natürlich Trüffel aus dem Casentino, der Garfagnana, Volterra und Siena.

Die Käseproduktion steht dem in keiner Weise nach: Sie blickt auf eine lange Tradition zurück, beginnend bei der Verarbeitung der Schafsmilch, die aus Sardinien eingewanderte Hirten mitbrachten. Berühmt sind die *pecorini* aus den Crete senesi (oder reifer Pecorino aus Pienza), aber auch im Casentino sind vorzügliche Sorten zu finden. Wohl am schwierigsten ist *marzolino* aus dem Chianti zu bekommen.

In einer „Agrarregion" darf auch das Schwein nicht fehlen. Es liefert eine breit gefächerte Spezialitätenpalette: von leckerem *prosciutto* über *lardo* aus Colonnata und dem aus Camaiore, *finocchiona* und *sbriciolona* bis hin zur raren *mortadella* aus Prato und *salame bastardo*, und nicht zuletzt Wildschweinwürste.

Nicht weniger vielfältig präsentieren sich in der Toskana die Konditorwaren: *cantuccini, biscottini* aus Prato (die in *vin Santo* getunkt werden), *brigidini* (Waffeln mit Anisgeschmack), *panforte* und *ricciarelli* aus Siena. Auch die Liebhaber von Süßem kommen in der Toskana also voll auf ihre Kosten. Wie die anderen toskanischen Spezialitäten sind sie einfach, ohne Firlefanz, aber ganz köstlich.

Ein Bauernhof bei Pienza. Alle Elemente, die die toskanische Landschaft prägen, sind hier vereint: Hügel, Zypressen und die warme Färbung der Flur auf den frisch gepflügten Feldern.

Kulinarische Ausflüge

1 ***Marmor nicht nur für Monumente: von Prato bis Colonnata***

Von den Stoffen zu den Thermen. Lang die Strecken, bizarr die Erlebnisse: kuriose Mortadella, in Marmor gereifter Speck, Mandelkekse, *cialde* und *brigidini*.

2 ***Die Kunst des Weins: von Arezzo bis Montalcino***

Kunststädte und Burgen, ein Ausflug in die Heimat der großen toskanischen Weine, die Entdeckung einer aussterbenden Bohne und des „Pecorino-Archipels".

3 ***In den Hügeln der Toskana: von Siena bis San Gimignano***

Von der Stadt des Palio in die der hundert Türme – auf den Spuren des tradionellen, süßen *panforte* und der *finocchiona*, dem Aushängeschild toskanischer Metzger; auch Vernaccia und der kostbare Safran dürfen nicht fehlen.

Ganz oben
Historischer Festzug beim Palio in Siena.
Oben
Das Wappen von Aulla ziert das Denkmal für die Gefallenen von Bagnone.
Unten
Das Orcia-Tal nahe bei Pienza.

Route 1

• Ausgangspunkt ist **Prato**, die Stadt der Stoffe, Monumente (Kastell aus dem 10. Jh. und Dom mit Fresken von Filippo Lippi) und des Museums für moderne Kunst; aber auch der Mandelkekse (*biscotti* aus Prato) und einer ganz besonderen Schweine-Mortadella (ebenso aus Prato), die warm mit Bohnen verspeist wird.

• 35 km trennen Prato vom Thermalkurort **Montecatini Terme**. Hier freuen sich Naschkatzen: *Cialde* aus Montecatini (hauchdünne, süße Waffeln mit Mandeln aus dem Ofen) und *brigidini*; die Eierwaffeln mit Anis wurden von den Nonnen des Konvents Santa Brigida erfunden.

• Von Montecatini bis **Castelnuovo Garfagnana**: 76 km durch die jungfräuliche Garfagnana, wo die Einheimischen gastfreundlich sind, die Flüsse klar und Dinkel die Basis der traditionellen Küche ist.

• Von Castelnuovo ist es ein gutes Stück durch den Apennin bis nach **Colonnata**. Hier kostet man gesalzenen, gewürzten *lardo*, Schweinespeck, der sechs Monate lang in Wannen aus Carrara-Marmor reift.

Route 2

• Ausgangspunkt ist **Arezzo**, das neben großen kulturellen Attraktionen (Dom, Palast der Laienbruderschaft und Vasari-Loggien) bekannt ist für Schwefelbohne und Augenbohne, die im Gebiet um Pratomagno angebaut werden, und für das Valdarno-Huhn.

• Zirka 55 km weiter liegt **Montepulciano**, wo gleich drei erstklassige DOCG-Weine reifen: Nobile di Montepulciano, Chianti und Chianti Colli senesi.

• Von Montepulciano aus führen wenige Autominuten ins „Pecorino-Archipel", wo man direkt beim Erzeuger kaufen kann: *pecorino di Pienza* in **Pienza**, der Perle der Renaissance-Städte; und *pecorino delle Crete senesi* in **Trequanda**, **Petroio** und **San Giovanni d'Asso**.

• Von Pienza aus geht es zirka 20 km weit durch gepflegte Weinberge nach **Montalcino**: Die mittelalterlichen Mauern, die imposante Burg und die ehrwürdige Abtei Sant'Antimo bilden eine perfekte Kulisse für den berühmten Brunello.

Oben
Eleganz und Harmonie der Formen zeichnen toskanisches Kunsthandwerk aus. Beispielhaft ist diese Steingut-Vase (Bruno Gambone, Florenz).
Links
Mädchenkopf von Andrea Della Robbia, 15./16. Jh. (Museo nazionale del Bargello, Florenz).

Route 3

- Die schöne Piazza del Campo, der Mangia-Turm und der Palio locken lässige „Gastronauten" alleine noch nicht nach **Siena**? Ein Grund mehr ist *panforte*, eine winterliche Nascherei aus Mandeln, Nüssen und kandierten Früchten.
- Von Siena nach **Poggibonsi** (27 km) fährt man wegen einer Kuriosität: *finocchiona*, Schweinswurst mit Fenchelsamen, die im Mittelalter Veränderungen des Fleisches verbergen sollten. Heute ist sie ein Symbol toskanischer Metzgerskunst.
- Von Poggibonsi geht es ins turmbewehrte **San Gimignano** (zirka 10 km), die Stadt des Krokus, des Safrans – das Gewürz bildete im Mittelalter die ökonomische Grundlage der Stadt (1228 bezahlte sie damit ihre Schulden) – und des Vernaccia, der als erster italienischer Wein das DOC-Siegel erhielt. Typisch sind die goldgelbe Farbe, das harmonische Bukett und der Duft nach Mandeln und Blüten.

Fagiolo zolfino

AUSSEHEN: *Rund, mittel bis klein.*
FARBE: *Schwefelgelb.*
GESCHMACK: *Mehlig, kompakt.*
VERWENDUNG: *Beilage zu Fleisch, Schwein, Tunfisch und auch als Vorspeise.*
HERKUNFT: *Loro Ciuffenna, Terranuova Bracciolini, Castelfranco di Sopra (Arezzo) und Reggello (Florenz).*

Äußerst rar ist diese Bohnenart, die einzig im Gebiet um Pratomagno wächst, in der Provinz Arezzo und rund um die Ortschaft Reggello (Florenz). Die Herkunft des Namens ist umstritten: Einige behaupten, der Name „Schwefelbohne" spiele auf die Gelbfärbung der Hülsenfrüchte an, die Schwefelkristallen ähnelt; andere führen ihn auf eine Schwefelquelle zurück, die einst im Gebiet um Pratomagno, dem Zentrum des Bohnenanbaus, sprudelte. Schwefelbohnen sind von niedrigem Wuchs (eine Zwergsorte der *Phaseolus vulgaris*) und bevorzugen eher saure Böden ohne allzu viel Kalk (der die Schoten verdicken würde), jedoch mit einer besonderen Anreicherung von Mineralien. Sie sind verwandt mit einer weiteren beliebten Sorte, den weißen Toscanelli-Bohnen, haben aber dünnere Schoten.
Diese sind das Markenzeichen der Schwefelbohne. Sie verleiht ihnen zwei

Ganz oben
Blühende Schwefelbohnen-Pflanze.
Oben
Reihen wachsender Schwefelbohnen-Setzlinge.
Mitte
Ihrer Gelbfärbung verdanken die Schwefelbohnen möglicherweise den Namen.
Gegenüberliegende Seite, oben
Nach der Ernte werden die Bohnen auf der Tenne getrocknet.

wichtige Eigenschaften: Sie ermöglicht das Garen der Bohnen (in kaltem Wasser, indem man sie leicht aufkocht), ohne dass sie zuvor eingeweicht werden müssten. Durch diese Zubereitungsart werden Blähungen vermieden. Schwefelbohnen sind reich an Eisen und Ballaststoffen, der Fettanteil ist sehr gering: ein gesundes Lebensmittel. Sie sind gleichartig geformt (sowohl die verschiedenen Ernten als auch innerhalb der gleichen Partie), kugelrund und leicht bauchig; der dichte, wohlschmeckende Kern macht diese Bohne zu einer unverzichtbaren Zutat für viele Rezepte der toskanischen Küche.

Gekochte Bohnen

ZUTATEN FÜR 4 PERSONEN
400 g Schwefelbohnen • Salbei
• 2 Knoblauchzehen • Salz
• Natives Olivenöl extra • Pfeffer

- Die Bohnen gründlich waschen und mit mindestens 2 Litern Wasser in einen Topf (möglichst aus Steingut) geben.
- Einige Salbeiblätter, Knoblauch und Salz zufügen und bei niedriger Hitze 3–4 Stunden köcheln lassen.

- Die Bohnen in der eigenen Brühe servieren, eine Prise Pfeffer und einen Spritzer Olivenöl zugeben (am besten das aus Pratomagno und aus neuer Ernte, wenn es noch grün, intensiv und pikant ist).

EINKAUFSQUELLEN

AZ. AGRICOLA LO ZOLFINO - *Ortsteil La Penna 52028 Terranuova Bracciolini (AR)* *055 9705039*

COOP. AGRICOLA VALDARNESE - *Ortsteil Paterna 52028 Terranuova Bracciolini (AR)* *055 977052*

Farro della Garfagnana

AUSSEHEN: Triticum dicoccum, *die in der Garfagnana angebaute Dinkelsorte, ist eine Pflanze, die 100–150 cm hoch wird, mit großem Blütenschaft aus Ähren, die jeweils 1 bis 2 Fruchtkörper enthalten.*
FARBE: *Die Fruchtkörper sind nach dem Schleifen fleckig-weiß und kleiefarben.*
GESCHMACK: *Schwer zu definieren, gegart erinnert er etwas an Brotrinde.*
VERWENDUNG: *Dinkel verwendet man meist für Brot, Teig- und Konditorwaren, insbesondere jedoch als Zutat in Suppen und in Minestra findet er Anwendung.*
HERKUNFT: *Die Ortschaften Camporgiano, Castelnuovo Garfagnana, Castiglione di Garfagnana, Giuncugnano, Minucciano, Piazza al Serchio, Pieve Fosciana, San Romano Garfagnana, Sillano, Villa Collemandina, Fosciandora, Vagli di Sotto, Careggine, Molazzana, Gallicano und Vergemoli in der Provinz Lucca.*

Die Griechen führten den Dinkel 700 Jahre vor Christus in Italien ein: Somit ist dies das älteste Getreide, das noch heute in der Küche Verwendung findet. In der Garfagnana baut man ihn seit altersher an. In Dokumenten vom Ende des 19. Jahrhunderts finden sich sein Verkaufspreis (36 bis 46 Centesimo pro Kilogramm) und seine Verwendung (in Gemüsesuppen und Kuchen). Heute gibt es in der Garfagnana zirka 60 Bauernhöfe, die Dinkel anbauen. Fast alle sind Kleinstbetriebe und werden nebenbei von Arbeitern oder Angestellten geführt. Sie bewirtschaften in ihrer Freizeit die Landgüter, die ihnen ihre Väter und Großväter vererbt haben, beseelt vom

Oben
In der Toskana baut man heute auf zirka 75–80 Hektar Dinkel an: Qualität geht vor Quantität.
Rechts
Dinkel aus der Garfagnana wird Korn für Korn verlesen und in verschieden großen Säckchen verkauft; das IGP-Siegel und das des Erzeugers sind gut sichtbar.

Dinkelsuppe

ZUTATEN FÜR 4 PERSONEN:
• 100 g Borlotti-Bohnen • 100 g Cannellini-Bohnen • 70 g Kichererbsen • 180 g Dinkel • 4 Knoblauchzehen • 1 kleiner Rosmarinzweig • 4 EL natives Olivenöl extra • 1 EL Tomatenmark • Salz • 4 Scheiben toskanisches Brot • frisch gemahlener Pfeffer

- Am Vorabend Hülsenfrüchte waschen, in 3 Schüsseln geben, mit kaltem Wasser bedecken und die Nacht über quellen lassen.
- Dinkel ebenso einige Stunden lang in leicht gesalzenem Wasser einweichen. Soll er bissfest sein, nur kurz in kaltem Wasser waschen und gleich zur Zubereitung der Suppe übergehen.
- Hülsenfrüchte und Dinkel abtropfen lassen.
- Kichererbsen und Bohnen in einen großen Topf geben, mit 3 Litern Wasser auffüllen.
- Bei niedriger Hitze zugedeckt zirka 2 Stunden garen. Erst zum Schluss salzen.
- Abtropfen lassen, 1,5 Liter Kochwasser beiseite stellen.
- Knoblauchzehen teilen, in einer großen Kasserolle mit dem Rosmarin in Öl anbraten. Sobald der Knoblauch sich golden verfärbt, das in einem Glas heißem Wasser aufgelöste Tomatenmark zugeben.
- Das Kochwasser der Bohnen in die Kasserolle füllen; sobald es zu kochen beginnt, Dinkel zufügen und bei niedriger Hitze 1 Stunde garen.
- Bohnen und Kichererbsen zugeben, einige Minuten mit dem Dinkel vermengen und mit Salz abschmecken.
- Mit Bauernbrot und einer Prise Pfeffer servieren.

Wunsch, das kulturelle Erbe und die Traditionen dieses Landstrichs zu erhalten. Diese vereinzelte Erzeugung hat dazu geführt, dass statt auf Quantität (75–80 Hektar Anbauflächen) auf Qualität gesetzt wurde: Heute ist Dinkel aus der Garfagnana mehliger und weicher als andere Dinkelsorten, die in den Handel kommen. Er muss nicht unbedingt stundenlang eingeweicht werden und wird schneller gar. Im Herbst sät man ihn in Böden auf 300 bis 1000 Höhenmetern aus und behandelt ihn nur mit Naturdünger; so liefert er höchstens 25 Doppelzentner pro Hektar. Vor dem Verzehr wird er geschliffen, was sein Gewicht um zirka 40 Prozent vermindert.

Links
Eine alte Dinkelmühle.

Dinkel aus der Garfagnana ist ein regional ausgerichtetes Produkt: 20 Prozent gehen in die Region und 60 Prozent in die Toskana, insbesondere in die Provinzen Lucca, Florenz, Pistoia und Massa Carrara.

EINKAUFSQUELLEN

GARFAGNANA COOP - *Ortsteil Sillicagnana 55038 San Romano Garfagnana (LU)* *0583 613154*

AZ. AGRITURISTICA BECHELLI GIOVANNI *Ortsteil Campagnola 55035 Piazza al Serchio (LU)* *0583 60276*

CONS. PRODUTTORI FARRO DELLA GARFAGNANA IGP - *c/o Municipio - Via della Stazione, 3 55035 Piazza al Serchio (LU)* *0583 696200/60276*

Finocchiona

AUSSEHEN: *Finocchiona hat die klassische Form einer „nicht gebundenen“ Salami, Gewicht 4–5 kg.*
FARBE: *Der Fettanteil ist weiß, das Fleisch hat eine schöne zartrosa Farbe.*
GESCHMACK: *Weich und angenehm, das Aroma von Fenchel, Knoblauch und Wein treten deutlich hervor.*
VERWENDUNG: *Erstklassig als Vorspeise und traditionell als Snack für den kleinen Hunger.*
HERKUNFT: *Die gesamte Toskana. Die beste* finocchiona *stammt aus dem Ursprungsgebiet, dem Chianti, in der Umgegend von Florenz.*

Wäre Pfeffer im Mittelalter nicht so teuer und Fenchel nicht so billig gewesen, so käme heutzutage wahrscheinlich in Italien Brot mit „pepacchiona“ auf den Tisch. Da Pfeffer jedoch rar und Fenchel überall erhältlich war, wurde diese Salamisorte mit reichlich Fenchel verfeinert. Er diente nicht der Konservierung, nein: Er sollte kaschieren, wenn das Fleisch nicht mehr einwandfrei war. So entstanden Finocchiona und der Ausdruck „finocchiare“, was „irreführen“ bedeutet. Nicht zu verwechseln mit der *sbriciolona*, die aus

magererem Fleisch besteht und vorwiegend industriell hergestellt wird.

Unten
Wundervoll schmeckt Finocchiona zu toskanischem Holzofenbrot.

Oben
Finocchiona wird mit Fenchelsamen aromatisiert.

Finocchiona ist in der gesamten Region sehr verbreitet; am meisten schätzt man jedoch die Würste aus der Gegend um Siena und aus dem Chianti. Schinkenbeschnitt, Speck und hartes Schweinefett werden in mittelgroße Stücke gehackt und mit Salz, Pfeffer, Fenchelsamen, Knoblauch und Wein gewürzt; die Masse wird in Naturdarm gefüllt. Finocchiona reift zirka eine Woche lang in Wärmeräumen, in denen die Luft mehrmals täglich ausgetauscht wird; doch erst nach einer Reifezeit von mindestens fünf Monaten in Kellern oder anderen Räumen ist sie verzehrfertig.

Links
Der Reifeprozess der Finocchiona dauert mindestens fünf Monate.

Die Schweinemetzger im Chianti erzählen Folgendes über die Finocchiona: So, wie geschickte Friseure im Stande sind, auch dem unscheinbarsten Frauenzimmer holde Weiblichkeit zu verleihen, so kann eine Scheibe Finocchiona selbst den ungenießbarsten Wein kaschieren. Die toskanischen Weinhändler wussten das schon immer! Wenn sie einen „mäßigen" Wein verkosten lassen, stellen sie dem Käufer eine Scheibe toskanisches Brot (ohne Salz und möglichst aus dem Holzofen) mit viel Finocchiona auf den Tisch, um es dem Kunden zu servieren, bevor man ihm den minderwertigen Rotwein kredenzt. So, sagt man, wird der Ahnungslose irregeführt.

EINKAUFSQUELLEN

Antica Macelleria Cecchini
Via XX Luglio, 11 - Ortsteil Panzano
50022 Greve in Chianti (FI) ✆ *055 852020*

Macelleria Marini - *Via Selva, 313*
51030 Ferruccia (PT) ✆ *0574 718119*

Lardo di Colonnata

AUSSEHEN: *Quader mit zirka 4–5 cm Dicke.*
FARBE: *Weiß mit rosafarbenen Nuancen im Innenteil.*
GESCHMACK: *Süß und ansprechend.*
VERWENDUNG: *Köstlich auf oder zu frischem Brot, als Einlage in Minestra und zum Spicken von Braten und Kurzgebratenem.*
HERKUNFT: *Der Ort Colonnata (Massa).*

Einige Kilometer hinter Carrara erwartet Sie Colonnata, eine kleine Ortschaft mit zwei unschätzbaren Kleinoden: Einem „genetischen", das die Toskaner an sich auszeichnet, nämlich ihre Metzgerskunst; und einem geologischen, mit dem einzig diese Zone gesegnet ist, nämlich Marmor. Zwei offenbar unvereinbare Elemente sind hier aufeinander getroffen und brachten eine geniale Synthese von Duft und Geschmack hervor: den Speck aus Colonnata. Hergestellt wird er ganz traditionell ausschließlich aus Rückenspeck (der Fettschicht an der Schwarte im Rückenteil) von Schweinen aus italienischer Züchtung. Zwar gibt es keine Herstellungsverordnung, doch der Verarbeitungsprozess für Lardo di Colonnata ist genau geregelt. Der frische Speck muss spätestens einen Tag nach der Schlachtung verarbeitet werden. In Stücke von vier bis fünf Kilogramm geschnitten, wird er in Schichten in die typischen Marmorbecken gelegt, die vorher mit Salz und Knoblauch bestreut wurden. Die einzelnen Schichten werden mit

Rechts
Blick auf Colonnata mit seinen Marmor-Steinbrüchen.
Unten
Der würzige Geschmack des Lardo aus Colonnata harmoniert aufs Feinste mit typisch toskanischem „Sciocco"-Brot.

Meersalz, Pfeffer, Zimt, Nelkenblüten, Koriander, Salbei, Rosmarin und Knoblauch gewürzt. Jeder Metzger hat hier sein eigenes Rezept. Darauf schließt man die Wannen mit einem Deckel.

So reift der Lardo in Marmor mindestens sechs Monate lang. Dieser Zeitraum kann bis auf zwei Jahre verlängert werden; dann entfalten sich Geschmack und Duft des Specks erst aufs Allerfeinste.

Kräftig und würzig

Eine Scheibe toskanisches Brot („sciocco", also ungesalzen), belegt mit dünn geschnittenem Speck, Tomatenstückchen und einigen Basilikumblättern: Diese Kombination ist heute etwas ungewöhnlich, doch einst aßen dies im Sommer die Arbeiter in den Marmorbrüchen von Colonnata zu Mittag. Sie benötigten für die schwere körperliche Arbeit Kalorien. Von den Produkten des Schweins verschaffte der Speck das am längsten anhaltende Sättigungsgefühl.

Dank des langen Reifeprozesses, den er durchlief, war er für die Sommerzeit darüber hinaus bestens geeignet.

In Colonnata gilt der Speck als eine Vorspeise, doch er dient auch als wertvolle geschmackliche Bereicherung für zahlreiche Gerichte: Er verfeinert *pasta e fagioli* mit Knoblauch und Petersilie oder Fonds für die Zubereitung von Eintöpfen mit magerem Fleisch, wie zum Beispiel Kaninchen, sowie eine typisch toskanische Version von Filet Wellington: Das Fleisch wird rasch gegrillt, in dünne Speckscheiben und Brotteig gewickelt und schließlich im Ofen fertig gegart.

Ganz oben
Lardo di Colonnata schmeckt nicht nur als Vorspeise, sondern ist auch exzellent zum Verfeinern vieler Gerichte.

Oben
Zum Aromatisieren werden Koriander, Knoblauch und Salbei auf die Speckschichten verstreut.

EINKAUFSQUELLEN

Macelleria Giannarelli
Piazza F.lli Rosselli, 11 - 54033 Carrara (MS)
0585 777329

Larderia di Colonnata di Fausto Guadagni - *Via Canile, 4a Ortsteil Colonnata - 54033 Carrara (MS)*
0585 768069

Olio extravergine d'oliva della Lucchesia

FARBE: *Goldgelb mit grünen Reflexen.*
GESCHMACK: *Intensives, delikat süßes Aroma, jedoch mit leicht pikantem Geschmack.*
VERWENDUNG: *Empfehlenswert zu gedünstetem und gegrilltem Fisch, zu schmackhaftem Gemüse, pikanten Salaten, für Mayonnaise und delikate Saucen.*
HERKUNFT: *Die gesamte Provinz Lucca.*

Die Toskana überziehen keine weitläufigen Olivenhaine, doch das erstklassige Olivenöl, das hier produziert wird, spielte eine Hauptrolle im weltweiten Siegeszug italienischen Olivenöls. Die alte Tradition der Ölproduktion (die ersten Oliven pflanzten bereits die Etrusker im 6. Jahrhundert v. Chr. an) ermöglichte es sämtlichen Olivenölen der Region, von der Europäischen Union die geschützte Herkunftsbezeichnung „Toskana" zu erhalten. Diese Anerkennung ist sicherlich viel zu allgemein für eine Region, auf die sich über hundert Sorten und Anbaugebiete verteilen, die sich in Mikroklima und Bodenbeschaffenheit extrem unterscheiden; eine Bezeichnung, die nicht differenzieren kann zwischen bitter-pikanten Ölen wie denen aus dem Chianti, Montalcino und Siena, und süß-delikaten Ölen wie denen von den Hügeln um Pisa und aus der Lucchesia. Aus all diesen exzellenten Sorten ragt ein Öl hervor: Das native Olivenöl extra von den Hügeln rings um

Rechts
Olivenernte mit Netzen.
Unten
Eine Auswahl erlesener Flaschen mit toskanischem Olivenöl.

Links
Das Öl wird ausgepresst.
Unten
Öl aus der Lucchesia ist besonders süß und hochwertig.

die Stadt Lucca. In einem Traktat über Ölbaumkulturen von 1800 ist zu lesen: „Für ihre Feinheit rühmt man am meisten die Öle aus Lucca, die sich im Ausland hoher Wertschätzung erfreuen". Dieses Öl ist derart bekannt, dass es das *Concise Oxford Dictionary* so definiert: „Lucca Oil: Superior quality of olive oil".
Hergestellt wird es aus den Olivensorten Frantoio (bis zu 90 Prozent), Leccino (bis zu 20 Prozent) und – in geringeren Anteilen – Pendolino und Maurino. Öl aus

der Lucchesia ist derart perfekt, dass viele Tester, wenn sie in Italien für ihre Firmen Öl kaufen, eine Kostprobe davon mitnehmen.

EINKAUFSQUELLEN

Fattoria Colle Verde - *Ortsteil Castello 55010 Matraia (LU)* ☎ *0583 402310*

Altri ottimi oli toscani si acquistano presso:

Fattoria di Asciano - *Via Possenti, 87 56010 Asciano Pisano (PI)* ☎ *050 855924*

Frantoio Franci - *Via A. Grandi, 5 58040 Montenero d'Orcia (GR)* ☎ *0564 954000*

Pecorino delle Crete senesi

AUSSEHEN: *Zylindrische Form; Gewicht: 0,8–1,8 kg; Höhe 4–8 cm, Durchmesser 14–20 cm.*
FARBE: *Der Teig ist strohgelb mit Tendenz zu Weiß; die Rinde ist braun, oder mehr oder weniger rötlich – je nachdem, wie sie behandelt wurde.*
GESCHMACK: *Markant, herb und nachhaltig, ein typischer Pecorino. Durch die Verwendung von Rohmilch stärkeres Kräuteraroma.*
VERWENDUNG: *Frisch eignet er sich zum Überbacken; reifen Pecorino isst man gerieben oder zum Abschluss eines Mahls.*
HERKUNFT: *Die Crete, ein Landstrich, der gleich im Süden von Siena beginnt, umschlossen vom Val d'Arbia und den Flüssen Ombrone und Asso.*

Südlich von Siena liegt ein Landstrich, die Kreideböden oder Crete, der wie geschaffen ist für die Produktion von Schafskäse. Hier werden seit Jahrhunderten Schafe gezüchtet und mit speziellen Kräutern gefüttert, die nur hier wachsen: gelber Klee, Bohnenkraut, Flughafer und Süßdolde. Wie viel das Endprodukt, der Käse, diesen Weiden zu verdanken hat, ist schon lange bekannt.
Er enthält ausschließlich Schafsmilch, die von Dezember bis August gemolken und pasteurisiert wird (einige Kleinerzeuger verwenden noch Rohmilch, wodurch der leichte Kräuterduft erhalten bleibt). Ihr werden Fermente und Kalbslab zugefügt (einst nahm man *presura*, ein pflanzliches Lab aus den Herzen von Artischocken oder wilden Karden). Hierauf schneidet man den Käsebruch von Hand und

Ganz oben
Das Schneiden der Bruchmasse.
Oben
Der Pecorino wird automatisch geformt.
Unten
Seinen unverwechselbaren Geschmack verdankt Pecorino delle Crete den Kräutern, von denen sich die Schafe nähren.

Salat mit zwei Käsesorten

ZUTATEN FÜR 4 PERSONEN:

• 250 g Spinat • 1 Granatapfel • 12 Stachelbeeren • 200 g Taleggio • 100 g Pecorino delle Crete senesi • 4 EL natives Olivenöl extra • 1 EL Balsamico-Essig • 1 TL Senf • Salz • Pfeffer

- Spinat sorgfältig waschen, trocknen und auf vier Teller verteilen.
- Den Granatapfel schälen und die Kerne herausholen.
- Die Stachelbeeren waschen und trocknen.
- Granatapfelkerne und Stachelbeeren auf den Tellern arrangieren.
- Taleggio in dünne Scheiben schneiden und auf den Tellerrändern anordnen; Pecorinostücke über den Spinat verteilen.
- Öl mit Balsamico-Essig, Senf, Salz und Pfeffer vermischen und darüber geben.
- Sofort servieren.

presst ihn. Die Käsemasse gärt in einer Wärmekammer und wird anschließend trocken gesalzen. Die Käselaibe reifen auf Brettern aus Tannenholz, wo sie mindestens jeden zweiten Tag gewendet und jeden dritten Tag gereinigt werden. Nach 20–30 Tagen kommt der frische Pecorino in den Handel, der halb gereifte nach zwei Monaten und der gereifte nach sechs Monaten.
Die Länge der Reifezeit erkennt man auch an der Löcherung im Teig: frischer Pecorino hat kaum Löcher, bei fortgeschrittener Reifung bilden sich kleine, Hohlräume.
Da dieser Käse nach traditionellen Methoden von wenigen Kleinerzeugern hergestellt wird, ist er anderswo sehr schwer erhältlich, aber: Die Schönheit der Landschaft um Siena lädt dazu ein, die Freude am Reisen mit einem gastronomischen „Muss" zu verbinden. Neben anderen Erzeugern stellt der Bauernhof Belsedere Pecorino ausschließlich aus der Rohmilch seiner eigenen Schafe her.

Von links
Der Rohkäse wird von Hand geformt; die fertigen Käselaibe werden aus der Form geholt.

EINKAUFSQUELLEN

AZ. AGRARIA BELSEDERE
53020 Trequanda (SI) ☎ 0577 662307

Marken

Die Schätze aus Poseidons Reich und die Früchte der Erde vermischen sich in dieser Region dank ihrer geografischen Beschaffenheit, eingeschlossen zwischen adriatischem Meer und den sanften Ausläufern des Apennin. Die Region Marken überraschte in den letzten Jahren die Feinschmecker mit interessanten Produkten von Feld und Küche: Olivenöl *extravergine*, Wein, Fleisch (Jungrinder der Marchigiana-Rasse), Pasta (*maccheroncini* aus Campofilone) und Reis.

Das native Olivenöl extra feierte solche Erfolge, dass sich in einigen begrenzten Zonen, wie den Hügeln um Pesaro, dem Metauro-Tal, dem Südosten Fanos und den Hügeln um Ancano, nördlich von Jesi und im Esino-Tal, Olivenkulturen allerersten Ranges entwickeln konnten.

Rund um Ascoli sind die weichen Oliven recht bekannt; sie werden gefüllt und fritiert. Neben der Herstellung des Öls hat sich die Fähigkeit entwickelt, Pecorino reifen zu lassen; etwas ganz Besonderes sind *pecorino* in *foglie di noce*, in Nussblättern, und der bekanntere *formaggio di fossa*, Höhlenkäse.

Der Ort Talamello (Pesaro) ging dazu über, den Käse in alten Höhlen reifen zu lassen; daraus entsteht ein Pecorino (*ambra di Talamello*), der im Geschmack milder ist als der Höhlenkäse, der nur wenige Kilometer entfernt, im romagnolischen Sigliano al Rubicone, hergestellt wird.

Die an Toskana und Romagna angrenzende Region Montefeltro ist ein Schmelztiegel verschiedener Kulturen. Daraus

Regionale Spezialitäten

KÄSE — *Seite*

- ***Casciotta d'Urbino*** — ***138***
- ***Pecorino in foglie di noce del Montefeltro*** — ***140***

Ambra aus Talamello, Caciotta und Pecorino aus dem Montefeltro

WURSTWAREN

Ciauscolo, Fegatino, Schinken aus Carpegna, Salami aus dem Montefeltro, Salami und Soppressata aus Fabriano, Sanguinaccio

VON FELD, WALD & WIESE

- ***Tartufo di Acqualagna*** — ***142***

Oliven, Olivenöl extravergine, Reis

SONSTIGES

Fleisch, Pasta

gingen originelle Gerichte hervor, und neben *casciotta* (ein DOP-Käse aus voller Schafs- und Kuhmilch) und Pecorino auch interessante Wurstwaren – wie die *salame* aus Montefeltro, die leider mittlerweile nur noch für den Eigenbedarf erhältlich ist.

Blick auf das mauerumschlossene Fermo. Das alte Städtchen schmiegt sich an die Hänge eines Berges, der Land und Meer beherrscht.

Dennoch wartet diese Region mit einer bunten Palette hochwertiger Wurstwaren auf: Vom *prosciutto di Carpegna*, der das DOP-Siegel der Europäischen Union erhielt, über *salame* aus Fabriano und *soppressata* aus Fabriano bis hin zu *fegatino* und *sanguinaccio* (Blutwurst).

Einen Ehrenplatz erhält der *ciauscolo*, eine Art „Streichwurst". Er besteht aus Schweinefleisch zweiter Wahl und wird mit zerkleinertem Knoblauch, Fenchel, Orangenschale, Salz und Pfeffer verfeinert. In Darm gefüllt und getrocknet, wird er dann leicht geräuchert.

Nicht fehlen darf im gastronomischen Erbe dieser Region auch eine besondere Spezialität, die dem in vielen Kulturen üblichen schnellen Snack ähnelt: *Spuntature*, Eingeweide vom Milchkalb mit Kräutern und Gewürzen vom Grill, bieten fliegende Händler auf den Straßen feil.

Und nicht zuletzt: Die königliche Trüffel, die in den Wäldern rund um das Städtchen Acqualagna zu finden ist. Von Januar bis Dezember kommen Trüffelliebhaber hier auf ihre Kosten. Ob die weiße Trüffel, die bei Acqualagna wächst, die *nero pregiato* aus dem Grenzgebiet zu Umbrien oder die *biancetto*: Es ist für jeden Geschmack etwas dabei.

Kulinarische Ausflüge

Die königliche Trüffel: von Acqualagna bis Carpegna

Eine Route voller angenehmer Überraschungen: Monumente und Meisterwerke der Kunst, verlockende Trüffelsuche in den Wäldern, leckere lokale Spezialitäten.

Route 1

• Ausgangspunkt ist **Acqualagna**, ein Städtchen mit alten Wurzeln. Ihre Wahrzeichen sind die Abtei San Vincenzo aus dem 9. Jahrhundert und die Feste am Candigliano, einem Viadukt aus der Zeit des Kaiser Augustus an der antiken Via Flaminia. In den Wäldern ringsum wächst die königliche Trüffel. Acqualagna ist nämlich, wie der „Kommunalreferent für Trüffeln" rühmt, die „ganzjährige Hauptstadt der Trüffel". Von Januar bis

Dezember findet man hier die begehrtesten Trüffelsorten: die weiße Trüffel um Acqualagna, schwarze *nero pregiato* an der Grenze zu Umbrien und schwarze Sommertrüffeln. Im Oktober/November findet in Acqualagna das Fest der weißen Trüffeln statt.

• Zirka 15 km von Acqualagna entfernt liegt **Urbino**, ein Schmuckkästchen der Renaissance. Sehenswert ist der Herzogspalast (14. Jh.), dessen Inneres die Nationalgalerie der Marken birgt: Hier sind herrliche Meisterwerke von Raffaello, Piero della Francesca und Tizian zu bewundern. Bemerkenswert ist auch die *casciotta* aus Urbino, ein DOP-Käse aus voller Schafs- und Kuhmilch, der bereits Berühmtheiten wie Michelangelo Buonarroti mundete.

• Von Urbino aus sind es 40 km bis **Carpegna**, das bei Gourmets nicht nur wegen des Palazzo Carpegna (17. Jh.) bekannt ist, sondern vor allem für den DOP-Schinken aus Carpegna. Gesalzen und verarbeitet werden die Schweinekeulen nach einer Tradition, die von 1400 stammt (die Reifung dauert mindestens zwölf Monate).

• Ebenso schmackhaft ist *pecorino in foja di noce del Montefeltro*, ein Schafskäse nach besonderer Rezeptur, die noch heute in Carpegna und im ganzen Montefeltro sehr verbreitet ist: Die Käselaibe werden nach der obligatorischen ersten Reifung zirka 40 Tage lang in Fässer zwischen frische Nussbaumblätter geschichtet; sie verleihen dem Käse ein markantes Aroma.

Gegenüberliegende Seite: Oben
Ansicht von Urbino (1723) des Holländers Gaspard Van Wittel (Villa dell'Imperiale, Pesaro).
Mitte
Krug aus dem 16. Jh. mit dem Wappen der Montefeltro (Museo Civico, Urbania).
Unten
San Leo, mittelalterlicher Weiler im Montefeltro; in der Burg saß Cagliostro gefangen.

Oben
Ausschnitt aus dem Fresko Der hl. Johannes tauft die Menge, (15. Jh.) von Lorenzo und Jacopo Salimbeni (Oratorio di San Giovanni, Urbino).
Links
Der mächtige Herzogspalast in Urbino (15. Jh.), ein architektonisches Juwel von Laurana.

Casciotta d'Urbino

AUSSEHEN: *Zylindrische Form, dünne Hartschicht mit abgerundeten Rändern; Gewicht 0,8–1,2 kg; Höhe 5–7 cm, Durchmesser 12–16 cm.*
FARBE: *Der Teig ist weiß bis strohgelb; die Rinde von intensivem Strohgelb.*
GESCHMACK: *süß, charakteristisch.*
VERWENDUNG: *Casciotta ist der perfekte Begleiter zu Salaten wie Frisée, Endivien, Kopf- und Feldsalat, Feldradicchio usw. In den Marken verfeinert man Farcen und Füllungen mit dem mittelgereiften Käse.*
HERKUNFT: *Die gesamten Provinzen Pesaro und Urbino (exquisit die aus Urbino, Urbania, Mercatello, Sant'Angelo in Vado, Piobbico, Fermignano und Cagli).*

„Denn heute ist der Neujahrstag, an dem wir uns der Herrschaft erkenntlich zeigen, daher sende ich Euer Hochwohlgeboren ein Bündelchen *cascio de guiamo* von acht Livere Gewicht (...) und an dem Käse werden Sie sich uns zu Liebe laben." Dies schrieb am 1. Januar 1557 Cornelia da Casteldurante an Michelangelo Buonarroti. Dank einem seiner Mitarbeiter, Francesco Amatori, dessen Gemahlin Cornelia war, lernte Michelangelo diesen Käse derart schätzen, dass er, um ihn täglich an seiner Tafel haben zu können, einige Landgüter im Herzogtum erwarb.

Oben
Casciotta wird aus voller Schafs- (70–80 Prozent) und Kuhmilch hergestellt.
Rechts
Der große Michelangelo war ein überzeugter Anhänger von Casciotta aus Urbino. Dieser Käse eignet sich bestens für schnelle Snacks und ist in der Küche enorm vielseitig.

Casciotta aus Urbino wird heute ausschließlich in den Provinzen Pesaro und Urbino nach einem alten Verfahren hergestellt, das sich jahrhundertelang bewährt hat. Dank seiner Qualität und seiner Regionalverbundenheit wurde er mit dem DOP-Siegel ausgezeichnet. Hergestellt aus der Vollmilch von Schafen (70–80 Prozent) und Kuhmilch (meist von sardischen, appeninischen, braunen Kühen), wird Casciotta von Hand gepresst und trocken gesalzen. Erst nach 20 oder 30 Tagen Reifezeit kann sie verspeist werden. Der Teig, der einen Fettanteil

Tausendsassa in Tafel und Küche

Casciotta aus Urbino ist ein enorm vielseitiger Käse. Mit Vollkornbrot dient er als exzellenter Snack; mit Feigen und Birnen wird daraus ein schnelles, leichtes Gericht. In dünne Streifen geschnitten und begleitet von – beispielsweise – frischen, gedünsteten dicken Bohnen, oder mit nicht allzu reifen Tomaten, dient er häufig zum Verfeinern leckerer kalter Salate.

Casciotta aus Urbino eignet sich für Rezepte mit schmelzbarem Käse sowie als Zutat (passiert und gemischt mit gehackter Mortadella und Kräutern) zu Füllungen für Tortellini und Ravioli, die mit zerlassener, nach Belieben mit Majoran, Salbei oder Minze aromatisierter Butter serviert werden.

Links, im Uhrzeigersinn
Einige Herstellungsphasen: Das Schneiden des Käsebruchs, das Einfüllen in die Formen – sie haben Löcher, aus denen die überschüssige Molke abfließt – und das Pressen der Käselaibe von Hand.

von mindestens 45 Prozent enthält, ist kompakt und sehr mürbe, mit leichter Löcherung. Die Rinde ist sehr dünn.

Man genießt den Käse klein gewürfelt, angerichtet mit delikatem Olivenöl und etwas gemahlenem Pfeffer.

EINKAUFSQUELLEN

Fattorie Marchigiane
Cons. cooperativo a r.l. - *Via Cerbara, 81*
61030 Montemaggiore al Metauro (PS)
0721 895744

Cons. di tutela Casciotta d'Urbino
c/o Camera di Commercio
Corso 11 Settembre, 116 - 61100 Pesaro
0721 357254

Pecorino in foglia di noce del Montefeltro

AUSSEHEN: *Zylindrische Form; Gewicht: 1,5–2,5 kg; Höhe: 6–10 cm, Durchmesser: 15–20 cm.*

FARBE: *Die Käselaibe haben zwei verschiedene Tönungen: Grünlich ist der Teil, den die Walnussblätter berühren, der Rest ist braun.*

GESCHMACK: *Angenehm; ausgeprägter Duft.*

VERWENDUNG: *Tafelkäse, der alleine oder in Begleitung von speziellen Marmeladen genossen wird – wie Konfitüre aus grünen Tomaten oder Hagebutten.*

HERKUNFT: *Das geografische Gebiet Montefeltro (Pesaro und Urbino).*

Eingebettet zwischen adriatischem Meer und den sanften Ausläufern des Apennins, rühmen sich die Marken eines einzigartigen gastronomischen Reichtums. Dies bekunden die DOP-Siegel, mit denen Carpegna-Schinken und *casciotta* aus Urbino ausgezeichnet wurden. Neben diesen berühmten Produkten nicht unerwähnt bleiben soll jedoch die Käseproduktion im Montefeltro, in der Provinz Pesaro: einem handtuchgroßen Flecken Erde, der mit der hochrangigen Gastronomie der Marken aufwartet.

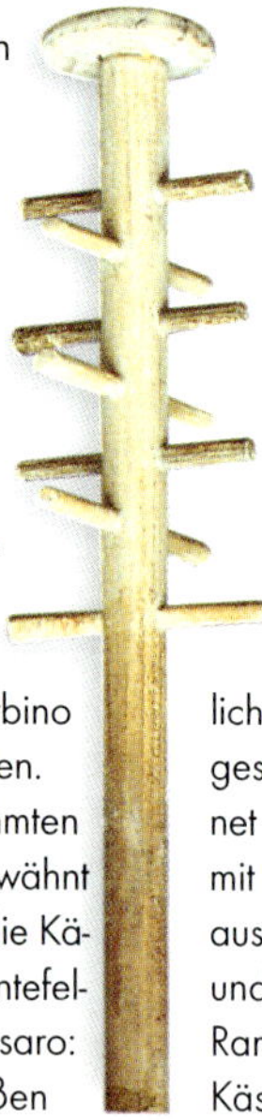

Bannerträger sind Caciotta und Pecorino, insbesondere Pecorino in Walnussblättern aus dem Montefeltro.

Dieser ausschließlich aus Schafmilch hergestellte Pecorino zeichnet sich durch einen Teig mit kompakter Körnung aus, der dennoch weich und delikat ist – eine Rarität bei gereiften Käsesorten. Der Reife-

Unten
Pecorino aus dem Montefeltro ist von kompakter Körnung und weich-delikatem Geschmack.

Oben
Mit solchen Stöcken schneidet man den Käsebruch.

prozess ist einzigartig: Die ersten drei Wochen hindurch ziehen die Käselaibe auf Darren, wo sie mit einem Bad aus Öl und Essig verwöhnt werden. Darauf reifen sie 40 Tage lang in Fässer geschichtet zwischen frischen Walnussblättern. Diese Blätter mit ihrem starken Duft nach grünen Schalen verleihen dem Käse sein angenehm intensives Aroma. Hergestellt wird er in den Monaten Juni, Juli und August.
Es ist wohl nicht jedem bekannt, dass ein Teil des im Montefeltro hergestellten Pecorino-Käses, nachdem

Oben, von links
Der Käse nimmt in der Käseform Gestalt an; mit Walnussblättern wird der Käse in Zuber geschichtet.
Links
Ein Käselaib wird aus dem Zuber geholt.

er bis zum Tag der Heiligen Katherina in den Tuffsteinhöhlen von Talamello bei Pesaro eingeschlossen war, zu *formaggio di fossa* heranreift (diese Bezeichnung dürfen nur die hiesigen „Höhlenkäse" und die aus Sogliano al Rubicone in der Romagna tragen), den man als *ambra di Talamello* bezeichnet.

Oben
Auf einem Podest atmen und trocknen die Käselaibe.

EINKAUFSQUELLEN

Gastronomia Beltrami - *Via Umberto I, 21 61030 Cartoceto (PS)* ☎ *0721 898145*

Tartufo di Acqualagna

Weiße Trüffel aus Acqualagna
AUSSEHEN: *Ungleichmäßige Form auf Grund des harten Bodens, in dem sie wächst; außen glatt.*
FARBE: *Die Haut ist gelb-grünlich, das Fruchtfleisch variiert von kastanien- bis haselnussbraun, mehr oder weniger hell, mit vielen feinen weißen Adern.*
GESCHMACK: *Intensiv; starker, anhaltender Duft.*
VERWENDUNG: *Roh über zahlreichen warmen Gerichten, von Gemüsesuppe über Risotto und Eier bis hin zu Fleisch.*
HERKUNFT: *Das Gebiet rund um Acqualagna in der Provinz Pesaro.*

Ein einmaliges Wechselspiel von Klima und Landschaft schuf in diesem fünfzig Quadratkilometer großen Gebiet, das den Ort mit seinen 4000 Einwohnern umgibt, ein wahres kulinarisches Paradies. In Acqualagna zählen Ziffern: 200 Trüffelfarmen und sechs Betriebe, die den kostbaren, unter der Erde wachsenden Pilz in die ganze Welt vertreiben; zehn Prozent der Einwohner sind konzessionierte Trüffelsucher, 90 Prozent der italienischen Trüffel-Spürhunde stammen aus Acqualagna; und schließlich – unglaublich, aber wahr – werden hier 365 Tage im Jahr hindurch Trüffeln geerntet.
Bianchetto sammelt man vom 15. Januar bis zum

Unten
Auf Trüffelsuche werden nur Mischlingshunde abgerichtet.

Rechts
Trüffeln hobelt man roh über heiße Gerichte: von Minestra über Risotto und Eier bis hin zu Fleisch.

Spiegeleier mit weißer Trüffel

ZUTATEN FÜR 4 PERSONEN:
• *8 Eier* • *8 Scheiben Bauernbrot* • *1 weiße Trüffel aus Acqualagna* • *natives Olivenöl extra* • *Salz* • *Pfeffer*

- Eier in eine Schüssel schlagen und nacheinander vorsichtig in eine feuerfeste, mit Öl ausgefettete Form gleiten lassen; das Eigelb sollte ganz bleiben.
- Salzen und pfeffern, dann die Eier im auf 200 °C erhitzten Backofen zirka 5 Minuten unter ständiger Beobachtung backen. Wichtig: Die Eigelbe müssen weich bleiben.
- Auf jeden Teller zwei Eier geben, reichlich Trüffelblättchen darüber hobeln und mit leicht geröstetem Bauernbrot servieren, das ebenfalls mit Trüffelscheiben bestreut ist.

30. April, die schwarze *nero pregiato* vom 1. Dezember bis zum 15. März. Nach einigen Tagen der Erholung geht es erneut auf zur Suche nach der Sommertrüffel, dem *scorzone estivo*. Vom 1. Oktober an bis Sylvester wartet die kostbarste Trüffel von allen, die *Tuber magnatum pico* oder *trivola bianca* (Weiße Trüffel) auf ihre Entdeckung. Die zentrale Bedeutung der Trüffel für Kultur und Wirtschaft Acqualagnas bekunden das (in Italien einmalige) Assessorat für die Vermarktung der Trüffeln und die drei jährlich stattfindenden Trüffelmessen, die gemeinsam zwei Drittel der gesamten Trüffelernte Italiens absetzen.
In dieser Region spielt das Klima eine bedeutende Rolle. Wenn die Trüffelernte üppig ausfällt, sind die Preise annehmbar und nähern sich nicht der Schallmauer von fast 3000 Mark pro Kilogramm, wie in den trockenen Jahren.

Oben
90 Prozent der italienischen Trüffelhunde kommen aus Acqualagna.
Links
In Acqualagna finden jährlich drei Trüffelmessen statt, solche Prachtexemplare erzielen auch stets stolze Preise.

EINKAUFSQUELLEN

LE TRIFOLE - *Via Alcide De Gasperi, 90 61041 Acqualagna (PS)* ☎ *0721 798581*

MARINI AZZOLINI TARTUFI
Viale Risorgimento, 26 - 61041 Acqualagna (PS) ☎ *0721 798245*

Umbrien

Hier, im Städtchen Norcia inmitten des grünen Val Nerina, wurde das italienische Wort „norcino", Schweinemetzger, geprägt – ein Synonym für Meister dieses Metiers.
Dies deutet bereits daraufhin, dass die Wurstwaren der größte Reichtum dieses Landstrichs sind.
Doch in Umbrien beschränkt man sich keineswegs auf *salame, prosciutto* und *salsiccia*: Überall birgt die grüne Landschaft zahlreiche Leckerbissen, angefangen beim Olivenöl *extravergine*. Es folgen schwarze Trüffeln aus Norcia und Spoleto (diese Gegend ist wohl der größte Lieferant), die die Küche der gesamten Region entscheidend prägen.
Weiter geht es mit Dinkel aus Monteleone, schwarzem Sellerie aus Trevi, Zwiebeln aus Cannara und Linsen aus Castelluccio.
Dank der Vielzahl an Produkten, die das Schwein liefert, gibt es zahlreiche Vorspeisen, die man unbedingt gekostet haben muss.
Neben dem bekannteren *prosciutto di Norcia* wartet die Tafel mit *budellacci* (geräucherten Schweineinnereien) auf, *ventresca* (Rollspeck aus gesalzenem, gewürztem Schweinebauch), umbrischer *salame* und *mezzofegato*, einer Wurst aus Schweineleber in salziger oder milder Variante (die milde Version verfeinern Pinienkerne, Orangenschalen und Rosinen).

Regionale Spezialitäten

KÄSE — *Seite*

Caciotta al Tartufo, Pecorino aus Norcia, Ravaggiolo und Ricotta salata

WURSTWAREN

- ***Prosciutto di Norcia*** — ***152***

Budellacci, Corallina, Wildschwein- und Hirschwürste, Mezzafegato, umbrische Mortadella, umbrische Salami, Ventresca, Porchetta

VON FELD, WALD & WIESE

- ***Lenticchie di Castelluccio*** — ***148***
- ***Olio extravergine d'oliva Umbria*** — ***150***

Zwiebeln aus Cannara, Dinkel aus Monteleone, schwarzer Sellerie aus Trevi, schwarze Trüffeln aus Norcia und Spoleto

KONDITORWAREN

Cicerchiata, Dolcetti aus San Feliciano und San Lorenzo, Pangiallo, Panpepato, Pinoccate, Pinolata und Torciglione

Für den etwas bizarren Namen („halbe Leber") gibt es eine logische Erklärung: Man leitet ihn vom Inhalt her ab, zur einen Hälfte Innereien, damit eben auch die Leber, und zur anderen Hälfte die sonstigen Teile des Schweins, die man zur Wurstherstellung nimmt.

Sie besteht aus magerem Fleisch, das mit einem langen Speckstreifen in Darm gefüllt und in eine flache Form gepresst wird. Sie muss mindestens vier Monate lang reifen, um ihr außergewöhnlich delikates Aroma zu entfalten.

Naschkatzen erwartet regionaltypisches Gebäck: insbesondere *pinolata* an Weihnachten, eine Spezialität mit gehackten Mandeln und Eischnee. Oder *cicerchiata*, rustikale Kringel, die mit Hagelzucker und bunten Streuseln bestreut sind, *panpepato*, *pinoccate* und *dolcetti*, kleine Kuchen aus San Feliciano und San Lorenzo. Hierzu gibt es edle Weine als Begleiter. Um Perugia werden köstliche Tropfen produziert: Sie finden DOC- und DOCG-Weine für jeden Geschmack.

Reich an Monumenten und malerisch gewundenen Gassen thront Orvieto auf einem Felsen, einer Plattform aus Vulkantuffstein.

Weitere Appetitanreger aus Umbrien sind Crostini mit schwarzen Trüffeln und einige rare Wurstsorten, angefangen mit umbrischer Mortadella, die sich von der traditionellen, allgemein bekannten Sorte unterscheidet.

Eine weitere Wurstspezialität ist *corallina*, die Salami ähnelt; sie stammt ebenso vom Schwein. Die Region wartet jedoch auch mit Wildschwein- und Hirschwürsten auf; die Zutaten liefern die Wälder von Nocera Umbra.

Kulinarische Ausflüge

1 ***Gaumenfreuden und Genuss: von Terni bis Norcia***

Echte Lucullus-Jünger erkunden hier die wahren Gaumenfreuden: Olivenöl, schwarze Trüffeln, *porchetta, budellacci,* gesalzene Ricotta, *corallina.*

2 ***Reize für Geist und Geschmack: von Perugia bis Foligno***

Entdecken Sie auf einer reizvollen Kulturreise ein künstlerisches Erbe ohnegleichen, eines der bedeutendsten Weinmuseen Italiens – und viele, viele Leckerbissen.

Oben
Grün und fruchtbar breitet sich die Ebene um Norcia aus.

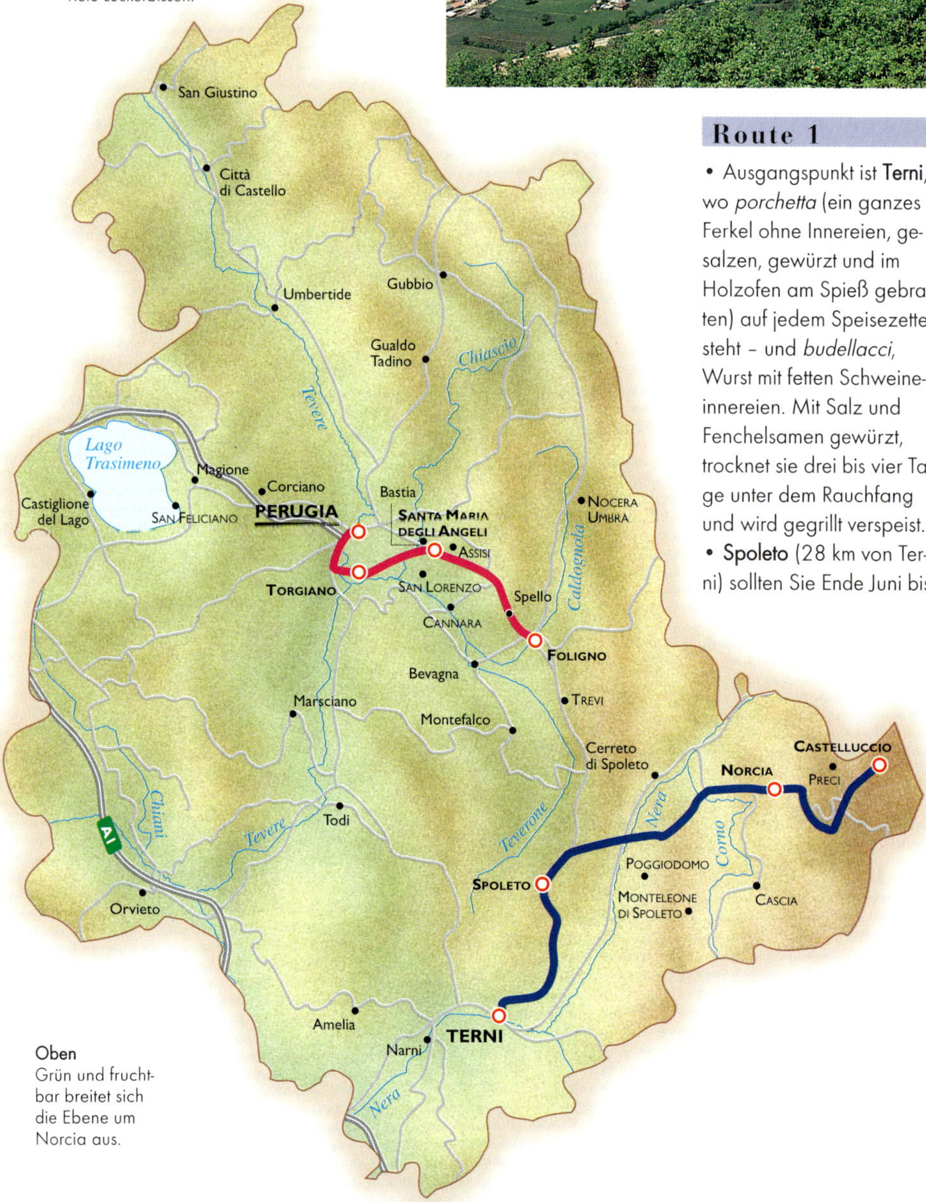

Route 1

- Ausgangspunkt ist **Terni**, wo *porchetta* (ein ganzes Ferkel ohne Innereien, gesalzen, gewürzt und im Holzofen am Spieß gebraten) auf jedem Speisezettel steht – und *budellacci*, Wurst mit fetten Schweineinnereien. Mit Salz und Fenchelsamen gewürzt, trocknet sie drei bis vier Tage unter dem Rauchfang und wird gegrillt verspeist.
- **Spoleto** (28 km von Terni) sollten Sie Ende Juni bis

Anfang Juli ansteuern: Dann findet dort nämlich das renommierte „Festival dei Due Mondi" statt. Erkunden Sie den Dom und den Druso-Bogen, und nehmen Sie als Souvenir eine Flasche Olivenöl *extravergine* mit – dieses Geschenk macht sicher Freude.

• Von Spoleto aus geht es nach **Norcia** (46 km). Zu entdecken gibt es hier nicht nur die berühmte schwarze Trüffel und den Schinken; der Ort birgt zahlreiche kulinarische Schätze. Kosten Sie unbedingt gesalzene Ricotta, Pecorino aus Norcia (vier bis sechs Monate Reifung verleihen ihm ein pikantes Aroma, das sich mit der Zeit verstärkt), und *corallina*, eine Wurst aus gehackter Schulter, Schinkenbeschnitt und gewürfeltem Schweinefett, mit Salz, Pfeffer, Knoblauch und Wein gewürzt und in Darm gefüllt. Sie reift drei bis fünf Monate lang in feucht-kühlen Räumen.

• Rund 30 km von Norcia entfernt liegt **Castelluccio**, das berühmt ist für exzellente Linsen.

Route 2

• Ausgangspunkt ist **Perugia**: Priorenpalast, Dom und Fontana Maggiore sind die wichtigsten Sehenswürdigkeiten. Bedeutend ist auch die Erzeugung von DOC-Weinen (Colli Altotiberini in Rot, Weiß und als Rosé; Colli Perugini in Rot, Weiß und als Rosé) und von Schweinswürsten. Hervorragend die *mortadella umbra* (gehacktes, mageres Schweinefleisch im Darm, mit einem langen Speckstreifen).

• 15 km trennen Perugia von **Torgiano**, wo Sie einen großen DOCG-Wein, den Torgiano rosso Riserva, nicht versäumen sollten. Und nicht das Weinmuseum, eines der reichsten ganz Italiens.

• Von Torgiano geht es nach **Santa Maria degli Angeli** (ca. 10 km). Neben der imposanten Renaissance-Basilika locken hier zwei Käse-Spezialitäten: *caciotta al tartufo* aus Vollmilch von Kuh und Schaf mit geriebenen schwarzen Trüffeln, und der direkt nach der Herstellung verkaufte *ravaggiolo* aus Schafsmilch, beliebt wegen des süßen Geschmacks.

• Von Santa Maria degli Angeli führen zirka 15 km bis **Foligno**. Sehenswert: die Quintana (zweiter Sonntag im September), der Dom, die Stadtgalerie und lokales Naschwerk: *torciglione*, ein Kringel aus süßen Mandeln; *panpepato*, Früchtebrot mit Mandeln, Sultaninen, Schokolade, Pinienkernen, Pfeffer und Wein, und *pangiallo*, süßes Brot aus Maismehl mit Mandeln, Hasel- und Kokosnüssen.

Oben Viele Gassen durchziehen Spesso, eine mittelalterliche Kleinstadt.
Links CHRISTUS AUF DEM THRON ZWISCHEN DER JUNGFRAU UND JOHANNES DEM TÄUFER, Mosaik (13. Jh.) von Salsternus (Dom in Spoleto).
Unten Fruchtbar ist die braune Erde der Agrarebene zwischen Perugia und Todi.

Lenticchie di Castelluccio

AUSSEHEN: *Relativ klein.*
FARBE: *Bunt, getigert, gelblich, bräunlich, etc.*
GESCHMACK: *Nach dem Garen (Einweichen ist unnötig) sehr wohlschmeckend und butterweich.*
VERWENDUNG: *Köstlich als Zutat zu Suppen; als Beilage mit nativem Olivenöl extra angerichtet; typische Rezepte sind Bruschetta mit Linsen, Linsen mit Salsiccia und Linsen mit Schweinspfoten.*
HERKUNFT: *Castelluccio di Norcia im Nationalpark der Monti Sibillini.*

Oben
Blick auf Castelluccio.

Unten
Linsen aus Castelluccio sind besonders wohlschmeckend und butterweich; sie müssen nicht eingeweicht werden.

Die Ebene von Castelluccio mit ihren zauberhaften Mohnblumen-Feldern bildete den Hintergrund, vor dem Zeffirelli in seinem Film „Bruder Sonne, Schwester Mond" den heiligen Franziskus agieren ließ. Und hier wachsen auch die Linsen, eine seit der Antike bekannte Hülsenfrucht. Die Ebene liegt inmitten des Nationalparks Monti Sibillini auf zirka 1500 Metern Höhe. Die Anbauflächen erstrecken sich über zirka 250 Hektar, auf denen im Schnitt jährlich 2000 Doppelzentner Linsen geerntet werden. Sie werden im Frühjahr ausgesät; Ende Juli werden die Pflanzen geschnitten und in der Sonne getrocknet. Anschließend erntet man die Samen.

Reis-Linsen-Suppe

ZUTATEN FÜR 4 PERSONEN:
- *100 g Linsen aus Castelluccio* • *1 EL klein gehackter Speck*
- *1 Bund Petersilie* • *1 Knoblauchzehe* • *4 EL natives Olivenöl extra*
- *4 durchpassierte Tomaten, frisch oder aus der Dose* • *Salz* • *120 g Reis*

- Die kleinen Linsen sorgsam waschen und ohne Einweichen mit kaltem Wasser in einen Topf geben. Zum Kochen bringen und bei reduzierter Hitze etwa 90 Minuten garen. Abgießen und trocknen lassen.
- In der Zwischenzeit Speck, Petersilie, Knoblauch, Olivenöl, Tomaten, 1,2 l Wasser und Salz in eine Kasserolle geben.
- Zugedeckt zum Kochen bringen, den Reis zugeben und garen lassen.
- Kurz bevor die Suppe fertig ist, die Linsen (ohne Kochflüssigkeit) zufügen und erwärmen.
- In die Suppenschüssel gießen und servieren.

Klima und Böden bieten optimale Voraussetzungen für den Anbau der Linsen, die Gourmets mittlerweile ein Begriff sind. Klein und zart, mit dünner, weicher Schale: Dies sind die Qualitätsmerkmale, die sie vor anderen Sorten auszeichnen. Ideal sind sie für Suppen und Minestra, und sie müssen weder eingeweicht noch lange gegart werden. Dank der Überwachung und Vermarktung durch die Kooperative für Linsen aus Castelluccio in Norcia (die heute 20 Mitglieder umfasst) wurde den Hülsenfrüchten 1997 die geschützte Ursprungsbezeichnung zuerkannt. Die Mitglieder liefern ihre Linsen an die Kooperative, die sie verpackt und in den Handel bringt. Größter Absatzmarkt ist Italien. Gelegentlich finden sie sich überraschend auf den Speisekarten großer ausländischer Küchenchefs – wie Anton Mosimann aus der Schweiz, heute einer der Londoner Spitzenköche.

Links
Bei der Ernte: An den schwierigsten Stellen, wo die Mähmaschine nicht hinkommt, wird wie vor 100 Jahren von Hand geerntet.
Unten
Der Mähdrescher erfasst die gezogenen, in den Feldern aufgehäuften Pflanzen und löst die Linsen von den Stengeln.

EINKAUFSQUELLEN

COOPERATIVA DELLA LENTICCHIA DI CASTELLUCCIO DI NORCIA - *Via del Lavoro 06046 Norcia (PG)* ☎ *0743 828174/817073*

Olio extravergine d'oliva Umbria

Qualitätsmerkmale des Flos Viridis, eines Olivenöls aus der Kaltpressung von Oliven aus biologischem Anbau der Sorten Frantoio, Leccino, Moraiolo und Raggiola der Bio-Landwirtschaft Il Poderetto, Assisi.
FARBE: *Grün und goldgelb.*
GESCHMACK: *Frisch, intensiv, mit zahlreichen Nuancen verschiedener Gemüse wie Artischocken, Karden, grünen Tomaten und grünen Äpfeln.*
VERWENDUNG: *Roh zum Verfeinern jedweden Gerichts.*
HERKUNFT: *Assisi.*

Die Liebe der umbrischen Olivenbauern zu ihren Bäumen, einem Symbol der Stärke und Langlebigkeit, hat uralte Wurzeln. Die Olivenernte war stets strengen Regeln unterworfen – mit dem Ziel, ein hochwertiges Öl zu gewinnen. Diese Regeln sind derart verwurzelt, dass beispielsweise 1935 der Statthalter von Assisi auf die Aufforderung, eine Verordnung gegen das Herunterschlagen

der Oliven zu erlassen, antwortete, dass dies überhaupt nicht notwendig sei, da diese verkehrte Erntemethode bei der Bevölkerung Umbriens nicht stattfinde.
Noch heute sorgen die hohe Professionalität der Erzeuger (geerntet wird zum Beispiel nach der Abstreif-Methode oder mit mechanischen Geräten) nebst den idealen klimatischen Bedingungen am Fuße der Berge dafür, dass natives Olivenöl extra DOP aus Umbrien zu einem der weltweit meistgeschätzten Olivenöle avancierte.
Die allgemeine Bezeichnung „Umbria", mit der die Europäische Union die Ölproduktion der Region versehen hat, muss allerdings durch die genaue geografische Bezeichnung ergänzt werden: „Colli Assisi-Spoleto", „Colli Martani", „Colli Amerini", „Colli del Trasimeno" und „Colli Orvietani". Die Herstellungsverordnungen zu mindestens vieren dieser geografischen Bezeichnungen bestimmen, dass diese Olivenöle strengen chemischen Merkmalen entsprechen müssen: Säuregehalt nicht unter 81 Prozent, niedriger Gehalt an freier Säure und hoher Anteil an Polyphenol.

Gegenüberliegende Seite, oben
Die umbrische Landschaft eignet sich besonders gut für den Olivenanbau.
Gegenüberliegende Seite, unten
Die meistangebauten Olivensorten Umbriens sind Frantoio, Leccino, Moraiolo und Raggiola.
Links
Flor-Virdis-Olivenöl wird biologisch angebaut.

Oben
In Umbrien erntet man die Oliven teilweise noch von Hand.

EINKAUFSQUELLEN

- **Az. agrobiologica Il Poderetto di F. Zaramella** - *Ortsteil Mora, 15 06081 Assisi (PG)* ☎ *075 8039636*
- **Az. agricola Torale** - *Ortsteil Boiano 06065 Passignano sul Trasimeno (PG)* ☎ *075 829275*

Prosciutto di Norcia

AUSSEHEN: *Birnenförmig, Gewicht nicht unter 8,5 kg.*
FARBE: *Beim Anschnitt einheitlich, rosarot bis rot.*
GESCHMACK: *Aromatisch, aber nicht salzig, mit dem leichtem Gewürzaroma des Pfeffers.*
VERWENDUNG: *Jederzeit.*
HERKUNFT: *Ortschaften Norcia, Preci, Monteleone di Spoleto, Poggiodomo und Cascia (Val Nerina).*

Oben
Typisch für Prosciutto di Norcia ist die Birnenform; er wiegt mindestens 8,5 Kilogramm.

Unten
Der Schinken schmeckt aromatisch, aber nicht salzig, mit einer pfeffrigen Note.

Dem Namen der Stadt Norcia ist das Wort „norcino" entlehnt, was soviel bedeutet wie: ein Meister für die Schlachtung sowie die Verarbeitung von Schweinefleisch.

In Norcia werden seit über 1000 Jahren Schinken hergestellt. Es gibt zweierlei Arten von Schinken (der als die Krönung der Metzgerskunst betrachtet wird): den üblichen *tipico di Norcia*, der mindestens ein Jahr lang reift, und den äußerst raren *antico di Norcia*, der eine Reifezeit von gut zwei Jahren hat. Der erstere ist ein aromatischer, gesalzener Berg-

Links
Die Herstellung der Schinken ist eine Kunst mit tausendjähriger Tradition.

schinken, der mit dem Messer geschnitten seinen vollen Geschmack entfaltet – ganz anders als Parmaschinken (der härteres Fleisch hat). *Antico di Norcia*, das Aushängeschild der lokalen Erzeugnisse, wird auf traditionelle Weise hergestellt und durchläuft eine lange Reifezeit in der trockenen Bergluft.

1997 wurde Schinken aus Norcia das IGP-Siegel verliehen: Eine Anerkennung seiner Qualität, auf die die örtlichen Erzeuger über zehn Jahre lang warteten. Zur Herstellung der zirka 800 000 Schinken aus Norcia, die heute auf den Markt kommen, verwendet man ausgewählte Schweinekeulen. Sie werden zunächst in Tropfenform eine Spanne weit vom Oberschenkelgelenk (dem so genannten „pallino") abgeschnitten, dann mit grobem Salz trocken gesalzen und mit Pfeffer und zerdrücktem Knoblauch gewürzt. Nach dem Einsalzen (30–40 Tage) werden die Keulen mit lauwarmem Wasser gewaschen und anschließend getrocknet. Darauf folgt die Phase der Vorreife (sieben bis acht Monate), an deren Ende der Schinken Konsistenz annimmt, mit wenig Fett und leichtem Knoblauchgeschmack. Nun durchläuft der Schinken eine weitere Reifezeit (mindestens ein Jahr lang); die lange Reifung im Klima Norcias verleiht ihm jene besonderen Qualitätsmerkmale, die ihn von allen anderen gereiften Schweinekeulen unterscheiden.

Links
Die Schinkenkeulen reifen an der Luft; ein Schinken von zirka neun Kilogramm benötigt mindestens 14 Monate Reifezeit.
Unten
Geschnitten hat Prosciutto di Norcia eine einheitliche Färbung zwischen Rosa und Rot.

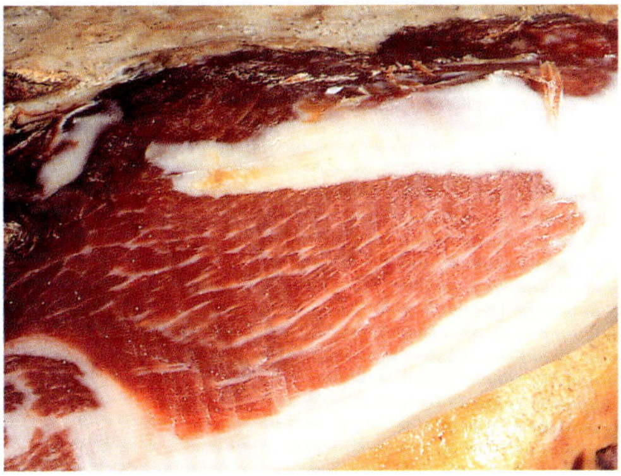

EINKAUFSQUELLEN

Norcineria F.lli Ansuini - *Via Anicia, 105 06046 Norcia (PG)* ✆ *0743 816643*

Prosciuttificio Patrizi - *Ortsteil Frascaro 06046 Norcia (PG)* ✆ *0743 829329*

Latium

Alle Wege führen „nach Rom“: in die ewige Stadt, das Zentrum Italiens. In den kleinen römischen Trattorien erwartet Sie eine leckere, volkstümliche Küche. Sie präsentiert sich mit originellen, wahrhaft köstlichen Gerichten zum ersten Gang wie Rigatoni mit *pagliata* oder *pajata* (Innereien von unverkennbarem Geschmack), Spaghetti alla Carbonara, Bucatini all' Amatriciana, Penne all'Arrabiata, *coda alla Vaccinara* (geschmorter Ochsenschwanz) und *abbacchio* (Lammkeule), geschmort oder kurzgebraten. Das Latium rühmt sich ebenfalls eines weit verzweigten gastronomischen Erbes, das sich durchaus sehen lassen kann. Ariccia beispielsweise ist nicht nur eine Heimat der *porchetta*, sondern der Ort, wo einst (heute sind sie leider fast nicht mehr zu finden) *coppiette di cavallo* hergestellt wurden: Würste aus magerem Pferdefleisch, gewürzt mit Peperoncino und über dem Kamin geräuchert.

Aus Amatrici in der Provinz Rieti stammen nicht nur zahlreiche Köche, die die weite Welt eroberten; von hier kommt auch eine besondere, hoch geschätzte *mortadella*, die den Namen ihres Heimatortes trägt.

Regionale Spezialitäten

KÄSE — *Seite*

Pecorino romano — ***160***

Büffel-Mozzarella, Ricotta secca, Scacione

WURSTWAREN

Beverelli, Büffel-Coppiette, Pferde-Coppiette, Corallina, Mortadella aus Amatrice, Büffel-Salsiccia, Spianata, Pagliata vom Lamm, Porchetta

VON FELD, WALD & WIESE

- ***Olio extravergine d'oliva Sabina*** — ***158***

Römische Artischocken, Puntarelle (Zichorie)

VERARBEITETE LEBENSMITTEL

Hausmacher-Brot aus Genzano

Rund um Rom stellt man auch eine andere Mortadella-Sorte her, die *spianata* genannt wird, und eine Wurst namens *corallina* (eine „österliche“ Salami umbrischer Herkunft). Die Wurstwaren sind hier schlicht und schmackhaft – ganz wie auch die Molkereiprodukte, dazu gehören im Wesentlichen *pecorino romano* und die kampanische *mozzarella di bufala*.

Trotz ihres Namens stammt sie teilweise von Büffelkühen, die auf den Weiden des La-

tiums grasen; sie verteilen sich auf die Provinzen Rom, Latina und Frosinone.
Unter anderen in Priverno, in der Provinz Latina, stellte man einst aus Büffelfleisch, gemischt mit Schweinefleisch und gut in Wein mariniert, *salsiccia di bufala* her. Heute erzeugt man sie meist nur noch für den Eigengebrauch und konserviert sie teils in Öl. Ebenfalls in Priverno findet man *coppiette* aus dem Fleisch von Büffelkühen.
Lange suchen muss man auch nach guter *ricotta secca*, die in der Provinz Rieti aus Kuhmilch-Molke gewonnen wird, die über einen Monat lang reift. Sie wird kaum mehr erzeugt, weil für eine perfekte Reifung viel Zeit und Geduld nötig sind.
Ohne weiteres bekommt man hingegen in den Trattorien Roms und beim Gemüsehändler *puntarelle*, Triebe diverser Zichoriensorten, die im Februar und März gesammelt und gerne roh gegessen werden.
Eine Delikatesse sind auch *carciofi romani* (eine Artischockenart ohne Stacheln; die Blätter sind lila, die Äderung dunkelgrün; die jungen Spitzen sind am zartesten), die auf tausenderlei Arten zubereitet werden.
Doch was wäre diese Region ohne Wein und Olivenöl! Südlich von Genzano wachsen die Reben für den lieblichen DOC-Wein Colli Lanuvini. Empfehlenswert ist auch das *olio extravergine d'oliva Sabina*, das in den Provinzen Rieti und Rom produziert wird.

Römisches Landleben nahe bei Celleno, in der Provinz Viterbo.

Kulinarische Ausflüge

Römische Souvenirs: von Rom bis Cisterna Latina

Im Schatten des Kolosseums entdeckt man leckere kulinarische Souvenirs: von *beverelli* bis *corallina*, von *coppiette di cavallo* bis *porchetta*, von hausgebackenem Brot bis zum *scacione*-Käse.

und brechen Sie auf zu kulinarischen Entdeckungen: *beverelli* (gewaschene, gewürzte Schweineinnereien, über Feuer getrocknet) und römische *corallina* (Wurst aus gehackter Schweineschulter und handgeschnittenen Speckstreifen, ge-

Oben
KRONPRINZ LUDWIG IN DER SPANISCHEN WEINSCHENKE ZU ROM, von Franz Catel, 1824, (Neue Pinakothek, München)
Unten
Blumenfest an Fronleichnam in Genzano.

Route 1

• **Rom** ist Ausgangspunkt einer Route, die unter einem einzigen, jedoch vielseitigen Motto steht: der Gastronomie.
Bewundern Sie Kolosseum, Fontana di Trevi und Piazza di Spagna ein anderes Mal würzt und in kleine Naturdärme gefüllt).

• Bevor Sie der Stadt den Rücken kehren, zwei kurze Ausflüge: nach **Monterotondo**, wo örtliche Erzeuger exzellentes Olivenöl *extravergine Sabina* verkaufen (nehmen Sie Behälter mit!),

an Fronleichnam, der weiße und liebliche DOC-Wein Colli Lanuvini und das hausgebackene Brot aus Genzano: Das hochwertige Brot nur aus Mehl, Salz, Natursauerteig und Wasser erhielt das europäische IGP-Siegel.

• Von Genzano bis **Cisterna Latina** fährt man 20 km und „taucht ein" in ein Käse-Schlaraffenland: Büffel-Mozzarella, *pecorino romano* und *scacione* (Frischkäse aus Kuhmilch, eine regionale Spezialität) verdienen Ihre Aufmerksamkeit.

Links
Blick auf Frascati – für viele Römer ein beliebtes Ausflugsziel.

und nach **Palestrina**, wo Sie – mit ein wenig Glück – *coppiette di cavallo* kosten können, eine typische, selten gewordene Wurst aus den Castelli Romani: aus magerem, in Streifen geschnittenem Pferdefleisch mit Salz, Pfeffer und Peperoncino, die traditionell zur Reifung über dem Rauchfang hing.

• Gen Süden geht es aus Rom hinaus, nach 27 km ist **Ariccia** erreicht. Die antike latinische Stadt ist bekannt für ihre schön angelegte Piazza della Repubblica, die Bernini im 17. Jahrhundert schuf, und für ihre *porchetta*, ein sechs bis sieben Monate altes Spanferkel, berühmt: Entbeint, von Schulter und Keule befreit, wird es mit Salz, Pfeffer, Weißwein, Knoblauch, Rosmarin und Peperoncino im Ofen gegart (Fest im September).

• 3 km südlich von Ariccia liegt **Genzano**. Aushängeschilder sind das Blumenfest

Oben
KAPRICE MIT KOLOSSEUM, Ölgemälde von Bernardo Bellotto, 18. Jahrhundert (Nationalgalerie, Parma).

Links
Das Gebiet der Castelli Romani ist vor allem für seine Weine bekannt.

Olio extravergine d'oliva Sabina

FARBE: *Gelb mit grüner Tönung beim ganz frischen Öl.*
GESCHMACK: *Fruchtig, samtig und ausgewogen, aromatisch und süß. Auch der Duft ist fruchtig.*
VERWENDUNG: *Wie jedes große extra native Olivenöl verfeinert es „roh" Salate, Teigwaren, gegarten Fisch und tausend andere Gerichte.*
HERKUNFT: *46 Ortschaften, 12 in der Provinz Rom (darunter Montelibretti, Sant'Angelo Romano und Marcellina) und 34 in der Provinz Rieti (darunter Cantalupo in Sabina, Castelnuovo di Farfa, Poggio San Lorenzo und Roccantica).*

Die hohe Qualität dieses italienischen nativen Olivenöls extra erkannte die Europäische Union 1996 an und verlieh ihm die geschützte Ursprungsbezeichnung. Das Herstellungsreglement schreibt vor, dass Öl, das die DOP-Bezeichnung „Sabina" tragen darf, aus einer ganz bestimmten Zone der Provinzen Rieti und Rom stammen und zu mindestens 75 Prozent aus den Olivensorten Carboncella, Leccino, Raja, Pendolino, Frantoio, Moraiolo, Selviana, Olivago, Olivastrone und Rosciola bestehen muss. Darüber hinaus muss das Öl auch in dieser Region gepresst und abgefüllt werden.
Die Landschaft mit ihren durchlässigen Kalksteinhügeln trug mit dazu bei, in der Sabina die idealen Bedingungen für den Anbau

Oben
Solche bunten Dosen mit Olivenöl waren einst im Handel.
Rechts
Sabina-Öl schmeckt fruchtig.
Unten
Die mittelalterliche Abtei von Farfa; ihre Geschichte ist eng mit dem Olivenanbau verflochten.

Links
Der mächtigste Olivenbaum Europas wächst in Fara, in der Sabina; er entfaltet seine Blätter seit dem 5. Jh. n. Chr.
Unten
Sabina-Öl wird aus verschiedenen Olivensorten gewonnen.
Ganz unten
Ein alter, von Tieren gezogener Schleifstein aus der Sabina; dies war seit dem 7. Jh. v. Chr. gebräuchlich.

von Olivenbäumen zu schaffen. Dies entdeckte man vor mindestens 2000 Jahren: In Canneto Sabina steht der älteste Olivenbaum Europas, und die Olivenhaine in der Sabina können noch von den antiken Dichtern Cato und Orazio berichten.
Die Benediktinermönche der Abtei von Farfa ernteten die Oliven stets zu dem Zeitpunkt, wenn diese sich gerade verfärbten; das heißt, wenn die noch nicht gereiften Früchte zwischen Mitte Oktober und Mitte Dezember einen anderen Farbton annehmen: Der Ertrag ist nicht sehr hoch, doch mit diesem Verfahren erhält man ein Öl von guter Qualität. In der Region

sind zirka 11 000 Erzeugerbetriebe tätig, die meisten von ihnen Kleinstbetriebe. Vielfach wird das Öl offen an die Verbraucher abgegeben, die direkt bei den Ölmühlen kaufen.

EINKAUFSQUELLEN

Az. agrituristica La Raja di Laura Fagiolo
(Ferienbauernhof) Ortsteil Passo Corese
02036 Fara in Sabina (RI) ☎ *0765 487036*

Az. agricola Salustri Galli
Via Umberto I, 1
02031 Castelnuovo di Farfa (RI)
☎ *0765 37364*

Pecorino romano

AUSSEHEN: *Zylindrische Form mit flachen Oberflächen, Durchmesser 25–35 cm; das Gewicht schwankt zwischen 20 und 35 kg. Der Teig ist kompakt, weiß, gelegentlich mit leichter Löcherung, nie glatt.*
FARBE: *Die Rinde ist elfenbeinfarben bis strohgelb; der Teig ist weiß bis strohgelb.*
GESCHMACK: *Aromatisch, mit pikantem Geschmack, der sich mit zunehmender Reife intensiviert.*
VERWENDUNG: *Geschätzt als Tafelkäse; man verwendet ihn auch gerieben.*
HERKUNFT: *Latium und Sardinien.*

Oben
Schafe im Latium und auf Sardinien liefern die Milch für Pecorino; in diesen Regionen wird er auch hergestellt.

Unten
Ganze Laibe Pecorino romano. 80 Prozent der Exporte gehen in die Vereinigten Staaten.

In seiner zweitausendjährigen Geschichte avancierte der Pecorino romano vom Grundnahrungsmittel der Hirten im Latium zu einer Delikatesse, die die römischen Kaiser zu schätzen wussten, und schließlich zu einem Klassiker in Nobel-Restaurants. Seine Wurzeln sind ganz und gar römisch, doch da auf dem Land rund um Rom nur wenige Herden weiden, wird er seit zirka 1880 auch in Sardinien hergestellt.

Pecorino romano ist ein gekochter Hartkäse mit DOP-Siegel. Er besteht aus reiner Schafsmilch aus dem Latium und Sardinien und wird in diesen Regionen verarbeitet. Der moderne Herstellungsprozess weicht nur geringfügig von den Verfahren der Antike ab. Pecorino wird von Oktober bis Juli aus der frischen Milch zweier Melkgänge hergestellt, die gefiltert und erhitzt wird; dann gibt man Milchfermente zu. Die

Bucatini mit Speck und Zwiebeln

ZUTATEN FÜR 4 PERSONEN:
- *150 g gut gereifter Speck (ohne Schwarte)* • *Olivenöl*
- *1 Chilischote* • *400 g Bucatini*
- *Salz* • *50 g frisch geriebener Pecorino romano*

- Speck in nicht zu dünne (2–3 mm dicke) Scheiben und daraus kleine Streifen mit höchstens 2 cm Länge schneiden.
- Die Streifen (nach Belieben mit einem Tropfen Olivenöl) in eine gußeiserne Pfanne geben und bei schwacher Hitze so anbraten, dass sie sich färben, aber nicht anbrennen.
- Sobald der Speck auszubraten beginnt, ein Stückchen Chilischote zugeben.
- Die Bucatini in kochendem Salzwasser al dente kochen. Abgießen und in eine Terrine geben.
- Speck und frisch geriebenen Pecorino über die Bucatini geben.
- Gut mischen und gleich servieren.

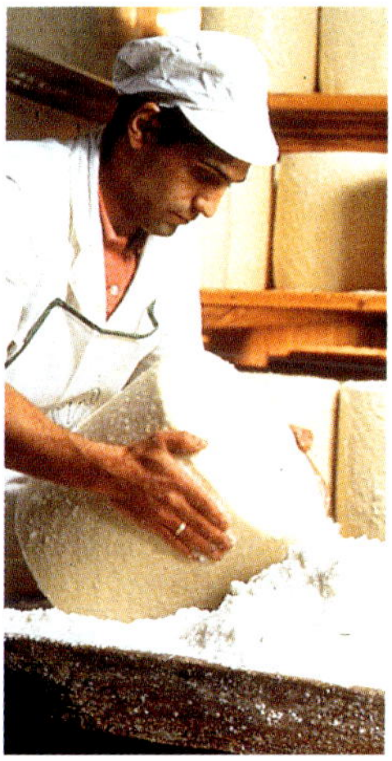

Milch stockt mit Hilfe von Kalbslab-Paste bei einer Temperatur von 39 °C. Der Käsebruch wird zerkleinert und auf 45 - 48 °C erhitzt; so bildet sich der Teig, der dann in Blöcke portioniert, in Käseformen (die so genannten *cascine*) gepresst wird.

Vor dem Reifen werden die Käselaibe in den *caciare*, den Salzkellern, trocken gesalzen. Während der Reifezeit, die beim Tafelkäse fünf Monate und beim Reibekäse mindestens acht Monate dauert, werden die Käselaibe mit Wasser und Salz gewaschen und gelegentlich mit einer Art Umhang geschützt.

Zirka 80 Prozent der Ausfuhren gehen in die Vereinigten Staaten, wo der Pecorino, gemischt mit anderen Käsesorten, in den Fastfood-Lokalen des gesamten Landes in Hamburgern zu finden ist.

Von links
Das Pressen der Käsemasse und das Salzen der Laibe.
Unten
Ein Stückchen Pecorino romano.

EINKAUFSQUELLEN

GIUSEPPE LOPEZ SRL - *Via Boccea, 472 00166 Roma* ☎ *06 6144724*

SINI-FULVI SRL - *S.S. Cassia, km 41 01036 Nepi (VT)* ☎ *0761 571052*

CONS. PER LA TUTELA DEL FORMAGGIO PECORINO ROMANO - *Corso Umberto I, 226 08015 Macomer (NU)* ☎ *0785 70537*

Abruzzen und Molise

In den Abruzzen ist noch heute eine Tradition lebendig, die man ruhig „lukullisch" nennen kann: Die *panarda*, ein Mittagsmenü mit über 30 Gängen. Will man den Veranstalter dieses kulinarischen Marathons nicht kränken, muss von jedem Gang gekostet werden!

Derartige Traditionen zeigen, welchen Rang die Tafel in dieser Region einnimmt – einer Region, in der Rezepte und Produkte sich ihre Charakteristika bewahrt haben, unabhängig von Modeströmungen.

Ländliche Traditionen verflechten sich mit denen des Meeres im Zeichen der Schlichtheit: Die vielseitige Region wartet auf mit Fischen, Rindern, Lämmern, Zicklein, Sellerie, Karden und dem hoch geschätzten Safran.

Noch erdverbundener ist die Küche des Molise. Den Löwenanteil stellen hier Wurstwaren, angeführt von *salsiccia di fegato*, Leberwurst, aus Rionero Sannitico und *sprisciar* (ein Dialektwort, das so viel bedeutet wie „ausgepresst") aus Castel del Giudice; beide Orte liegen in der Provinz Isernia. Das Aushängeschild Moliser Wurstwaren ist *ventricina* aus Crognaleto (Teramo).

Bannerträger abruzzischer Wurstwaren hingegen ist die seltene Mortadella aus Campotosto (L'Aquila). Hier handelt es sich nicht um eine normale Mortadella: Hergestellt wird sie aus fein gehackter Schulter, Lende, Fett und Speck von Schweinen, die traditionsgemäß aus dem Umland stammen. Die Mischung wird gewürzt, ins Innere kommt ein Speckstreifen; dann wird sie in Därme gefüllt und von Hand zugenäht. Die Mortadella wird so gebunden, dass sie eine kuriose Form erhält; nach einigen

Regionale Spezialitäten

KÄSE *Seite*

Burrino, Caciocavallo aus Agnone, Cacioricotta, Cambese, Capruzzo di Farindola, Cornuti, Formaggio del Buongustaio, Giuncatella, Pecorino di Capracotta, im Wacholderrauch geräucherte Ricotta, geräucherte Scamorza, Scamorza molisana, Scamorza passita

WURSTWAREN

• ***Ventricina*** ***168***

Annoia und Fegatazzo aus Ortona, Capocollo, Fegato dolce, Ferrazzanese, Mortadella aus Campotosto, Pancetta, Schinken aus Rionero Sannitico, Saggicciotto, Salsiccia di Fegato, Salsiccia molisana, Salsicciotto di Guilmi, Spriscia r und Soppressata

VON FELD, WALD & WIESE

• ***Zafferano purissimo dell'Aquila*** ***170***

Olivenöl extravergine, Dinkelpasta, Pasta aus Hartweizen

KONDITORWAREN

• ***Confetti di Sulmona*** ***166***

Biscotti all'anice, Bocconotti, Campane und Parrozzo

Monaten Reifezeit kann sie angeschnitten werden.
Ebenso typisch ist *salsicciotto* aus Guilmi, ein altes Produkt bäuerlicher Kultur; die Bauern verkauften es nicht, sondern verschenkten es im Gegenzug für Gefälligkeiten.
Im Molise delektiert man sich

Der See von Castel San Vincenzo im Molise; im Hintergrund das Mainarde-Massiv.

an vorzüglichen Käsesorten: *caciocavallo* aus Agnone, Pecorino aus Capracotta und *scamorza al fumo*, Räucherkäse, aus der Gegend um Campobasso.
Die Abruzzen warten mit *cacioricotta* aus dem Gebiet um L'Aquila auf, *cambese* (Schafricotta), *capruzzo* aus Farindola in der Provinz Pescara und einem Feinschmecker-Käse, dem *buongustaio*, aus Crognaleto.
Die Liebe zur Tradition und das bemerkenswerte Können der Käsemacher verbinden sich in über Wacholderfeuer geräuchterter Ricotta.
Die Region rühmt sich einer – auch qualitativ – rasch wachsenden Produktion von nativem Olivenöl extra. Das Öl wird aus den Früchten der alten Olivenhaine im Hügelland gewonnen; sie ziehen sich insbesondere über die Mulde von Sulmona am Fuße des Maiella, über das Tordino- und das Vomano-Tal, um Pescara über das Tavo-Tal und von Chieti aus nach Lanciano und Fossacesia.
Im Molise presst man das charakteristischste Öl in Termoli, im Biferno-Tal und in der Zone südlich der Provinzhauptstadt Campobasso.
Wo Öl ist, fehlen auch Teigwaren nicht: Hartweizen-Pasta wird in dieser Region von einigen Produzenten hergestellt, die die Welt der Gourmets erobert haben.
Qualitativ ebenso gut ist Dinkelpasta, insbesondere diejenige aus dem Dinkel von den Hängen des Maiella-Massivs, des heutigen Nationalparks.
Auch diejenigen, die auf Süßes nicht verzichten können, haben die Qual der Wahl: Entscheiden Sie sich für *parozzi, boccotoni, biscotti dell'anice, morcetti* oder für die süßen *campane* aus Agnone? Oder fällt Ihre Wahl auf die bunten *confetti di Sulmona*?

Kulinarische Ausflüge

1 ***Antike Verse und mittelalterliche Monumente: von Sulmona bis Ortona***

Geschichtsträchtige Monumente und traditionelle Spezialitäten wie *giuncatella, cambese, annoia* und *fegatozzo* von den Bergen bis zum Meer.

2 ***Auf den Spuren der Wanderhirten: von L'Aquila bis Navelli***

Wie einst die Hirten kostet man Schafskäse, rare Wurstwaren und Aniskekse; das Auge schweift über die Felder, wo Safran angebaut wird.

3 ***Im Herzen des Sannio: von San Giacomo degli Schiavoni bis Agnone***

Stimmungsvolle Reise in die Vergangenheit zu Burgen, Kirchen, Brunnen und Museen, auf der Suche nach seltenen Wurstwaren wie *saggicciotto* und *ferazzanese* oder bekannten Käsesorten wie *caciocavallo* und Pecorino.

Ganz oben
Noch heute tragen die Frauen aus Scanno ihre schlichte Tracht.
Oben
Blick auf den mittelalterlichen Weiler Castel del Monte.
Mitte
Aus den Narben zarter Krokusblüten gewinnt man den Safran.

Route 1

- Los geht es in **Sulmona**, der Heimat des Dichters Ovid. Attraktionen sind neben den süßen *confetti* auch der grandiose Komplex der Annunziata (15. Jh.) und die traditionelle Käseerzeugung: *giuncatella* (Frischkäse aus Kuh- oder Schafsmilch mit dem typisch süß-saurem Geschmack des Rohmilchkäses) und *scamorza passita*, fester Kuhmilchkäse, der innerhalb einer Woche seine Frische verliert.
- Von Sulmona aus geht es durch schöne Berglandschaften hinauf nach **Pescocostanzo** (35 km): Neben der Kirche der Collegiata (13. Jh.) locken der *cambese*, eine seltene Schafs-Ricotta mit süßem Aroma und einer angenehmen Spur von Säure, und *cornuti*, der typische Zopf aus Kuhmilch-Mozzarella.
- Von Pescocostanzo sind es rund 90 km bis **Lanciano**. Wer die Kirche Santa Maria Maggiore im französischen Gotik-Stil besucht, sollte auch die Pasticceria nicht links liegen lassen: Neben dem süßen *parrozzo* locken *bocconotti*, mit gehackten Mandeln und Schokolade gefülltes Mürbeteig-Gebäck.
- Weitere 20 km hinter Lanciano liegt **Ortona**: Schönes Meer, mittelalterliche Monumente (Aragonierburg und Baglioni-Turm) und zwei typische Schweinswürste, *annoia* aus Ortona (mit Kutteln und Rosette) und *fegatazzo* aus Ortona (Leber, Lunge, Milz, Bauchfleisch und Speck, gehackt, mit Salz, Peperoncino, Orangenschale und Knoblauch in Darm gefüllt).

Route 2

- Los geht es in **Tagliacozzo**, einem typisch mittelalterlichen Städtchen. Versüßen Sie sich den Aufbruch mit köstlichen *biscotti all'anice*, Aniskeksen, und *morsetti* aus Mandelteig.
- Von Tagliacozzo aus führen rund 70 km über die Berge bis nach **L'Aquila**: Machen Sie einen kleinen Stadtrundgang vorbei am Kastell, dem Brunnen der 99 Öffnungen (13. Jh.) und kosten Sie *fegato dolce*, eine Mortadella aus Leber, Innereien und Schweinefett mit Salz, Pfeffer und Honig (teils auch mit kandierten Früchten, Pinienkernen oder Pistazien).
- Nächste Etappe ist **Castel del Monte** (42 km), das einstige Ziel der apulischen Wanderhirten, die hier *incanestrato foggiano* aus Castel del Monte erzeugten, einen Pecorino mit fein-pikantem Aroma, der lange reift (mindestens acht Monate). Heute ist der Weidewechsel nicht mehr üblich.

- Rund 30 km weiter erwartet Sie **Navelli** auf einer Hochebene inmitten intakter Natur. Rasten Sie hier, genießen Sie die Aussicht und kaufen Sie „echten" Safran in Narben – den einzigen, der garantiert rein ist.

• Letzte Etappe ist **Agnone** (20 km). Hier werden *campane*, Glocken, produziert – fürs Kirchengeläut oder als typisches, mit Schokolade überzogenes Naschwerk – und Kuhmilch-Käse: *burrino, scamorza molisana* und birnenförmiger *caciocavallo* aus Agnone.

Route 3

• Ausgangspunkt ist **San Giacomo degli Schiavoni**. Eine Kostprobe der renommierten Wurstwaren versetzt Sie in die Vergangenheit zurück: *pancetta, salsiccia molisana, soppressata, ventricina* und der weniger bekannte *saggicciotto*.

• Zirka 70 km sind es bis **Campobasso** mit dem Kastell Monforte (16. Jh.), der Kirche San Giorgio von 1100 und dem Samnitischen Museum; lohnend ist auch ein Abstecher nach **Ferrazzano** (5 km), wo *ferrazzanese* lockt, eine mit Fenchelsamen aromatisierte Fleischwurst.

• Rund 50 km von Ferrazzano entfernt liegt **Isernia**. Sehenswert sind das Stadtmuseum mit Funden aus der Altsteinzeit, der Fraterna-Brunnen (14. Jh.), ein Bauwerk mit sechsbögigen Loggien und die Kirche San Francesco.

• Zirka 22 km trennen Isernia von **Rionero Sannitico**: Genießen Sie bei einer Rast den köstlichen Schinken und die *salsicce di fegato*, Leberwürste.

• Von Rionero geht es weiter bergauf; nach 54 km, auf 1421 m Höhe, erreicht man **Capracotta**, die Heimat des gleichnamigen, aromatischen Pecorinos.

Unten
Das antike Städtchen Agnone, auch das Athen des Sannio genannt, thront auf einem hohen Grat über dem Sangro-Tal.

Confetti di Sulmona

AUSSEHEN: *Die ovale Form der Mandeln wird beibehalten.*
FARBE: *Die Confetti sind bunt (ausnahmslos Naturfarben), je nach Zweck: rosa oder blau für Geburten; weiß für Hochzeiten; grün für Verlobungen usw.*
GESCHMACK: *Weich und harmonisch. Man schmeckt die Mandeln aus Avola heraus.*
VERWENDUNG: *Typische Süßigkeit zur Feier von Ereignissen und festlichen Anlässen.*
HERKUNFT: *Sulmona (Aquila).*

In Sulmona werden seit Ende des 15. Jahrhunderts Confetti hergestellt. Damals begann ein venezianischer Händler damit, Zuckerrohrsirup aus dem Orient gegen die gastronomischen Produkte der Abruzzen zu tauschen. Eines Tages entdeckte ein Zuckerbäcker aus Sulmona, dass sich eine weiße, kristalline, harte und süße Masse bildete, wenn man den Sirup erhitzte. Damit konnte man sehr gut eine Mischung aus Mandeln, Nüssen und Zitrusfruchtschalen umhüllen. So wurde die Herstellungsmethode über die Jahrhunderte hinweg immer weiter perfektioniert, blieb im wesentlichen jedoch unverändert.
Im 18. Jahrhundert bereitete man Confetti in großen Kesseln zu, die auf Kohle-

Oben, Mitte
Mit Confetti werden häufig ausgefallene Kompositionen gestaltet.
Oben
Das Innere der Confetti birgt Mandeln mit Haut (links) oder ohne (rechts), aber auch Haselnüsse, Zitrusschalen, Pistazien, Likör oder Schokolade.
Rechts
Die lange Geschichte der Confetti aus Sulmona reicht bis ins 15. Jahrhundert zurück: Die Herstellungsverfahren wurden mechanisiert, doch die Zutaten blieben unverändert.

feuer erhitzt und in Schwingung versetzt wurden, um das Verkleben der Mandeln zu vermeiden. Die Mandeln wurden mehrmals in Zuckersirup eingetaucht. Das Ganze dauerte vier Tage – so lange, bis die Zuckerschicht dick genug war, um die Mandeln zu konservieren.

Heute hat sich die Methode geändert, das Produkt hingegen blieb gleich. Die Druckkessel wurden durch mechanische Arme, die Kohlefeuer durch Gasherde ersetzt. Im Übrigen bestehen die Confetti ausschließlich aus sizilianischen Mandeln aus Avola und Zuckersirup.

In Sulmona gibt es fünf Confetti-Hersteller, die diese jahrhundertealte Tradition lebendig halten. Neben den klassischen Confetti aus Mandeln stellen sie auch Confetti mit Nüssen, Früchten (Pistazien), Likör (wie Rosolio) und Schokolade her.

Oben
Die Farbe der Confetti kann man je nach Anlass wählen.

Links
Das Museum Pelino für Confetti-Kunst und -Technologie in Sulmona.

EINKAUFSQUELLEN

Confetti D'Alessandro di La Civita Enzo
Via Montenero, 20 - 67039 Sulmona (AQ)
0864 52229

Confetti Mario Pelino - *Via Introdacqua, 55 67039 Sulmona (AQ)* *0864 210047*

Ventricina

AUSSEHEN: *Runde oder gepresste Form.*
FARBE: *Das Fleisch ist rosa, das Fett hat eine schöne weiße Farbe.*
GESCHMACK: *Angenehm und harmonisch.*
VERWENDUNG: *Normalerweise isst man sie als Vorspeise zu gutem hausgebackenem Brot.*
HERKUNFT: *Die gesamte Provinz Campobasso; berühmt sind die Gebiete von Montenero di Bisaccia.*

Unten
Ventricina genießt man als Vorspeise zu gutem hausgebackenem Brot.

Gegenüberliegende Seite, oben
Der erste Herstellungsschritt ist das Zerlegen des Schweins.

Ventricina ist das wichtigste und typischste Produkt der Schweineschlachtereien im Molise. Wer sie noch nie gekostet hat: Es handelt sich um eine spezielle Salami, die in rein handwerklichen Verfahren und kleinen Quantitäten hergestellt wird. Sie besteht aus Hartfett und magerem Fleisch der verschiedenen Teile vom Schwein, wie Filet oder Keule. Je weiter man in Italien gen Süden reist, um so weniger findet man den bis in die Toskana und die Marken so berühmten Schinken (eine Ausnahme bilden einige Gegenden Sardiniens), da das Klima zu warm ist, um die Schweinekeulen mindestens ein Jahr abzulagern. Im Molise werden die Keulen „zerlegt", um sie dann auf verschiedene Weise zu verarbeiten: Der obere Teil wird abgelagert, ein Teil wird zu Ventricina verarbeitet.
Die Schweine werden ausschließlich in diesem Gebiet

Schweinefett eingerieben und reift zirka sechs (jedoch nie mehr als acht) Monate. Dann ist sie verzehrfertig. Einst war es üblich, dass die Viehzüchter einige Monate vor dem Schlachten die Schweine an die Fluss- und Bachufer brachten, damit sie sich im Schlamm wälzen konnten. Dies nannte man „sujatura". Man nahm an, die Qualität des Fleisches würde auf diese Weise verbessert.

Unten, von links
Die Borsten werden abgebrannt.
Daneben
Die Ventricina wird „eingesackt" und an die Decke gehängt, bis sie in die Reifekammer kommt.
Ganz unten
Fleisch und Fett für Ventricina werden mit dem Messer in große Stücke geschnitten.

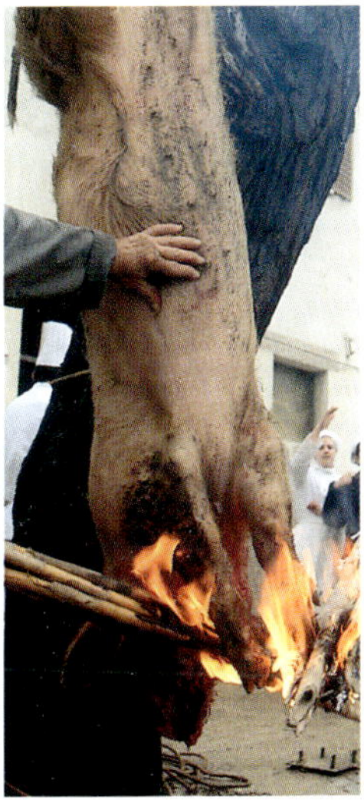

nach traditionellen Methoden gezüchtet (großteils füttert man sie mit Getreide). Fleisch und Fett (20–30 % des Gesamtgewichts) werden mit Messern in große, zirka 50 Gramm schwere Stücke geschnitten, mit Salz, Fenchelblüten, süß-scharfem Paprika gewürzt und in Schweineblasen (oder Kalbsdarm) gefüllt. Die Ventricina kann so unter Luftzufuhr, je nach Größe, unterschiedlich lange trocknen (45 Tage für eine Ventricina von 1,5 Kilogramm). Danach wird sie mit

EINKAUFSQUELLEN

Macelleria Berchicci - *Largo del Tempio, 23*
86030 San Giacomo degli Schiavoni (CB)
0875 51344

Zafferano purissimo dell'Aquila

AUSSEHEN: *Safran gehört zur Familie der Schwertliliengewächse. Die Blüten sind glockenförmig und bestehen aus 6 Perigonblättern, 3 Fruchtblättern und 3 Narben.*
FARBE: *Die Narben sind feuerrot.*
GESCHMACK: *Charakteristisch sind der bitter-pikante Geschmack und der intensive, aromatische Duft.*
VERWENDUNG: *Er aromatisiert Pasta oder Risotto und eignet sich für die Zubereitung von Eierteigwaren, Kuchen und Likören.*
HERKUNFT: *Hochebene von Navelli, Provinz Aquila.*

Seit 600 Jahren baut man an den Hängen des Gran Sasso, auf der Hochebene von Navelli, violetten Krokus an. Bei der Ernte folgt man einem Ritus: Die Blüten werden bei Sonnenaufgang von Hand gepflückt, wenn sie noch geschlossen sind. Die drei Narben entfernt man und legt diese zum Trocknen bei Gluthitze auf einem Rost über dem Kamin aus; so erhält man den Safran. Für ein Kilogramm Safran

Ganz oben und oben
Blühende Krokusse.
Unten
Körbe mit Krokussen, die in der Morgendämmerung geschlossen geerntet werden. Daraus gewinnt man den Safran.

Oben
Die Krokuszwiebeln werden umgepflanzt.
Links
Die ganze Familie hilft mit beim Trennen der Narbenfäden aus den Blüten.
Unten
Safran in Fäden.
Ganz unten
Safranpulver.

benötigt man 200 000 Blüten. Der Preis für dieses Gewürz ist deshalb sehr hoch: Für ein Kilogramm zahlt man rund 7000 Mark. Aus dem Orient eingeführt wurde der Safrananbau in Navelli von einem Dominikanermönch, der der Inquisition angehörte und aus dieser Gegend stammte. Charakteristisch für das trockengelegte Überschwemmungsgebiet ist der Boden, der durchlässig ist, so dass der Krokus hier optimal gedeihen kann. In der Vergangenheit wurde Safran auch dazu benutzt, wertvolle Stoffe „golden" einzufärben und Parfüms herzustellen. Auch in Arzneibüchern ist von ihm die Rede. Heute wird er nur noch in der Küche verwendet. Safran aus Navelli gilt als der beste der Welt. Das älteste Schriftstück, das vom Safran und seiner Verwendung berichtet, ist ein ägyptischer Papyrus aus dem 16. Jh. v. Chr.; auch in den minoischen Wandmalereien in Knossos ist er abgebildet. Im Laufe der Jahrhunderte blieb die Safranernte fast unverändert. Heute wie früher wird von Hand gepflückt. Die Familien der 80 ortsansässigen Mitglieder der Genossenschaft Altopiano di Navelli sind zwei Monate im Jahr nur mit dem Safran beschäftigt. Der August dient der Umpflanzung der Zwiebeln, während in der Zeit von Oktober bis November gepflückt und die Narben geerntet werden.

EINKAUFSQUELLEN

Cooperativa Altopiano di Navelli
Via Umberto I - Ortsteil Civitaretenga
67020 Navelli (AQ) ☎ 0862 959163

Antica pasticceria F.lli Nurzia
Piazza del Duomo, 75
67100 L'Aquila ☎ 0862 21002

Kampanien

Wo die süßen, wohlschmeckenden Tomaten aus San Marzano für Saucen und Konserven reifen, die Zwiebeln aus Avella, die Äpfel aus Benevento, der Spargel aus Acerra, Calvano und Fratta, die Salat-Tomaten aus Torre del Greco und Salerno, die Annunziatella-Artischocken aus Castellamare di Stabia, die Trüffeln aus Bagnoli Irpino und die Zitrusfrüchte und Oliven für Öl von der Halbinsel Sorrent – wie können da Käse, Konditor- und Wurstwaren anders sein als wohlschmeckend und verführerisch?

Kampanien ist bekannt für die Kunst seiner Pizzabäcker und für Teigwaren, die in Gragnano und Torre del Greco zwei Zentren haben; überdies jedoch blickt es zurück auf eine tausendjährige bäuerliche Kultur, die mit der Kraft der Sonne – und somit einem auch vom Meer stark beeinflussten Klima – und seinem Wasser dafür sorgt, dass Büffelkühe, Schafe, Schweine und Ziegen ihre Aufgabe bestens erfüllen: Milch und Fleisch zu liefern für Mozzarella, Scamorza, Provolone, Pecorino, Caprino und Schinken, gereift oder geräuchert. Und für *soppressata, capocollo*, Salami und *salsiccia.*

Zwei Wurstspezialitäten, Salami und *salsiccia*, sind nach der Stadt Neapel benannt; letztere jedoch wird – trotz der Herkunftsbezeichnung – rund um Avellino, in Benevento und Nola hergestellt. Kampanischen *capocollo* produziert man fast überall, doch der aus Vico Equense ist etwas Besonderes: Er wird mit lokalem Wein und Kräutern aus den Lattari-Bergen verfeinert und erhält so seine Duft- und Geschmacksnuancen.

Regionale Spezialitäten

Und der Käse? Nun, neben kampanischer Büffel-Mozzarella, in gewissem Sinne das qualitative Aushängeschild der Region, gibt es eine spezielle Mozzarella aus Eboli, ebenfalls aus Büffelmilch, die in Myrte gewickelt wird – einst wegen des leichteren Transports, heute wegen des besonderen Aromas, das dieser Strauch verströmt.

Ebenso einzigartig ist ein weiterer Käse: *burrino in corteccia* (Butterkäse in der Schale), der hier fast überall hergestellt wird; am besten ist der aus Matese (Benevento), aus der Gegend um Avellino (Terminio-Cervialto), von der Sorrenter Halbinsel, aus den Monti Alburni und aus dem Cilento. Dieser *burrino* ist außen schnittfest, ähnlich wie *scamorza*.

Auf diese Art und Weise hielten die Wanderhirten des Südens ihre Butter frisch.

Auch geräucherte *provola affumicata* wird in der Region reichlich hergestellt; am begehrtesten ist jedoch die aus dem Valle del Sele und aus der Provinz Caserta. Verwendet wird die erhitzte Masse aus Büffelmilch, alleine oder mit Kuhmilch gemischt. Das Räuchern während der Reifung verleiht der *provola* ihre bräunliche Farbe und den besonderen, sehr aromatischen Geschmack.

Fisch spielt in Kampanien ebenso eine Rolle. Aus Cetara stammen die *colatura delle alice*, eingesalzene Sardellen, die in Glasbehältern aufbewahrt werden. Sie dienen zum Würzen von Kartoffeln oder Mehlprodukten.

Sonnig und heiter, wie dieser Landstrich und die Menschen hier sind, haben sie auch großartige Konditorwaren zu bieten – beginnend bei der Palette neapolitanischer Naschereien wie *pastiera*, *babà*, *sfogliatelle* und *struffoli*.

Die Provinzen Avellino und Benevento trumpfen mit der Herstellung von *torrone* auf, den sie in diversen Varianten herstellen; eine davon enthält getrocknete Feigen.

Die Halbinsel von Sorrent ist bekannt für eine besondere Leckerei: *follovielli* oder *panicilli*. Dies sind Rouladen aus Rosinen, denen Zitronat oder kandierte Orangen beigefügt werden. Sie umhüllen Zedern-, Orangen- oder Zitronenblätter, die mit Pflanzenfasern zu Rollen gebunden werden.

Der Turm von Capo Conca überragt die Conca dei Marini an der amalfitanischen Küste, die als einer der schönsten Küstenstreifen Italiens gilt.

Kulinarische Ausflüge

1 ***Delikatessen für Kenner: von Avellino bis Battipaglia***
Wurst- und Käsesorten wie *burrino in corteccia*, *polmonata* vom Schwein und Büffel-Mozzarella sind eine wahre Entdeckung.

2 ***Zwischen zwei Golfen: von Gragnano bis Amalfi***
Von Teigwaren, typischen Käsesorten wie *provolone del monaco*, *caprignetti* und Pecorino bis hin zu traditionellen Wurstwaren und Limonenlikör.

3 ***Was Auge und Gaumen begehren: von Benevento bis Neapel (Napoli)***
Neben Geschichte und Kultur erwartet Sie alles, was Ihr Gaumen begehrt, von deliziöser Büffel-Mozzarella bis hin zu einer Palette von Süßem für unverbesserliche Naschkatzen: *torrone*, sagenhafte *sfogliatelle* und duftende *pastiera*. Ganz zu schweigen von den großartigen DOC-Weinen!

Ganz oben
Der imposante Traiansbogen in Benevento ist der am besten erhaltene in ganz Italien.
Oben
Mediterranes Flair: die amalfitanische Küste.
Rechts
Das im 18. Jh. von Luigi Vanvitelli erbaute Königsschloss in Caserta aus der Vogelperspektive.

Route 1

• Ausgangspunkt ist **Avellino**. Der Dom aus dem 13. Jahrhundert und das Museum sind nicht die einzigen Attraktionen: Feinschmecker wird die *polmonata* begeistern, eine Schweinswurst mit Lunge, Fleisch, Herz und Nieren, die der Minestrone Geschmack verleiht. Auch das nahe **Atripalda** (3 km) ist einen Aufenthalt wert. Von hier stammen hochwertiger *caciocavallo* und *burrino in corteccia*, fester Kuhmilchkäse mit Butterkern. Den Wanderhirten, die ihn erfanden, diente dieser Butterkäse, um die Frühjahrsbutter bis in den Herbst frisch zu halten; heute ist er eine Delikatesse für Kenner.

• 34 km trennen Atripalda von **Salerno**: Je nach Ihrem Zeitplan können Sie sich auf die Besichtigung des Doms (der alleine schon sehenswert ist) beschränken oder die Schönheit dieser Stadt entdecken, die bereits im 6. Jh. v. Chr. von Leben erfüllt war.

• Von Salerno geht es nach **Battipaglia** (19 km) auf den Spuren von Büffel-Käse, *stracchino*, Ricotta und klassischer Mozzarella.

Route 2

• Ausgangspunkt ist **Gragnano**: „Nicht nur Pasta", werden Sie sagen, wenn Sie die bezaubernde Kirche Corpus Domini (16. Jh.) erst einmal gesehen haben.

• Von Gragnano bis **Vico Equense**: Ein Katzensprung entfernt liegt ein kulinarisches Paradies, wo kleine Hersteller „große" Produkte erzeugen: *provolone del monaco*, *caprignetti* (Bällchen aus Ziegenkäse, umhüllt von aromatischen Kräutern) und traditionelle Schweinswurst wie *salsiccia* und *salame di Napoli*.

• Nächste Etappe (wenige Minuten entfernt) ist **Sorrent**: Hier erwarten Sie Zitronenlikör (aus den Sorten *Ovale* aus Sorrent und *Sfusato* aus Amalfi) und *noce di Sorrento*, eine der beliebtesten Walnusssorten Italiens.

• Wenige Kilometer trennen Sorrento von **Amalfi** entlang einer Küste, die als

eine der berühmtesten Italiens gilt. Nahebei finden Sie das reizvolle **Cetara** (mit Sardellen in Salz) und pikanten Pecorino.

Route 3

- Ausgangspunkt ist **Benevento**: Versäumen Sie nicht die Kulturstadt (Traiansbogen aus römischer Zeit und das Museo del Sannio), die DOC-Weine (Aglianico del Taburno in Rot und Rosé, weißer Taburno und Coda di Volpe) und den *torrone*. Liebhaber dieser Nascherei finden zirka 30 km weiter, im ganz auf *torrone* eingestellten **San Marco dei Cavoti** traditionelle Hersteller.
- Von Benevento geht es nach **Caserta** (48 km), das mit zweierlei Attraktionen aufwartet: Schloss und Park der Vanvitelli und kampanische Büffel-Mozzarella (exzellent die aus **Mazzoni**, einem kleinen, ehemals sumpfigen Gebiet zwischen **Aversa** und **Capua**).
- Von Caserta bis **Neapel**: 28 km, die im Sommer die roten Reihen der San-Marzano-Tomaten auf den Feldern um **Acerra** flankieren. Piazza del Plebiscito, Königspalast, Castel Nuovo, Blätterteig – *sfogliatelle* und *pastiera* – Kuchen sind Attraktionen ganz im Sinne des Sprichworts: „Neapel sehen und sterben".

Oben
Zitronen, Orangen und Mandarinen wachsen in Kampanien.
Aus den exquisiten Zitronen der Sorrenter Halbinsel wird ein exquisiter Zitronenlikör gewonnen: der Limoncello.

Colatura delle alici di Cetara

AUSSEHEN: *Eingesalzene Sardellen werden in kleinen Glasgefäßen aufbewahrt.*
FARBE: *Bernsteinfarben.*
GESCHMACK: *Stark und würzig.*
VERWENDUNG: *Man verfeinert damit Mehlprodukte, wie Linguine oder Kartoffeln, die mit ihrem ausgeprägten Aroma harmonieren.*
HERKUNFT: *Cetara (Salerno).*

Rechts Gefäße mit eingesalzenen Sardellen. **Unten** Sardellen, der klassische Blaufisch des Mittelmeers, sind ein wertvolles Lebensmittel. **Gegenüberliegende Seite, oben** Blick auf den pittoresken kleinen Hafen von Cetara.

Sardellen sind so allgegenwärtig in der Kultur dieses Landstrichs, dass der Liedermacher Fabrizio De André ihnen das Lied „Le acciughe fanno il pallone" widmete, in dem er poetisch die Sardellenschwärme besingt. Daran erinnert man sich beim Bummel durch den winzigen Hafen von Cetara an der amalfitanischen Küste, ein pittoreskes Örtchen, das Positano, Sorrent oder Amalfi in nichts nachsteht. Hier pflegt man seit eh und je die traditionelle Kunst des Salzens und Konservierens der Sardellen, die die Einheimischen „prosciutto di mare" („Meeresschinken") nennen.
Anders als in Ligurien, Sciacca und Mazara del Vallo pflegt man in Cetara die *colatura*, das „Tropfen". So nennt man die Flüssigkeit, die man beim Auspressen der Sardellen erhält. Diese Tropfen sammelt man in Fläschchen und stellt sie ein Jahr lang in die Sonne; statt des Verschlusses steckte man obenauf ein Sträußchen Oregano.
Zu Weihnachten beschenken sich die Einwohner des Ortes mit diesen Fläschchen – dies sei die beste Methode, um die Freundschaft zu stärken, heißt es.
Das Verfahren zur Gewinnung der *colatura* ist lang und aufwendig. Es beginnt im Mai, dem Monat, in dem die Sardellen am „größten und fettesten" sind, und zieht sich bis in den Dezember hinein. Die Fische werden gesäubert und „geköpft" (wie die Fischer sagen, muss dies sehr nahe am Kopf geschehen); dann kommen sie für zirka zwölf Stunden in einen Zuber voller Wasser

und Salz, um sie komplett ausbluten zu lassen. Nach dieser ersten Phase, der *incruscatura*, schichtet man die Sardellen in Fässer und salzt sie mit grob zerstoßenem, trockenem Meersalz (einst legten die Fischer das Salz vor der Verwendung zum Trocknen auf die Balkone).

Auf die Fässer kommen dann schwere Steine; während der acht Monate, die die Sardellen in trockenen Kellern lagern, um die richtige Reife zu erlangen, wird das Gewicht stetig verringert. Im Dezember werden die Fässer angestochen und die herausrinnende Flüssigkeit (die *colatura*) gesammelt. Sie

wird durch Leinensäckchen gefiltert und in Flaschen gefüllt; so thront sie schließlich auf Cetaras Fensterbrettern im wohltuenden Licht der wärmenden Sonnenstrahlen.

Von links
Ein Fischer im Hafen füllt eine Kiste mit eingesalzenen Sardellen und, daneben, ein Gefäß mit *colatura*.

Gefüllter Chicorée

ZUTATEN FÜR 4 PERSONEN:
- *4 kleine Köpfe Scarola (oder Chicorée) oder 2 mittelgroße Köpfe*
- *6 eingesalzene Sardellenfilets, unter fließendem Wasser gut abgespült*
- *6 Cocktailtomaten* • *6 entsteinte schwarze Gaeta-Oliven*
- *7–8 Stückchen Grana padano (oder pikanter Auricchio)*
- *40 g in Wasser eingeweichte Sultaninen* • *einige getrocknete Walnüsse*
- *40 g Pinienkerne* • *frisch gemahlener Pfeffer* • *Salz*
- *100 ml natives Olivenöl extra* • *1 Knoblauchzehe*

- Scarola waschen und die inneren Blätter vorsichtig öffnen, das Salatherz freilegen.
- Scarola mit Sardellen, Tomaten, Oliven, Grana padano, Sultaninen, Walnüssen und Pinienkernen (alles mit dem Messer zerkleinert) füllen, würzen, dann den Salatkopf mit Küchenzwirn zusammenbinden.
- Die gefüllten Köpfe mit Öl und Knoblauch in einen Bräter geben und einige Minuten anbraten, bis sie eine schöne Farbe bekommen.
- 100 ml Wasser und 1 Prise Salz zugeben und die Scarola zugedeckt 10–12 Minuten schmoren lassen. Nach Belieben verfeinert man das Gericht, indem man etwa 1 Minute vor Ende der Kochzeit einige schwarze Gaeta-Oliven und Cocktailtomaten zugibt.
- Scarola sehr heiß mit dem Kochsud servieren.

EINKAUFSQUELLEN

RISTORANTE ACQUAPAZZA DI CETARA
Corso Garibaldi, 38
84010 Cetara (SA) ☎ *0892 61606*

AZ. DELFINO BATTISTA SRL - *Corso Umberto I*
84010 Cetara (SA) ☎ *089 261069*

Mozzarella di bufala campana

AUSSEHEN: *Traditionell ist Mozzarella rund, Gewicht 200–500 g. Der Teig weist dünne Fasern und keine Hohlräume auf, die Rinde ist zirka einen Millimeter dick.*

FARBE: *Porzellanweiß.*

GESCHMACK: *Süß und frisch.*

VERWENDUNG: *Ganz frisch schmeckt sie exzellent, alleine oder kombiniert mit Tomatenscheiben, Olivenöl und Basilikum (die berühmte „Insalata Caprese"). Auch klassische Pizza Margherita wird mit Mozzarella belegt.*

HERKUNFT: *Das große Herstellungsgebiet umfasst die gesamten Provinzen Caserta und Salerno und einige Orte in den Provinzen Avellino, Frosinone, Rom, Benevento, Neapel und Latina.*

In großem Maßstab wird kampanische Büffel-Mozzarella erst seit dem 17. Jahrhundert hergestellt, erwähnt findet man sie jedoch bereits im 3. Jahrhundert: Die Mönche von San Lorenzo in Capua offerierten sie damals mit Brot den Kapitularsprozessionen, die hierher kamen. Kampanische Büffel-Mozzarella ist ein frischer Brühkäse, seit 1996 ist die Ursprungsbezeichnung geschützt. Heute werden jährlich über 350 000 Doppelzentner davon hergestellt. Der Begriff „Mozzarella" stammt von dem Wort „mozza" ab, dieses wiederum von dem Verb „mozzare" (der Vorgang, mit dem die Käser einst die diversen Käsestücke aus einer großen Masse Brühkäse formten). So ist in alten Dokumente schlicht von „mozza" die Rede.

Die Herstellung folgt einem ganz besonderen Verfahren: Täglich wird die frisch gemolkene Büffelmilch pasteurisiert, angesäuert und mit flüssigem Kalbslab dickgelegt. Es folgen Reifung und Faserbildung.

Diese letzte Phase ist die

Oben
Die ersten Büffel kamen im 16. Jahrhundert nach Italien, doch erst ab 1600 eroberte aus ihrer Milch hergestellte Mozzarella die Tafeln.

Unten
Mozzarella schmeckt frisch am besten und harmoniert insbesondere mit typisch mediterranen Gerichten.

Frittierte Mozzarellabissen

Zutaten für 4 Personen:

400 g Büffelmozzarella (möglichst mindestens einen Tag im Kühlschrank aufbewahren, damit sie fest wird) • 1 großes hausgebackenes Brot, mindestens 2 Tage alt • Mehl zum Bestäuben • 2 Eier • 60 ml Milch • Salz • Öl zum Frittieren

- Mozzarella in 12 gleich große, ca. 1 cm dicke Scheiben schneiden.
- Das altbackene Brot in 24 gleich dicke Scheiben von gleicher Form wie die Mozzarella schneiden, die Rinde mit einem scharfen Messer entfernen.
- Jede Mozzarellascheibe zwischen zwei Brotscheiben legen: Die Tramezzini ringsum, auch an den Seiten, sorgsam mit Mehl bestäuben.
- Eier mit einer Prise Salz und Milch aufschlagen.
- Die mehlbestäubten Tramezzini in die Eimasse legen, einige Minuten darin lassen und umdrehen, so daß sie sich komplett vollsaugen.
- In einer gußeisernen Pfanne reichlich Öl erhitzen.
- Die Tramezzini goldbraun frittieren.
- Abtropfen und auf Küchenkrepp trocknen lassen, heiß servieren.

aufwendigste: Der reife Teig wird in einen Behälter gegeben und mit heißem Wasser überbrüht. Aus dem Wasser herausgenommen, wird der Brühteig gezogen und geschnitten, bis er seine charakteristische Form und Konsistenz annimmt, und einige Minuten ins kalte Wasserbad getaucht. Nach einigen Stunden im Salzbad ist die Mozzarella dann verzehrbereit. Heute ist kampanische Büffel-Mozzarella nicht nur auf europäischen Märkten wie in Frankreich und Deutschland sehr begehrt, sondern insbesondere auch in den Vereinigten Staaten und Japan – Länder, die sie dank der modernen Konservierungs- und Transporttechnologien nur 36–48 Stunden nach der Herstellung nahezu frisch erreicht.

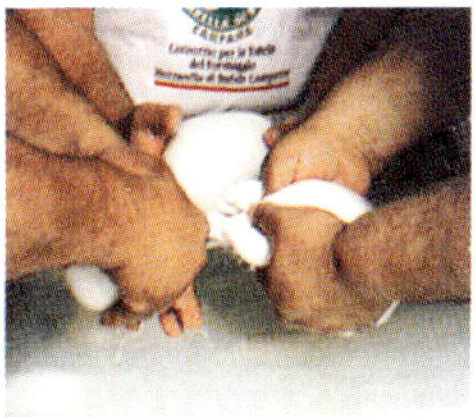

Unten, von links, im Uhrzeigersinn
Die Phasen des Ziehens, des Zusammenschmelzens und Brühens der Käsemassen; und die „mozzatura", das Formen der Mozzarellakugeln von Hand.

Einkaufsquellen

Caseificio M.A.I.L. snc di Domenico Raimondo e Figli
Via Prima parallela Nord Pratole, 1
84090 Montecorvino Pugliano (SA)
0828 51156

Cooperativa Allevatori Bufalini Salernitani - *Via Belvedere*
84091 Battipaglia (SA) *0828 671033*

Caseificio Vannulo - *Via Galilei, 10*
84047 Capaccio (Sa) *0828 724765*

Cons. per la Tutela del Formaggio Mozzarella di Bufala Campana
Viale Carlo III, 128 scala b
81020 S. Nicola la Strada (Ce)
0823 452782

Pasta di Gragnano

AUSSEHEN: *Raue Oberfläche.*
FARBE: *Tendenz zu Strohgelb, nicht glänzend, ähnlich wie Hartweizen.*
GESCHMACK: *Säuerlich-kernig, was dem natürlichen Trocknungsprozess zu verdanken ist.*
VERWENDUNG: *Mit Saucen und Zutaten, die ihre Qualität nicht überdecken, sondern hervorheben.*
HERKUNFT: *Gragnano.*

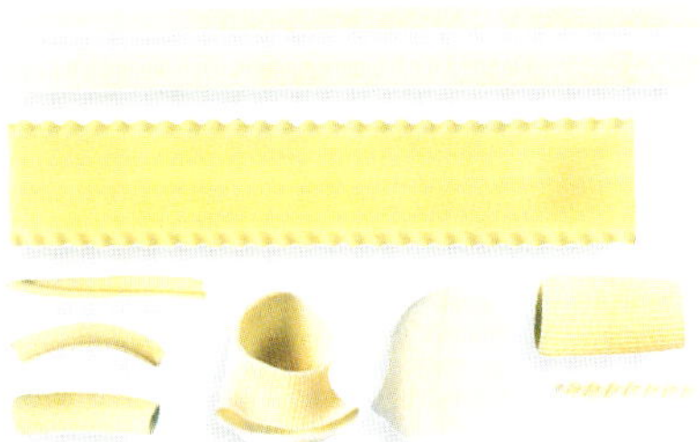

Ganz oben
Der Druck zeigt einen fliegenden Händler und Pasta-Esser in Trachten des 19. Jahrhunderts.
Oben
Einige der zahlreichen Pastasorten aus Gragnano.

Unten
Pasta aus Gragnano ist nicht nur in Italien, sondern vor allem im Ausland – insbesondere in Japan – beliebt.

Am Fuße der Lattari-Berge, einen Katzensprung von Amalfi entfernt, rühmt sich Gragnano von jeher, die „Wiege" der Pasta zu sein. Seit wann ist der Ort ein Synonym für Teigwaren? Sicher ist, dass sich im 19. Jahrhundert 100 Maccheroni-Manufakturen auf die Stadt verteilten, die 7000 Menschen Brot und Arbeit gaben.
Warum werden Teigwaren aus Gragnano derart geschätzt (wenn auch mehr im Ausland als in Italien, allen voran in Japan)? Nun, in den wenigen winzigen Fabriken, die noch tätig sind (Gragnano zählt auch vier oder fünf Pastafabriken industriellen Zuschnitts) kommen den Teigwaren seit altersher drei wesentliche Faktoren zugute: Die Fertigkeiten der Einheimischen, der Hartweizen aus dem Süden und die – dank der Lage des Ortes – leicht feuchte Luft, die das langsame, allmähliche Trocknen ermöglicht. All dies ist ideal für typische Teigwaren aus Gragnano: *Maccheroni, schiaffoni* oder *paccheri,*

Ziti mit Fleischsauce

Zutaten für 4 Personen:
• *25 g Speck oder Schweineschmalz* • *60 ml natives Olivenöl extra* • *350 g Schulter vom Rind* • *200 g Salsiccia vom Schwein* • *80 ml Rotwein* • *250 g geschälte Tomaten* • *150 g Tomatenmark* • *1 Zwiebel* • *1 klein gehackte Knoblauchzehe* • *Salz* • *400 g ganze Ziti* • *4 EL geriebener Grana-Käse*

- Den Speck auf einem Holzbrett fein hacken, bis eine Paste entsteht, und mit 40 ml Olivenöl in einen Topf geben.
- Fleisch und Salsiccia klein schneiden und zugeben, anbräunen lassen.
- Mit Wein ablöschen und verdampfen lassen, anschließend Tomaten und Tomatenmark zugeben.
- Die Zwiebel getrennt im restlichen Öl anbraten und zufügen, klein gehackte Knoblauchzehe unterrühren. Topf abdecken und bei mittlerer Hitze zweieinhalb Stunden köcheln lassen; nach der Hälfte der Garzeit eine Tasse Wasser zugeben.
- Mit Salz abschmecken und gelegentlich umrühren.
- Die Röhrennudeln (Ziti) in zirka 7 cm lange Stücke brechen und in reichlich Salzwasser al dente kochen.
- Abtropfen lassen, mit dem Ragout anrichten und mit reichlich geriebenem Grana bestreut servieren.

Von links
Zum Trocknen bereite Pasta. Das Werbeplakat zeigt den *Maccheroni-Ausrufer.*

millerighe, lumaconi, pennoni rigati, spiralförmige Tortiglioni, Spaghetti (auch ganz lang), *papiri, gigantoni, candele, caserecce* und *lasagna festonata,* um nur einige zu nennen. Nach dem Schneiden des Teigs aus Mehl und Wasser in bronzenen Maschinen hält man sich in Gragnano noch heute – allerdings nur in den Kleinbetrieben – an das traditionelle Trockensystem: Die Pasta wird wie ehedem in alten Öfen bei 60 °C gedörrt. Damit ahmen sie quasi das natürliche Trocknen in der Sonne nach. Anschließend ruhen die Teigwaren mindestens zehn Tage lang.

EINKAUFSQUELLEN

Pastai Gragnanesi Soc. coop. srl
Via della Rocca, 20 - 80054 Gragnano (NA)
081 8012975

Pomodoro San Marzano

AUSSEHEN: *Zweilippige Frucht mit länglicher, ovaler Form; Länge etwa 6–8 cm, ohne Stiel.*
FARBE: *Tiefrot.*
GESCHMACK: *Würzig, intensiv.*
VERWENDUNG: *In der klassischen Tomatensauce, oder roh im Salat.*
HERKUNFT: *Einige Orte in den Provinzen Salerno, Avellino und Neapel.*

Oben
Die Ernte der Tomaten ist mühsam, in den Augen eines Touristen jedoch ein wahres Fest der Farbenfreude.

Unten
Im 16. Jahrhundert aus Amerika importiert, galt die Tomatenstaude als Heilpflanze. Erst ab dem 18. Jahrhundert fand sie in der Küche Verwendung.

Die Verbindung zwischen Tomaten und Kampanien ist relativ neu und einer bizarren Fügung der Geschichte zu verdanken: Von den Spaniern nach der Kolonisierung Amerikas importiert, gelangte der „Goldapfel" im 16. Jahrhundert nach Neapel, galt jedoch bis ins 18. Jahrhundert als nicht genießbare Heilpflanze.

Ihren Einzug in die Küchen verdankt die Tomate dem „Aufklärer" Vincenzo Corrado, Autor des *Cuoco galante* („Galanter Koch", 1765).

Nur bestimmte Tomaten der Sorte San Marzano dürfen die Bezeichnung „San Marzano aus dem Gebiet Sarno-Nocera" führen: Sie werden in einer Region angebaut, die einige Gemeinden der Provinzen Salerno, Avellino und Neapel umfasst. In diesen flachen, vulkanischen Landstrichen, angereichert mit Grundwasserreservoirs und gesegnet mit einem milden Klima finden die Tomaten ideale Bedingungen vor.

Nach den Regeln des DOP-Siegels, das San-Marzano-Tomaten 1996 erhielten, müssen die Früchte von Hand gepflückt werden; der Maximalertrag pro Hektar soll zirka 80 Tonnen betragen (zu viel Hitze und Feuchtigkeit im Juli und August vermindern jedoch die Ernte).

San-Marzano-Tomaten kommen frisch oder verarbeitet in den Han-

Vermicelli mit Tomaten

ZUTATEN FÜR 4 PERSONEN:
• *1 Zwiebel* • *1 Knoblauchzehe* • *50 ml natives Olivenöl extra* • *500 g Tomaten* • *Salz* • *etwas Petersilie* • *10 Basilikumblätter* • *400 g Vermicelli (oder Spaghettini)*

- Zwiebel und Knoblauch hacken, mit dem Öl in eine kleine Kasserolle geben. Beides leicht braun dünsten.
- Dann die filettierten, entkernten Tomaten zugeben.
- Alles gut miteinander vermischen, salzen und abgedeckt köcheln lassen.
- Falls notwendig, einige Löffel Wasser zugeben.
- Wenn die Tomaten gar und zerfallen sind, Petersilie und Basilikumblätter hacken und darüber streuen.
- Vermicelli in reichlich Salzwasser al dente kochen, abgießen und abtropfen lassen. Auf Tellern anrichten und die fertige Sauce darüber geben.

del. 90 Prozent der frischen Früchte werden in Italien verkauft, bei den Konserven vermindert sich der Binnenabsatz auf 40–45 Prozent. Verarbeitete Tomaten werden vor allem in europäische Länder, nach Japan und in die USA exportiert.

Oben, von links
Qualitätskontrolle und das Waschen.
Links
Tomaten kurz vor dem Einfüllen in Konserven. Sie werden nach Größe sortiert.

EINKAUFSQUELLEN

CONS. PER LA TUTELA DEL POMODORO SAN MARZANO - *Via Provinciale, 36 84010 San Valentino Torio (SA)* *081 5187222*

Provolone del monaco

AUSSEHEN: *Birnen-, Flaschen- oder Zylinderform; Gewicht 5–10 kg; Höhe und Durchmesser sind unterschiedlich.*
FARBE: *Der Teig ist cremeweiß, die Rinde goldgelb.*
GESCHMACK: *Süß-delikat oder pikant – je nach Reifegrad.*
VERWENDUNG: *Begleitet von gutem hausgebackenem Brot dient Provolone del monaco als einfacher Snack oder als schnelle, leckere Mahlzeit.*
HERKUNFT: *Der Ort Vico Equense.*

Oben
Die Halbinsel Sorrent mit der Insel Capri am Horizont; im Vordergrund Agerola-Kühe (aus einem Gemälde von Benito Ferraro).
Rechts
Provolone del monaco schmeckt süß oder pikant, je nach Reifegrad; sein Geschmack macht ihn geeignet für kleine Snacks und schnelle Mahlzeiten.

Die einheimischen Bauern mit ihrer tausendjährigen Erfahrung; die Strahlen der Sonne, die diesen Landstrich wie ein treuer Freund jährlich nur für einen kurzen Zeitraum verlassen; der Wasserreichtum und das vom Meer begünstigte Klima – all dies ermöglicht es, dass die Büffel, Schafe, Ziegen und Kühe Kampaniens eine Milch voller Geschmack und Duft liefern, aus der Mozzarella, Sca-

morza, Pecorino, Ziegenkäse und Provola von hoher Qualität hergestellt werden. Provolone del monaco ist jedoch sträflicherweise wenig bekannt. Ursprünglich stammt er von der Halbinsel Sorrent. Er wird in alten Publikationen, Rechtsurkunden und in Dokumenten erwähnt, die vor 400 Jahren verfasst wurden; nicht wenige meinen, der Provolone verdanke seinen Namen der Tatsache, dass er anfangs in einem Konvent von einem „Käsemacher-Mönch" hergestellt worden sei.
Der Mönchskäse wird noch heute von Hand produziert.

Entscheidend für seinen Geschmack ist die Auswahl der Milch, die von besonderen Kühen stammen muss (traditionell wird Milch von Agerola-Kühen verwendet); sie nähren sich von Kräutern wie Thymian, Rosmarin und Bergoregano.
Zwei Tage lang liegt Provolone del monaco in Salzlaken mit verschiedenen Salzkonzentrationen. Der Teig ist kompakt und weich, mit wenigen Sickerrissen.

Oben
Die Käselaibe reifen zwischen drei und 24 Monaten.

Die Rinde ist hart und einen halben Zentimeter dick.
Das wahre Geheimnis dieses Käses ist jedoch die Reifung: Sie verleiht ihm einen süßen oder pikanten Geschmack, je nachdem, ob er drei Monate oder länger (bis zu 24 Monaten) reift.

Oben
Noch heute wird Provolone del monaco von Hand produziert.

EINKAUFSQUELLEN

Caseificio La verde fattoria del Monte Comune - *Via Sala, 24*
80060 Moiano di Vico Equense (NA)
081 8023095

Torrone di Benevento

AUSSEHEN: *Stabform in verschiedenen Größen.*
FARBE: *Weiß, daraus sticht das Braun der Mandeln hervor.*
GESCHMACK: *Der delikate Geschmack der gerösteten Mandeln und der süße Honig verbinden sich harmonisch.*
VERWENDUNG: *Torrone ist eine „Nascherei", von der man sich zu jeder Tages- und Nachtzeit verführen lassen kann.*
HERKUNFT: *Die Herstellung konzentriert sich auf Benevent und einige kleine Orte der gleichnamigen Provinz und der Provinz Avellino, darunter Venticano, Dentecane und San Marco dei Cavoti.*

Die offizielle „Geschichtsschreibung" verzeichnet Datum und Anlass für die Geburt des Torrone: Zur Hochzeit von Francesco Sforza und Bianca Maria Visconti 1441 in Cremona erfanden die Zuckerbäcker des Hauses Visconti eine Nascherei aus Honig, Mandeln und Eiweiß, die den Stadtturm des Herzogtums als Miniatur darstellte; diesen überreichten sie der Braut als Mitgift. Später verbreitete sich die Kunst der Torrone-Herstellung auch in Süditalien, wo die Mandelbäume wachsen – insbesondere im Benevent, in San Marco dei Cavoti, wo Innocenzo dei Cavoti 1891 eine Manufaktur eröffnete, die noch heute von seinen Erben fortgeführt wird. Noch heute stellt man im Benevent Torrone nach den alten Rezepten her: Verwendet werden Honig (ausschließlich Blütenhonig), Eiweiß, Zucker und Mandeln (aus der Region um Bari): Honig und Zucker werden vermengt und mit dem zu Eischnee geschlage-

Oben
Für Torrone mit Schokolade verwendet man Haselnüsse aus Avellino.

Unten
Neben klassischem Torrone mit Honig und Mandeln gibt es heute Variationen aus den verschiedensten Zutaten.

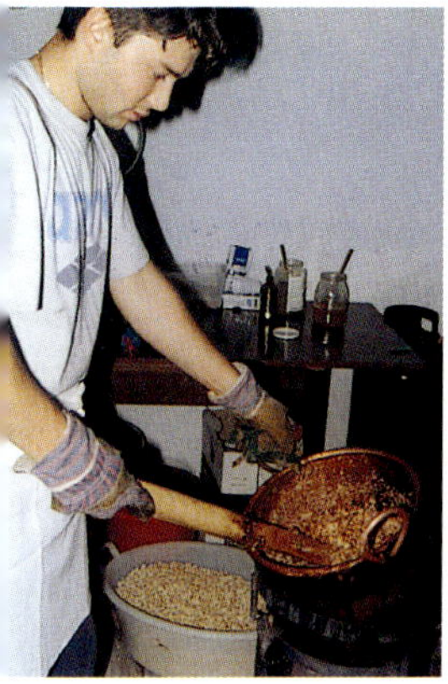

Von links
Der Krokant wird hergestellt.
Der Teig wird mit dem Wellholz ausgerollt.
Unten links
Die Krokantwürfel trocknen in Holzkästen.
Unten rechts
Hier werden die gleichen Krokantwürfel mit Schokolade überzogen.

nen Eiweiß vermischt, bis eine weiße, leichte Masse entsteht, die langsam erwärmt wird. Dann rührt man die gerösteten Mandeln unter und gießt die Masse aus. Sie wird ausgewalzt, in Stangen geschnitten und verpackt. In Kampanien findet man Torrone – oder *copèta* – gewöhnlich auf den Märkten, an den Ständen der

fliegenden Händler, in Form eines großen Blocks. Die *copetari* schneiden davon zum Verkauf mit einem großen Messer Stücke ab und wickeln sie in Ölpapier.
Die Phantasie der Konditoren im Benevent brachte zahlreiche Variationen der Leckerei hervor: Überzogen mit Schokoladenglasur, aromatisiert mit Likör oder Kaffee oder mit dem Zusatz von Nougatschokolade.
Aus dem Benevent stammt heutzutage einer der besten Torroni ganz Italiens. Seine Qualität verdankt er erlesenen Zutaten (Torrone mit Schokolade muss beispielsweise auch eine bestimmte Menge von Haselnüssen aus Avellino enthalten) und der rein handwerklichen Herstellung.

Links
Klassische Torroncini kommen aus dem Kühltunnel.

EINKAUFSQUELLEN

Ditta Anna Borrillo snc
Via Martiri di Bologna, 18
82029 San Marco dei Cavoti (BN)
0824 984939

Ditta Cavalier Innocenzo Borrillo
Via Roma, 64
82029 San Marco dei Cavoti (BN)
0824 984060

Dolciaria Borrillo Antichi Sapori
Piazza Risorgimento, 5
82029 San Marco dei Cavoti (BN)
0824 984096

Strega Alberti Benevento spa
Piazza Colonna - 82100 Benevento
0824 54292

Apulien

„Die Heimat der Oliven" nennen sie einige, andere „das größte Landgut Italiens" oder eine riesige, ausgedehnte „Molkerei".

Diese Bezeichnungen machen deutlich, welche Bedeutung diese „lang gezogene" Region für den italienischen Agrar- und Lebensmittelsektor hat.

Und doch erfassen diese Etiketten nur einen Teil der Produkte aus dieser Region: Zu erwähnen sind überdies die Fische, die Pasta, deren Prototyp *orecchiette* (Öhrchen) sind, und das Fleisch, insbesondere Lamm und Zicklein.

Die extensive Produktion von Artischocken (Apulien ist der größte Artischockenlieferant Europas), Kohl, Broccoletti (Rübenkohl), Rüben, Kopfsalat, Zichorie, Catalogna (einer Zichorienart), Dicken Bohnen (die beiden letzten Produkte vereinen sich in einem schmackhaften, beliebten Gericht: *purè di fave e cicoria*), Endivien, Petersilie, Salbei, Rosmarin, Zwiebeln und Porree bereichern die Regionalküche wesentlich. In vielen Nudelgerichten verbinden sich diese Agrarprodukte mit Pasta (neben den *orecchiette* entstanden phantasievolle Formen der Hartweizen-Teigwaren wie *cavatieddi*, *lagane* und *lanache*), doch sie verfeinern auch Fleisch- und Fischgerichte.

Bedeutend ist auch die Produktion von Fenchel, der die Mahlzeiten als „Digestiv" flankiert, und – insbesondere in den Regionen Apricena, Orta Nova, Torremaggiore, Trinitapoli, Altamura, Gravi-

Regionale Spezialitäten

KÄSE	*Seite*
• ***Canestrato pugliese***	*192*

Burrata aus Andria, Caciocavallo, Cacioricotta, Caciotta, Giuncata, Manteca, Mozzarella, Murgiano primo Sale, Pecorino, Provoline di Bufala, Provolone, Ricotta, Ricotta forte, Scamorza und Scamorzone

WURSTWAREN

Capocollo aus Martina Franca, Salsiccia mit Käse, Salsiccia pugliese, Salsiccia aus Novoli, Soppressata aus Altamura und Martina Franca

VON FELD, WALD & WIESE

• ***Olio extravergine d'oliva Terre di Bari*** — *194*

Broccoletti, Artischocken, Catalogna, Kohl, Zichorie, Zwiebeln, Dicke Bohnen, Fenchel, Endivien, Lampascioni-Zwiebeln, Kopfsalat, Porree, Petersilie, Rüben, Rosmarin und Salbei

VERARBEITETE LEBENSMITTEL

• ***Orecchiette*** — *196*

• ***Pane di Altamura*** — *198*

Artischockencreme, in Öl eingelegtes Gemüse, Fischkonserven, Pasta aus Hartweizen

KONDITORWAREN

Cartellate, Cheppette, Scarcelle

na, Bitritto und Nardò – mit *lampascioni*, schopfblütigen kleinen Zwiebeln, die gesotten oder mit Eiern, Petersilie und Knoblauch fritiert als Beilage gereicht werden. Hoch entwickelt ist die Kunst der in Öl eingelegten Gemüsekonserven, angeführt von den besonders beliebten Auberginen; in der Gegend um Francavilla-Ostuni legt man auch getrocknete Kirschtomaten, Artischockencreme und Paprika in Öl ein.

Die Liste der Käsesorten ist ebenso üppig. *Cacioricotta* aus Martina Franca, Ostuni, Soleto und Foggia wird aus reiner Ziegenmilch oder verschiedenen Milchsorten (Ziege und Kuh) hergestellt; gemeinsam mit Tomaten verfeinert er auch Pastagerichte. Weiter geht es mit weicher, aromatischer Ricotta; mit *ricotta forte* aus Altamura, Martina Franca und Foggia; mit typischen Milchprodukten aus verschiedenen Regionen; mit Mozzarella – als Schleifen oder Zöpfe, in Eiform oder als Häppchen – aus Gioia del Colle, Noci, Sammichele und Altamura; mit Büffelmilch-*provoline* aus Manfredonia und Torremaggiore; mit der bekannten, schmackhaften *burrata* (halb Sahne, halb Mozzarella) aus Andria und Manfredonia. Oder soll es *scamorza* sein, *scamorzone* und *manteca* aus leicht gereifter Mozzarella-Masse? Oder *caciotta*, *caciocavallo* (in Flaschenform) aus Manfredonia, Gioia del Colle und Santeramo; Provolone (*caciocavallo* mit einer Reifezeit von über sechs Monaten); und schließlich Pecorino aus Foggia, Lecce oder Brindisi. Auch eine Rarität gibt es: *giuncata*, einen Frischkäse aus der Provinz Lecce, der, mit Zucker und Espresso verfeinert, als Dessert serviert wird.

Die herrliche „Spiaggia della Purità" in Gallipoli, einem renommierten Badeort an der ionischen Küste Apuliens.

Neben der reichen Käseproduktion bestechen auch erstklassige Wurstwaren – wie *capocollo* aus Martina, *soppressata* aus Altamura und *salsiccia* aus Novoli.

Nicht zu vergessen das köstliche Brot aus Altamura, das hervorragend mit Tomatenscheiben belegt schmeckt. Es ist von erlesener Qualität.

Kulinarische Ausflüge

1 ***Meer und Tafelgebirge: von Bari bis Bisceglie***
Ein Triumph der Konditorwaren, traditioneller Käsesorten, Wurstwaren und Gemüse in Öl, im Schatten von Basiliken und Burgen.

2 ***Das Itria-Tal: von Taranto bis Fasano***
Die Kunst des antiken Griechenlands, mittelalterliche Weiler und gotische Kirchen bilden den Rahmen für tausenderlei natürliche Köstlichkeiten aus Meer, Gemüsegärten, Feldern, Schafställen und Weinbergen.

Ganz oben
Ein stattlicher apulischer Bauernhof aus dem 18. Jahrhundert.
Mitte
Große apulische Opferschale aus dem 3. Jahrhundert v.Chr. (Museum in Bari).
Oben
„askos canosino" aus dem 3. – 2. Jahrhundert v.Chr. (Museum in Bari).

Route 1

• Ausgangspunkt ist **Bari**, wo Sie einen Blick auf die Basilika San Nicola werfen sollten, auf die romanische Kathedrale San Sabino, die Stauferburg (13. Jh.) und die reiche Auswahl an Süßem: zu Weihnachten *cartellate*, Naschwerk in Rosenform, und *cheppette* aus Mandeln und Zucker; zu Ostern die klassische *scarcella*.

• 45 km von Bari entfernt liegt **Altamura** mit der Kathedrale der Assunta aus braunem Stein, der Kirche San Nicolò dei Greci (13. Jh.) und zwei großen Produkten: *orecchiette* (Öhrchen), typisch apulischen Teigwaren, die in Kleinbetrieben noch immer von Hand hergestellt werden, und duftendem, traditionell im Holzofen gebackenem Brot aus Altamura.

• 43 km trennen Altamura von **Corato**. Hier sollten Sie zwei köstliche Käsesorten probieren: den berühmten *canestrato pugliese* DOP und den unbekannteren *murgiano primo sale* aus reiner Schafsmilch, Lab und Salz.

• Die nächste Etappe (zirka 20 km) führt zum Meer

zurück nach **Bisceglie**. Bekannt sind hier das Archäologische Stadtmuseum, das Gemüse in Öl (Zwiebeln, Artischocken, Paprika, Pilze und Auberginen) und Wurstwaren wie *salsiccia pugliese* (Fleisch, Schweineschmalz und Fenchelsamen, und *salsiccia con formaggio* (Schweine- und Kalbfleisch, veredelt mit Parmesan oder Pecorino).

Route 2

- Erste Etappe ist **Taranto**. Ein Muss sind das Nationalmuseum (bedeutend ist die Abteilung mit antiker griechischer Kunst), der Dom San Cataldo aus dem Jahre 1000 und die Trattorien: *orecchiette, parmigiana* (Auberginenauflauf), marinierte und gratinierte Muscheln sind nur einige Leckerbissen, die hier aufgetischt werden.
- Von Taranto geht es nach **Martina Franca** (30 km), um bei einem Schluck Bianco Martina Franca DOC zwei köstliche Erzeugnisse zu kosten: *ricotta forte* (mit Molke von Kuh und Schaf, die bestens zu Teigwaren oder aufs Brot gestrichen schmeckt) und *soppressata*, Sülzwurst (Fett, Keule und Schulter vom Schwein).
- Von Martina Franca aus geht es nur sechs km weit durchs malerische Itria-Tal bis nach **Locorotondo**. Seine Hauptattraktionen sind die gotische Kirche Santa Maria della Greca und der Locorotondo DOC, ein Weißwein mit feinem, fruchtigem Bukett. Ein Abstecher von nur neun km führt nach **Alberobello**, dem Dorf der Trulli (typische Kegelbauten) und des hervorragenden *Olio extravergine d'oliva Terre di Bari*.
- Zehn km von Locorotondo entfernt liegt **Fasano**, wo es exzellente Meereskonserven zu kaufen gibt: marinierte Sardellen, Muscheln und Seehecht-Filets in Öl oder Krake in Essig (in wenig Wasser gekochte Kraken werden mit Öl, Knoblauch und Minzeblättern angemacht und bedeckt in Essig konserviert).

Unten
Die berühmten Trulli aus Alberobello, weiße Häuser mit Kuppeldach.
Ganz unten
Das Kastell in Taranto aus der Vogelperspektive.

Canestrato pugliese

AUSSEHEN: *Die Käselaibe sind zylinderförmig, mit flachen Oberflächen und leicht gewölbtem Rand. Gewicht zwischen 7 und 14 kg.*
FARBE: *Nach drei bis vier Monaten Reifezeit ist der Teig cremefarben; nach einem Jahr Reifung wird er strohgelb.*
GESCHMACK: *Nach einigen Monaten leicht würzig; nach einem Jahr markant und duftend.*
VERWENDUNG: : *Nach kurzer Reifung ist er ein erstklassiger Tafelkäse; der gereifte Käse wird gerieben.*
HERKUNFT: *Die gesamte Provinz Foggia und die Orte Altamura, Andria, Bitonto, Canosa, Cassano, Corato, Gravina di Publia, Grumo Appula, Minervino Murge, Modugno, Poggiorsini, Ruvo di Puglia, Santeramo, Spinazzola, Terlizzi und Toritto in der Provinz Bari.*

Ein rarer Geheimtip ist Canestrato aus Apulien noch immer, obgleich er bereits 1996 von der Europäischen Union mit dem DOP-Siegel ausgezeichnet wurde. Heute wird er von einer einzigen bedeutenden Molkerei hergestellt und daneben von einer Hand voll Züchtern,

Oben
Canestrato wird aus der Milch alter Schafrassen hergestellt, darunter auch Exemplare der seltenen, frei lebenden Altamura-Rasse.
Rechts
Junger Canestrato ist ein erstklassiger Tafelkäse. Der gereifte Käse wird gerieben.

die fast nur für ihren Eigenbedarf produzieren. Canestrato ist ein nicht gekochter Hartkäse aus der Vollmilch alter Schafrassen (in einigen Herden finden sich Exemplare der seltenen Altamura-Rasse), die frei lebend in der gesamten Provinz Foggia und in einigen Orten um Bari weiden; sie werden nur mit Grünfutter und Heu aus dieser Gegend gefüttert. Canestrato entstammt der alten Tradition des apulischen Weidewechsels: Einst zogen die Herden über die Ebene von Foggia bis in die Berge der Abruzzen hinein und kehrten im September nach Apulien zurück. Wurde auch dieser Brauch in den fünfziger Jahren aufgegeben, so erhielt sich doch glücklicherweise die Tradition der Canestrato-Herstellung. Hierbei wird die Milch mit tierischem Lab bei einer Temperatur zwischen 38 und 45 °C dickgelegt. Der fertige Käsebruch kommt in die „canestri" („Körbe"): Typische Formen, die den Käselaiben ihre charakteristische Rauheit verleihen. Daraufhin werden die Käselaibe von Hand gepresst und trocken gesalzen oder in Salzlake eingelegt, worauf sie unterschiedlich lange in kühlen, schwach belüfteten Räumen reifen. Nach drei bis vier Monaten ist der Canestrato bereits ein erstklassiger Tafelkäse: Sein Geschmack ist leicht würzig, der Teig kompakt und elastisch. Diese erste Reifeperiode kann bis zu zehn oder zwölf Monate fortdauern, in denen die Käselaibe regelmäßig mit Olivenöl eingerieben werden. In diesem Zeitraum erreicht der Canestrato den besten Reifegrad für den Verzehr.

Oben
Die Reifezeit des Canestrato kann von drei bis vier Monaten bis zu zehn bis zwölf Monaten dauern.
Unten
Die Käselaibe wiegen zwischen sieben und 14 Kilogramm.

EINKAUFSQUELLEN

Coop. Caseificio Pugliese - *S.S. 98, km 46,5 70033 Corato (BA) ☎ 080 8721453*

Coop. Caseificio Pugliese - *Via Dante, 227 70100 Bari ☎ 080 5243567*

Olio extravergine d'oliva Terre di Bari

Qualitätsmerkmale eines Olivenöls Terre di Bari aus dem Gebiet Bitonto: Ausgepresst mit Mahlstein und Pressmaschine in der Ölmühle Diesse in Bitritto.

FARBE: *Gelb-grün, opalisierend.*

GESCHMACK: *Leicht adstringierend, Artischocken-, Tomaten- und Mandelnuancen. Mittelstarker, bitterer Körper mit Mandelaroma mit einem Quantum Schärfe.*

VERWENDUNG: *Sehr empfehlenswert zum Anrichten von Vorspeisen, Gemüse und Rohkost.*

HERKUNFT: *Bitritto.*

„Terre di Bari" heißt eines der DOP-Olivenöle, die – gemeinsam mit „Daunia", „Colline di Brindisi", „Terre d'Otranto" und „Penisola Salentina" – die charakteristische Olivenölproduktion Apuliens umfassen, der größten Olivenanbau-Region der Welt.

Die Achäer brachten bei ihrer Ankunft an den Küsten Apuliens die Oliven mit; heute spielen sie eine wesentliche Rolle in der Wirtschaft der Region. In den letzten Jahren wurden die Olivenhaine und Ölmühlen verjüngt, modernisiert und rationalisiert, was Qualität und Produktivität steigerte.

Noch in jüngster Vergangenheit wurden zirka vier Fünftel der apulischen Olivenproduktion in den Raffinerien verarbeitet; heute hingegen besteht es zu zirka 50 Prozent aus Olivenöl extra und zu zirka 30 Prozent aus nativem Olivenöl extra. Einige dieser Öle reihen sich gar unter die hochwertigsten Produkte ganz Italiens. „Terre di Bari" ist das wohl bedeutendste DOP-Siegel

Gegenüberliegende Seite, oben
Eine Flasche Olivenöl Terre di Bari.
Unten
Die Griechen führten in der Antike den Olivenanbau in Apulien ein.

Oben
Typische Ölmühle mit Tonnengewölbe im Erdgeschoss des Wohnhauses eines Landguts.
Links
100 Jahre alter Olivenbaum. Die Olivenhaine und Ölmühlen Apuliens wurden kürzlich verjüngt, modernisiert und rationalisiert.

der Region und unterteilt sich in drei geographische Gebiete: Castel del Monte, das unter anderen die Regionen Canosa, Minervino, Barletta, Andria, Corato, Trani, Bisceglie und Altamura umfasst; zu Bitonto gehören neben Bitonto selbst und dem gesamten Gebiet Bari auch Molfetta, Ruvo,

Terlizzi, Bitetto, Acquaviva und andere; Murgia mit seinen Trulli und Grotten erstreckt sich auf zwölf Gemeinden, darunter Alberobello, Putignano und Monopoli.
Mikroklima und Bodenbeschaffenheit wechseln von Gebiet zu Gebiet und bringen eine große Vielzahl von Ölen mit ausgeprägtem Charakter hervor, die sich voneinander durch die verschiedene Intensität in Aroma und Geschmack, der von delikat über mittelstark bis hin zu intensiv reicht, unterscheiden.

EINKAUFSQUELLEN

Frantoio oleario Diesse
Via XXIV Maggio, 54 - 70020 Bitritto (BA)
080 630767

Frantoio oleario Agrigioia
Via Provinciale per Acquaviva, 1707
70023 Gioia del Colle (BA) *080 3484328*

Tenuta Rasciatano - *S.S. 93, km 13*
Ortsteil Rasciatano - 70051 Barletta (BA)
0883 510999

Orecchiette

AUSSEHEN: *Kleine Hütchen mit 2–3 cm Durchmesser, ringsum mit leichtem Rand. Die Außenseite ist wegen des Rollens rau.*
FARBE: *Sie haben die Goldfärbung des Korns.*
GESCHMACK: *Duftend-intensiv, charakteristisch für das Korn.*
VERWENDUNG: *Am bekanntesten ist das Rezept mit Rübensprossen, doch Orecchiette kommen in vielerlei Variationen auf den Tisch. In Altamura beispielsweise mit Cardoncelli, Pilzen, und Salsiccia, oder mit typischem Ragout aus Schweine- und Rindfleisch.*
HERKUNFT: *Die Provinzen Bari, Foggia, Taranto, Brindisi und Lecce.*

Im Sommer 1997 verbreitete sich von Vinadio aus, einer Kleinstadt bei Cuneo, eine dramatische Nachricht: Orecchiette, Öhrchennudeln, seien im Piemont erfunden worden (wo sie *crouset* hießen) und im 16. Jahrhundert von Königin Giovanna d'Angiò nach Apulien mitgenommen worden.
Bis heute jedoch wurden keine Urkunden gefunden, die sicheren Aufschluss über diesen überraschenden Ursprung geben könnten.
Orecchiette sind das Emblem Baris, doch sie sind auch typisch für andere apulische Provinzen: Foggia, Taranto, Brindisi und Lecce. Am bekanntesten sind sie in Verbindung mit Rübensprossen (*cime di rapa*), doch auch mit Blumenkohl und *recotta mazzàdeche*, geriebener Schafsricotta, sind sie hoch geschätzt. Ihr Geheimnis? Nun, es sind die Luft, das Wasser und das Auszugsmehl jenes Landstrichs. Die Zutaten werden kräftig geknetet (das Wasser muss lauwarm und gesalzen sein), bis ein fester, weicher Teig entsteht. Dieser Pastateig wird aufgeteilt und die einzelnen Teile zu fingergroßen, zirka 30 Zentimeter langen „Schlangen" geformt. Der verbliebene Teig wird mit einem feuchten Tuch abgedeckt, um das Austrocknen zu verhindern; dann schneidet man die Teigschlangen mit einem Messer ohne Griff (dem *sfèrre*) in kleine, rund einen Zentimeter große Stücke.

Rechts
Traditionell bereitet man Orecchiette mit Rübensprossen zu, doch diese Pastasorte passt auch wunderbar zu Ricotta, Blumenkohl oder schmackhaftem Fleischragout.

Orecchiette mit Kohlrübenblättern

Zutaten für 4 Personen:
• *500 g Kohlrübenblätter oder Schnittkohl* • *Salz* • *350 g Orecchiette*
• *$^1/_2$ Knoblauchzehe* • *150 ml natives Olivenöl extra* • *2 Sardellen in Salz*
• *Einige EL frisches Tomatenpüree (in der Saison 10 Cocktailtomaten)* • *Cacioricotta zum Bestreuen*

- Rübenblätter waschen, die größeren härteren Blätter in kleine Stücke schneiden.
- Salzwasser zum Kochen bringen und die Kohlrübenblätter hineingeben. Sobald das Wasser erneut aufkocht, die Orecchiette dazugeben und bei niedriger Hitze köcheln.
- Gelegentlich den dicken Schaum von der Oberfläche abschöpfen.
- In der Zwischenzeit den Knoblauch mit Öl in einer großen Pfanne anbräunen.
- Die gewaschenen Sardellen zugeben und weich kochen.
- Wenn die Pasta gar ist, abgießen und abtropfen lassen; Kohlrübenblätter und Orecchiette in die Pfanne mit dem Öl und den Sardellen geben und einige Minuten ziehen lassen.
- Etwas frisches Tomatenpüree (oder die von Hand zerstampften Cocktailtomaten) zugeben und mit Cacioricotta bestreuen.

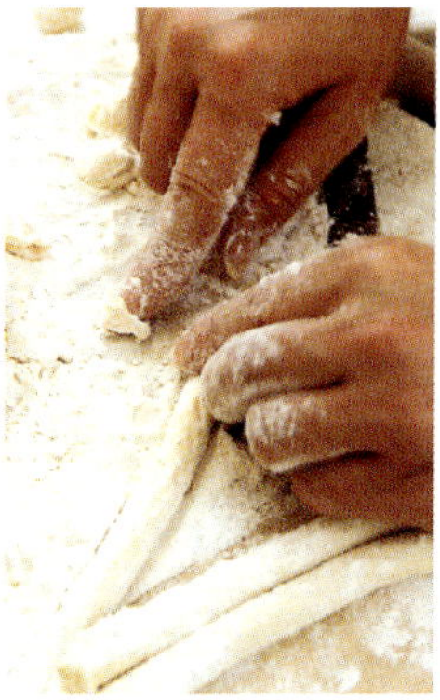

Von links
Für Orecchiette formt man den Pastateig zu langen, dünnen „Schlangen", die man dann in einen Zentimeter lange Stückchen schneidet.
Unten
Die Hütchen werden mit dem Messer modelliert, bis man sie zu Orecchiette geformt hat.

Diese Stückchen werden über das Nudelbrett gerollt und kleine Muscheln geformt, die schließlich gekonnt umgestülpt werden. Die fertigen Orecchiette trocknen an der Luft. Zum Garen gibt man sie einige Minuten lang in kochendes Salzwasser.

EINKAUFSQUELLEN

Pastificio Artigianale Ziccardi snc di Forliano Domenico & Raffaele
Via Treviso, 82a-b - 70022 Altamura (BA)
☎ 080 3114151

Pastificio Marco Ancora
Via Giulio Petroni, 53a-b - 70124 Bari
☎ 080 5575503

L'Angolo della Pasta - *Via Giulio Petroni, 100 70125 Bari ☎ 080 5041211*

Pane di Altamura

AUSSEHEN: *Jeder Brotlaib wiegt 1–3 kg; traditionelle Formen sind das übereinandergeschlagene, seitlich zusammenhängende* skuanète, *oder das niedrige, nicht zusammenhängende* cappidde de prevete.
FARBE: *Die Brotkrume ist strohfarben und von weicher Konsistenz. Die Brotrinde ist bernsteinfarben.*
GESCHMACK: *Angenehm und duftend.*
VERWENDUNG: *Frisches Brot genießt man am besten mit Tomatenscheiben oder apulischen Oliven, die seinen exzellenten Geschmack hervorheben. Altbackenes Brot wird zu Suppe verarbeitet, einem besonderen Gericht mit Cocktailtomaten, Sellerie, Oliven und Petersilie und dünnen Brotscheiben.*
HERKUNFT: *Altamura.*

Oben
Hartweizen von erlesener Qualität liefert das Auszugsmehl für Brot aus Altamura.

Unten
Frisches Brot aus Altamura schmeckt köstlich mit Tomatenscheiben oder apulischen Oliven.
Aus altbackenem Brot bereitet man *cialda* zu.

In Altamura ist das Brotbacken eine Kunst, eine Art roter Faden, der Vergangenheit und Gegenwart, Heiliges und Profanes eint. Einst wurde der Brotteig zu Hause gefertigt und geknetet und dann in öffentlichen Holzöfen gebacken. Konsistenz und Formen waren verschieden; es gab zahlreiche Sorten: *skuanète*, das klassische Brot in Form eines breitkrempigen Hutes, und *puene muedde* (weiches Brot), das auf den Feldern gegessen wurde; *peccelatidde*, das dazu diente, die Kinder beim Warten auf das fertige *skuanète* ruhig zu halten. Dann gab es *cappidde de prevete* (das „Priesterhut-Brot"); *fecazzedde de la Maculete* (Brot der Immacolata), das einzige, was am 7. Dezember, dem Vorabend des Festes der Unbefleckten Empfängnis, gegessen werden durfte; und *panedde de Sand' Andonie* (Sankt-Antonius-Brot) zum Fest des Hl. Antonius von Padua, des Hl. Josef und der Hl. Anna, der Schutzheiligen der Bäcker.

Die zwölf zum Schutzkonsortium gehörenden Backstuben (und die der übrigen 25 Bäcker in der Stadt) produzieren dieses Brot noch heute nach alten Verfahren. Brot aus Altamura wird wie einst aus Mutterhefe und doppelt gemahlenem Auszugsmehl von Hartweizen erster Qualität hergestellt; damals wie heute backt man es ausschließlich im Holzofen. Mit seinem intensiven Aroma und der braunen, knusprigen Kruste verlockt Brot aus Altamura dazu hineinzubeißen.
Täglich werden davon zirka 650 Doppelzentner (80 Prozent der Produktion in Altamura) hergestellt; 20 Prozent davon gehen in Altamura über die Theken, der Rest verlässt das apulische Städtchen jeden Abend um sieben und erreicht um fünf Uhr am nächsten Morgen die Läden in den großen italienischen Städten.

***Cialledda* (Brotsuppe)**

ZUTATEN FÜR 4 PERSONEN:
• 1 Zwiebel • 10 nicht allzu reife Tomaten • 4 Knoblauchzehen • 100 ml natives Olivenöl extra • Salz • altbackene Scheiben Altamura-Brot • Oregano • 1 Bund Petersilie

- 1,5 l Wasser zum Kochen bringen und Zwiebel, in grobe Scheiben geschnittene Tomaten und zerhackten Knoblauch zufügen.
- Mit reichlich nativem Olivenöl extra abschmecken und salzen.
- Garen lassen, bis die Zwiebel zerkocht ist.
- Die Brotscheiben in tiefe Teller (oder Suppenschüsseln aus Keramik) schichten, jede Brotschicht mit Oregano oder Petersilie bestreuen.
- Gemüsesuppe darüber gießen und sofort servieren.
- Einige Hausfrauen verfeinern die *cialledda* mit anderen Zutaten - wie fleischig-grünen Rübenspitzen oder einem Ei, Kartoffeln, Oliven oder anderem Gemüse.
- Es gibt auch eine „kalte“ Version der cialledda: Altbackene Brotscheiben werden fächerförmig in einen Teller gelegt, in Wasser (Raumtemperatur) eingeweicht und mit den gleichen Zutaten wie bei der normalen Version angerichtet.

Von links
Die Zubereitung des Brotteigs und ein moderner Holzofen mit indirekter Beheizung, in dem das Brot gebacken wird.
Unten
Pane aus Altamura frisch aus dem Ofen.

EINKAUFSQUELLEN

PANIFICIO BISCOTTIFICIO LA MAGGIORE
Via Matera, 180 - 70022 Altamura (BA)
080 3112357

PANIFICIO - *Via Vitrani, 52/b 70051 Barletta (BA) 0883 5329484*

NUNZIO NINIVAGGI - *Via Torino, 36 70022 Altamura (BA) 080 3143526*

Basilikata

Diese Region ist zwar nicht sehr groß, darf jedoch nicht vernachlässigt werden. Ihre Landschaften und die Naturschönheiten sind ebenso bemerkenswert wie die Spuren, die die Geschichte in eindrucksvollen Monumenten hinterließ; und, natürlich, die Agrarprodukte. Einige Elemente verweisen auf eine gastronomische Tradition, die zumindest respektabel, wenn nicht gar außergewöhnlich ist.

Nomen est Omen: Die Basilikata wird auch Lucania genannt. Von diesem Terminus stammt etymologisch das Wort *„lucanica"* ab, wie seit der Antike bis heute die *salsiccia* genannt wird.

Nicht zufällig wird in dieser Region die beliebte *salsiccia* aus Bella-Muro (Potenza) aus den edlen Teilen des Schweins hergestellt und mit Fenchelsamen gewürzt; von hier stammen auch die *salsiccia* aus Cancellara (Potenza) und *pezzenta* vom Fuß des Vulkans Vulture.

Die Wurstwaren sind breit gefächert: Neben *soppressata* aus Lagonegro werden auch *vecchiredda* und *ventresca* aus Picerno hergestellt.

Doch nicht nur die Salsiccia hat eine große Vergangenheit. Eines der bedeutendsten Zentren der Käseherstellung ist Moliterno in der Provinz Potenza. Nun, der Name dieses Ortes soll vom lateinischen „mulctrum" herrühren, das von „mulgere", „melken", abstammt; dies wurde zu „mulcternum", oder „Ort, wo Milch verarbeitet wird". Doch hierin erschöpfen sich keineswegs die zahlreichen historischen Bezüge, die in dieser Region zu finden sind. In der Gegend von Rotonda, Provinz Potenza, birgt eine Grotte Felsmalereien. Sie stellen eine Podolico-Kuh dar, eine alte Rasse, die ursprünglich aus Kleinasien

Regionale Spezialitäten

stammt. Die Nachkommen der Podolico-Kühe leben heute wild oder halbwild in der Basilikata; sie ernähren sich von Gräsern, Pflanzen, Malven, Wacholder, Blaubeeren, wilden Erdbeeren und Hundsrosen. All diese Pflanzen wachsen auf den Lichtungen des mittleren und südlichen Apennins.

Diese Ernährungsweise, die sich im Laufe der Zeit nicht verändert hat, verleiht der Milch der Podolico-Kühe bis heute eine ganz besondere geschmackliche und organische Qualität. In der Provinz Potenza, in Pescopagano, Atella, Forenza und San Fele, auf den Bergen Lifoi und in Ferrandina, in der Provinz Matera, liefert diese einzigartige Milch, gemeinsam mit der Kunst der Kästehersteller, noch heute einen *caciocavallo*, der als der König der festen süditalienischen Kuhmilchkäse gilt.

Außerordentlich ist auch ein weiteres Produkt dieses Landstrichs: Pecorino aus Filiano, der ausschließlich aus der Milch der edlen Schafsrasse Puglia hergestellt wird – und zwar in den Gemeinden Filiano, Rionero del Vulture, Pescopagano, Castelgrande, Avigliano und Ripacandida.

Man bekommt ihn halbjung (dann wird er nach 30 bis 60 Tagen Reifung angeschnitten) oder über vier Monat lang ausgereift.

Eine besondere Spezialität der Basilikata verbindet die Kunst der Käse- und Wurstherstellung: *copreccata* gefüllt mit köstlichem Butterkäse.

Rivello erreicht man über eine Straße, die sich die Berghänge hinaufwindet. Das Landschaftsbild dominiert der Monte Sirino.

Kulinarische Ausflüge

Kulinarisches und Archäologisches: von Matera bis Moliterno

Ein Land mit sagenhaften Käsesorten wie *burrino* und *cacioricotta* und Wurstwaren wie *salsiccia* aus Cancellara oder *capocollo* und *pancetta* aus der Basilikata.

Route 1

- Erste Etappe ist **Matera**. Besuchen Sie den Dom (13. Jh.) und die berühmten Sassi, eine alte Wohnsiedlung, die in natürliche Grotten hineingebaut wurde: ein UNESCO-Weltkulturerbe.
- Aus Matera führt Sie eine lange Fahrt (ca. 90 km) nach **Cancellara**: Kosten Sie die typische *salsiccia* aus Cancellara. Ihren Geschmack verdankt sie der Beigabe von Peperoncino und wildem Fenchelsamen.
- Von Cancelara aus geht es 30 km durch eine wilde, erosionsgeprägte Landschaft nach **Filiano**, einem wahren Mekka für Käse. Die hiesige Produktion ist von hohem Niveau: Verpassen Sie nicht den mit *soppressata* gefüllten Butterkäse (in eine dünne Butterschicht gehüllte Sülzwurst in einem leichten Mantel aus festem Kuhmilchkäse), *cacioricotta* (aus der Milch diverser

Ganz oben
Der Flügelaltar in San Chirico Raparo in Potenza soll von Solario und seinen Schülern stammen.
Oben
Göttin auf dem Thron, Magna Grecia (5. Jh. v.Chr. Archäologisches Museum, Potenza).
Rechts
Griechische Keramik aus dem 4. Jh. v.Chr. (Archäologische Oberintendanz, Potenza).

tenes Fleisch und Schweinefett, gesalzen, mit süßem oder scharfem roten Peperoncino).

• Von Picerno geht es nach **Moliterno** (80 km), wo sich ein Besuch der Burg

Links
Sassi heißt einer der beiden alten Stadtteile von Matera; die Grottenhäuser sind großteils in die Tuffsteinwand einer Kluft gehauen.

Ziegenrassen), Pecorino aus Filiano (Käse mit angenehmem, markantem Aroma aus Schafsmilch, der die Milch diverser Ziegenrassen zugegeben wird).

• Hinter Filiano (35 km) liegt **Potenza**: Durch die elegante Via Pretoria, auf der die Einheimischen abends gerne flanieren, erreichen Sie die alte Kirche San Francesco (1274). Hochinteressant auch das Archäologische Museum, das Fundstücke aus Lukanien von prähistorischer Zeit bis zu den Römern birgt.

• Wenige Minuten nur trennen Potenza von **Picerno**, das bekannt ist für die Wurstwaren seiner Metzger: *capocollo* und *pancetta* aus der Basilikata, Produkte, die man in Varianten auch anderswo in Italien findet, doch vor allem *salsiccia lucana* (mageres, klein geschnit-

(12. Jh.) und einiger Bauwerke von besonderer Architektur lohnt – wie die mittelalterliche Chiesa Madre und die Kirche Santa Croce (17. Jh.).

Oben
Überreste des dorischen Tempels (6. Jh. v.Chr) in Metaponto.
Unten
Kastell Tramontano, Matera.

Casieddu

AUSSEHEN: *Runde Käselaibe mit 8–9 cm Durchmesser. Fester Teig mit kleinen Löchern.*
FARBE: *Der Teig ist milchweiß.*
GESCHMACK: *Süß-salzig, delikat aromatisiert. Casieddu wird mit frischer Bergmelisse gewürzt.*
VERWENDUNG: *Am besten genießt man ihn naturbelassen und beträufelt ihn höchstens mit etwas nativem Olivenöl extra.*
HERKUNFT: *Der Ort Moliterno (Potenza).*

Oben
Die Milch für Casieddu liefern Ziegen; sie wird in zwei Melkgängen in den Monaten Juli bis September gewonnen.

Unten
Casieddu wird mit Bergmelisse aromatisiert. Das minzähnliche Kraut taucht man einige Minuten lang in die Milch.

Dort, wo die Provinzen Kampanien, Kalabrien und Basilikata aufeinander treffen, liegt 900 Meter über dem Meeresspiegel der Ort Moliterno mit seinen 500 Einwohnern. Seit dem Mittelalter stellt man hier traditionell Käse her, dessen Prototypen Pecorino und Casieddu sind. Über den Ursprung des

Casieddu gibt es keine sicheren Quellen. Man nimmt an, dass er als Variante zur *cacioricotta* entstand, einem typischen Käse des apulisch-lukanischen Apennins. Hergestellt wird er ausschließlich in den Monaten Juli bis September aus Schafsmilch von zwei Melkgängen. Man filtert ihn mit Farnblättern und aromatisiert ihn darauf mit

Bergmelisse (das minzähnliche Kraut wird in Säckchen verpackt und zieht einige Minuten lang in der Milch). Anschließend wird die Milch in einen Kupferkessel – im Dialekt *caccavo* – gegossen und einige Minuten lang auf 90 °C erhitzt; dann lässt man sie wieder bis auf 38 °C abkühlen und lässt sie mit festem Ziegenlab gerinnen. Die dickgelegte Masse wird daraufhin mit dem klassischen *scuopolo*, einem Holzstab, so lange zerkleinert, bis der Käsebruch die Größe eines Reiskorns hat. Darauf wird er mit den Händen aus dem Kessel geholt und zu Kugeln geformt. Dann wird der Casieddu in Farnblätter gewickelt, deren Enden man mit Ginsterstengeln abbindet.

Links
Die in zwei Melkgängen gewonnene Ziegenmilch wird auf eine Temperatur von 90 °C erhitzt.
Unten
Der Milch wird Lab zugegeben; die Temperatur hält eine Kühlschlange konstant.
Unten, von links
Der Käsebruch wird mit dem *scuopolo* zerkleinert, die Käsemasse herausgenommen und von Hand geformt.

Den fertigen Käse genießt man vorzugsweise frisch. Der Teig ist fest und weist teils kleine Löcher auf.

EINKAUFSQUELLEN

Az. agricola in Conversione biologica Santoro Maria - *Bezirk Fiumara*
85047 Moliterno (PZ) ✆ *0975 67035*

Pecorino di Moliterno

AUSSEHEN: *Zylindrische Laibe mit flachen Oberflächen, Gewicht 1–8 kg.*
FARBE: *Weißer Teig.*
GESCHMACK: *Er hat die typische Würze der Schafs- und Ziegenkäse, deren Intensität mit verlängerter Reifezeit zunimmt.*
VERWENDUNG: *Eine Hand voll geriebener Pecorino ist unverzichtbarer Begleiter zu Teigwaren aller Art, vor allem zu den Spezialitäten Moliternos.*
HERKUNFT: *Der Käse reift ausschließlich in der Gemeinde Moliterno heran.*

Oben
Dieser Käse enthält rund 60 Prozent Schafsmilch, der Rest besteht aus Ziegen- und Kuhmilch.
Unten
Mit fortschreitender Reife gewinnt der Pecorino an Würze.

Gegenüberliegende Seite oben
Die Käsemasse wird aus dem Kochtiegel herausgenommen.
Gegenüberliegende Seite unten
Hier wird die Käsemasse zerbröckelt und in der Form gepresst, um die Molke herauslaufen zu lassen.

„Zur Winterszeit stellte man in Moliterno Käse aus Schafsmilch von der Küste her, fett und butterreich; im Sommer hingegen den aus den Bergen, weniger fett, doch aromatischer. Der erste, hoch geschätzte Käse wurde exportiert; den zweiten, ebenso von guter Qualität, doch weniger geschätzt, teilten sich Erzeuger, Bauern und die Schäfer, die die Herden hüteten." Mit diesen Worten beschrieb der Historiker Giacomo Racioppi den berühmten Pecorino aus Moliterno.

Hergestellt aus der Milch von Schafen (60 Prozent), Ziegen (20 Prozent) und Podolica-Kühen (20 Prozent), zeichnet sich dieser Pecorino durch seinen kompakten, weichen, fetten Teig aus.

Hergestellt wird er aus Rohmilch, die bei einer Temperatur von zirka 37 °C mit Zickleinlab dickgelegt wird, das jeder Erzeuger selbst herstellt.

In einen Weidenkorb ge-

Cauzuni (Ravioli mit klassischer Sauce)

ZUTATEN FÜR 4 PERSONEN:
• 1 kg Mehl • 5 Eier • 500 g Ricotta • gehackte Petersilie • Salz oder Zucker (nach Geschmack) • Schweinekotelett • Hammel- oder Hühnerbrust • Schweineschmalz • Tomatenmark • geriebener Pecorino

- Mehl mit 4 Eiern vermischen, bis ein homogener, kompakter Teig entsteht. Mit dem Wellholz gut zu einem dünnen Teig ausrollen.
- In je ca. 7 cm Abstand voneinander auf der Hälfte des Teigs kleine Mengen Füllung verteilen, für die Ricotta mit einem Ei, Petersilie und Salz oder Zucker vermengt wurde.
- Die frei gebliebene Teigplatte darüberklappen und mit einer Form oder einem Glas von ca. 7 cm Durchmesser Teigkreise um die Füllung ausstechen.
- Die Sauce getrennt zubereiten: Das gewählte Fleisch kleinhacken und in etwas Schweineschmalz anbraten.
- Dann Tomatenmark und Salz zugeben. Bei niedriger Hitze mindestens 2 Stunden köcheln lassen.
- Wenn die Sauce fertig ist, die Ravioli in reichlich Wasser al dente garen; mit der klassischen Sauce und einer guten Hand voll geriebenem Pecorino aus Moliterno anrichten.

packt und trocken gesalzen kommt der Käse ins *fondaco*, ein aus zwei oder drei Räumen mit weitläufigen Arkaden bestehendes Lager im Erdgeschoss mit abschüssigem Boden,

um die Salzlake abfließen zu lassen.

Nach der ersten, dreiwöchigen Einsalzphase kommt der Käse in einen zweiten Raum, wo er mit Bimsstein geglättet wird und weiter reifen kann.

Bis vor rund 80 Jahren deckten sich die Einwohner Moliternos in der Piana di Sibari und im Metapontino mit frischem Pecorino ein und transportierten ihn auf dem Rücken ihrer Maulesel nach Moliterno, wo er gesalzen wurde, reifte und dann verkauft wurde – nicht nur in die großen Städte Italiens, sondern auch nach Buenos Aires, Rio de Janeiro und New York, wo zahlreiche Emigranten aus der Basilikata lebten. Damals produzierte man in Moliterno einige 1000 Tonnen Pecorino. Heutzutage reduziert sich dies auf 200–300 Doppelzentner.

EINKAUFSQUELLEN

AZ. AGRICOLA IN CONVERSIONE BIOLOGICA SANTORO MARIA - *Bezirk Fiumara*
85047 Moliterno (PZ) ☎ *0975 67035*

Kalabrien

„Wenn ein Kalabrese um Peperoncino bittet und ihn andächtig zeremoniell auf sämtliche Gerichte streut, vollzieht er nicht nur eine kulinarische Handlung: Er gedenkt auf diese Weise der Geschichte und Kultur seiner Region; er berichtet von alten Entsagungen und neuen Eroberungen; von einem alten Hunger und traditionellen Utopien vom Essen, von dem Verlangen nach Überfluss."

So schreibt Vito Teti, Dozent an der Universität von Kalabrien. Peperoncino bildet, gemeinsam mit Kartoffeln, Tomaten (exzellent sind die aus Belmonte), Bohnen, Kürbis, Peperoni und roten Zwiebeln (bekannt sind die aus Tropea; es gibt zwei Sorten: die runde *tonda* und die lange *lungo*) die Basis der kalabresischen Küche.

Doch damit nicht genug: Peperoncino (oder roter Pfeffer) würzt sämtliche haltbaren Produkte aus Kleinbetrieben oder von privaten Erzeugern – wie eingelegte Auberginen, Pilze, Oliven und Tomaten, und auch zwei kulinarische Spezialitäten der Region: *'nduja* vom Schwein und *rosamarina* (oder Kaviar aus Crucoli).

Der Begriff *'nduja* stammt vom französischen *andouille* ab. So heißt eine gereifte, pikante Streichwurst, weich und scharf, aus der Provinz Vibo Valentia.

Hergestellt wird sie aus erlesenem Schweinefleisch, das von Hand durch einen Fleischwolf mit kleinen Löchern gedreht wird, zusammen mit Peperoncino und rotem Pfeffer. Die Fleischmasse wird in Naturdärme abgefüllt, wo sie über ein Jahr lang haltbar ist. *'nduja* wird auf Brot gestrichen oder mit Pasta verspeist.

Rosamarina entsprang der Phantasie der Kalabresen; sie heißt auch *mustica*, *novellame* oder „Armenkaviar" (*caviale dei poveri*) und ist ein Fischprodukt aus Gegenden wie Trebisacce, Aman-

Regionale Spezialitäten

VON FELD, WALD & WIESE

Zwiebeln aus Tropea, Bohnen, Pilze, Kartoffeln, Peperoncino, Paprika, Tomaten aus Belmonte, Kürbis

VERARBEITETE LEBENSMITTEL

Bottarga, Tunfisch in Öl, Rosamarina (oder Mustica), Auberginen-Konserven, Eingelegte Pilze, Oliven und Tomaten.

KONDITORWAREN

Gefüllte Feigen, Torrone

tea, Rossano, Cariati, Mirto, Cirò und Crucoli.
Es handelt sich um eine rote Paste, zu der Baby-Fische (winzige, wenige Zentimeter große Fischlein) verarbeitet werden; es können Sardinen sein, Sprotten oder Sardellen. Mit Salz und rotem Pfeffer gibt es sie in süßer oder scharfer Version. Die Fischpaste wurde früher in Tonbehältern aufbewahrt; heute verwendet man Glas oder Plastik. *Rosamarina* oder Armenkaviar genießt man als Vorspeise auf Brot oder mit Pasta.

Die Fischverarbeitung scheint in Kalabrien verbreitet zu sein: Die Kunst der Herstellung von Tunfisch in Öl ist ebenso verbreitet wie die von *bottarga* in der Umgegend von Malerato, Vibo Valentia und vor allem Pizzo Calabro. Es gibt genug Küste direkt vor der Haustür und der Fischreichtum ist entsprechend groß. Nicht vergessen werden dürfen auch die Fische der Binnenseen.

Aus den dichten Wäldern der Sila-Hochebene und aus dem Pollino-Massiv stammen hoch geschätzte Pilze, aus Camigliatello und den Orten rundum *capocolli*, Salami und *salsiccie*.

Nicht weniger renommiert, insbesondere rund um Amantea und Belmonte, ist die Verarbeitung der sonnengetrockneten Feigen aus den Hügeln des Cosentino. Die Trockenfrüchte werden von Hand verarbeitet: Geöffnet und mit Mandeln, Zitronat und Orangeat gefüllt, mit gemahlenem Zimt und Nelken gewürzt; so kommen sie in den Ofen, werden in Zöpfe oder kleine Kronen gebunden, als blätterumhüllte Bälle mit Binsen eingewickelt, oder auch – in der verbreitetsten Form – als *crocetta* (in Kreuzform) angeboten.

Die raue Landschaft rund um den Arvo-See auf der Sila-Hochebene, ein an Forellen reiches Gewässer

Naschen Sie auch von den Feigen aus dem Ofen mit einer Füllung aus Haselnuss-, Kaffee- oder Mandelcreme, oder mit Schokolade oder Kaffee überzogenen Feigen. König der hiesigen Leckereien ist jedoch der *torrone*: Man bekommt ihn das ganze Jahr über gefroren in wunderschönen Farben, mit Zitronat, Orangeat und kandierten Mandarinen; der aus Taurianova wird mit Vanille und Zimt aromatisiert.

Kulinarische Ausflüge

1 ***Kunst aus Stein und Käse: von Catanzaro nach Drapia***

Die Heimat roter Zwiebeln, des *provole* und der *'nduja* verbindet die Meisterwerke der Kunst und der Künstler, die Pferd und Reiter aus Käse modellieren.

2 ***Meisterhafte Wurstwaren und intakte Natur: von Mormanno nach Cosenza***

Von der intakten Schönheit des Pollino-Bergmassivs führt die Entdeckungsreise zu Herstellern und leckeren Wurstspezialitäten wie *soppressata*, *spianata* und *salsiccia* aus Acri; und zu rarem Käse, wie Pecorino *degli albanesi*.

Ganz oben
Die Raganello-Schluchten im Pollino-Massiv.
Oben
Die raue Landschaft des Aspromonte-Gebirges bei San Luca.
Unten
Ein künstlicher Staudamm schuf den Lago Passante zwischen den Anhöhen der Sila Piccola.

Route 1

• Ausgangspunkt ist **Catanzaro**, eine Stadt, die den Bedürfnissen des Geistes (Museo Provinciale und die Kirchen del Rosario und San Domenico) ebenso viel zu bieten hat wie denen der Sinne: Die reichhaltige Gastronomie verwöhnt den Gaumen mit *murseddu* (Lamm- und Schweineinnereien) und *mustica* (sonnengetrocknete, in Öl eingelegte Baby-Sardellen).

• Zirka 40 km entfernt ist **Carlopoli**, wohin ein kleiner Umweg führt: auf der Suche nach *animaletti di provola*, festem Käse aus Kuhmilch, aus dem die Meister Ritter in mittalterlicher Rüstung oder Pferde samt Reiter formen, und nach *provola silana* (ähnelt dem *caciocavallo*, wird jedoch frisch verspeist).

• Von Carlopoli aus sind es zirka 80 km bis **Tropea**, der Perle der kalabresischen Küste: Sehenswert sind die Kathedrale im romanisch-normannischen Stil, die Kirchen San Francesco und der Annunziata und die berühmten roten Zwiebeln (Fest im Juli). Die beiden Varianten, die runde *tonda* und die lange *lunga*, sind von einmalig süßem Geschmack und besonderer Färbung: innen weiß, außen ins Lila spielend.

• Sechs km Straße führen von Tropea nach **Drapia** mit den typischen Schweinswürsten, *capocollo calabrese* und *'nduja*. Letztere ist vermutlich ein Relikt ehemaliger Besatzer.

Route 2

• Ausgangspunkt ist **Mormanno**, eine „gastronautische" Etappe für Freunde leckerer Genüsse und intakter Natur. Im Inneren des Nationalparks des Pollino-Massivs hat Mormanno eine bemerkenswerte Produktion von Schweinswürsten aufzuweisen, wie *soppressata*, Sülzwurst, kalabrische *spianata* (unverwechselbar die platte Form) und Schinken.

• Von Mormanno aus führt eine Panoramastraße über rund 50 km bis **Spezzano Albanese**, einem Agrarzentrum im Esaro-Tal, das im 15. Jahrhundert albanische Flüchtlinge gründeten: Mit ein wenig

Glück ergattern Sie den köstlichen Pecorino *degli albanesi*, den die Hirten nur noch für den Eigenverbrauch herstellen.

• Zirka 45 km sind es von Spezzano bis **Acri**. Leckerbissen sind hier *cotiche sotto sale* (Schwarte in Salz), *scarafogli* (dicke Brühe aus Kopf- und Fußteilen und Knochen hiesiger Schweine, die lange köchelt; das abgekühlte Schmalz schneidet man in kleine Teile und verspeist es auf Brotscheiben) und *salsiccia* aus Acri (Schulter, Filet und Keule vom Schwein, von Hand grob gehackt, mit Salz, Pfeffer und Peperoncino gewürzt und in Schweinedarm gefüllt. Sie wird in Öl oder Schmalz konserviert).

• Von Acri bis **Cosenza** fährt man zirka 35 km. Zu bewundern sind dort der Dom aus dem 12./13. Jahrhundert, die Kirche San Francesco und der *caciocavallo silano*, ein Meisterwerk der Käseherstellung.

Unten
Auberginenförmige Flasche, ein typisches Produkt örtlicher Handwerker.

Oben
Kalabresischer Zitrushain. Aus Kalabrien wird Bergamotte in alle Welt exportiert: Aus der Zitrusfrucht gewinnt man die Essenz.

Caciocavallo silano

AUSSEHEN: *Üblicherweise sind die Käselaibe oval oder spindelförmig, mit kleinem Kopf oder ohne; Gewicht zwischen 1 und 2,5 kg; Höhe 20 – 24 cm, Durchmesser 14 – 20 cm.*
FARBE: *Der Teig ist goldgelb, die Rinde strohgelb.*
GESCHMACK: *: Süß, bei mittlerem Reifegrad butterartig, in fortgeschrittenem Reifestadium eher pikant.*
VERWENDUNG: *Erstklassiger Tafelkäse, in der Küche verwendet man ihn paniert und fritiert, im Ofen gegart oder vom Grill.*
HERKUNFT: *Das Produktionsgebiet verteilt sich wie die Flecken auf Leopardenfell überwiegend entlang des südlichen Apenninrückens bis über die Grenzen Kalabriens, der Basilikata, Kampaniens, des Molise und Apuliens.*

Oben
Um ein Kilogramm Caciocavallo herzustellen, benötigt man zehn Liter Milch.

Unten
Je nach Reifegrad schmeckt Caciocavallo süß oder pikant.

„Du wirst noch enden wie der *caciocavallo*!" Dieses geflügelte Wort aus dem neapolitanischen Dialekt vermittelt eine Vorstellung davon, wie dieser Käse aussieht. Wer diese Drohung äußert, hofft nämlich, den derart Geschmähten an einem aufrecht stehenden Pfahl baumeln zu sehen, mit einer um den Hals gewundenen Schnur – genau wie den Caciocavallo.
Der halbharte, gebrühte DOP-Käse besteht aus der Milch von Kühen verschiedener Rassen aus Regionen der Basilikata, Kalabriens, Kampaniens, des Molise und Apuliens. Sein Ursprung reicht derart weit zurück,

dass er zu den Produkten zählt, die „aus grauer Vorzeit" stammen. Caciocavallo silano mit seinem Fettanteil von mindestens 38 Prozent erkennt man an Qualitäts-

Appetithappen mit Caciocavallo

Zutaten für 4 Personen:
* *24 kleine Würfel Caciocavallo silano* * *24 Cocktailtomaten*
* *2 Eier* * *Salz und Pfeffer* * *grobes Paniermehl*
* *100 ml natives Olivenöl extra zum Fritieren*

- Den Caciocavallo silano in zirka 1 cm große Würfel schneiden; Cocktailtomaten waschen und trocknen, in Hälften schneiden und entkernen.
- Caciocavallo-Würfel in die Tomatenhälften drücken, die gefüllten Hälften auf lange Holzspieße stecken (mindestens 3 pro Spieß).
- Die Eier mit einer Prise Salz und etwas schwarzem Pfeffer in einer Schüssel verrühren.
- Die Spieße in der Eimasse und dann in Paniermehl wälzen.
- Spieße in reichlich heißem Olivenöl fritieren und sofort als Vorspeise servieren.

merkmalen wie dem halbfesten, gebrühten, kompakten Teig mit ganz leichter Löcherung (nach langer Reifezeit wird der Teig mürbe und bröckelig). Die Rinde ist hart, glatt, dünn und glänzend.
Die Milch steht mindestens 15 Tage lang, bevor sie mit festem Kalbs- oder Zickleinlab eingedickt wird. Hieran schließt sich die Reifungsphase mit der Milchvergärung, die vier bis zehn Stunden und darüber hinaus dauert – je nach Säuregehalt der Milch, Temperatur und Menge der verarbeiteten Käsemasse. Diese wird in heißem Wasser gebrüht und – noch heute von Hand – in Formen gefüllt, wobei die Masse kräftig geknetet wird, bis die Außenflächen

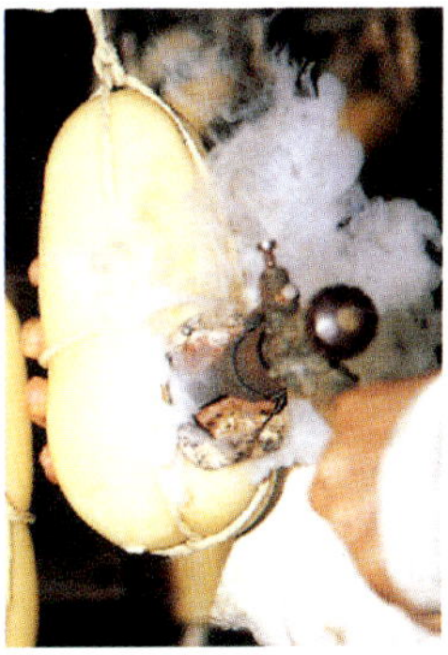

glatt und das Innere ohne Hohlräume sind. Die fertigen Käselaibe werden ins Salzbad getaucht und reifen anschließend zwei Wochen bis einige Monate lang.
Heute stellt man Caciocavallo das ganze Jahr über her, doch einstmals, als es auf der Sila-Hochebene noch keine festen Stallungen gab, wurde er einzig im Frühjahr und Sommer in den Holzhütten der *vaccarizzi*, der Almhirten, produziert. Er musste so gut wie möglich konserviert werden und diente das ganze Jahr über als Lebensmittelvorrat.

Oben links
Der fertige Caciocavallo wird für die Reifung paarweise zusammengebunden.
Links
Das Siegel wird in die Käselaibe eingebrannt.

EINKAUFSQUELLEN

Agrolimentare Assolac - *Via degli Stadi, 90 87100 Cosenza* ☎ *0984 482406*

Piano della Spina Società cooperativa srl *Ortsteil Piano della Spina 85020 Filiano (PZ)* ☎ *0971 808500*

Caseificio F.lli Gallo - *Via Filaro 84033 Montesano sulla Marcellana (SA)* ☎ *0975 863212*

Caseificio Sassano - *Contrada Macere 86019 Vinchiaturo (CB)* ☎ *0874 34544 // 340010*

Coop. Allevatori Putignano *Strada comunale Pozzo Priore nc 70017 Putignano (BA)* ☎ *080 4054455*

Soppressata e capocollo di Calabria

AUSSEHEN: *Capocollo: Gewicht 3,5 bis 4,5 kg mit einer äußeren Fettschicht von einigen Millimetern, die für die Zartheit der gereiften Salami sorgt; zylindrische Form. Soppressata: Zylindrische, leicht platte Form mit 15 cm Länge und zirka 6 cm Durchmesser.*

FARBE: *Capocollo: Beim Anschneiden tiefrot mit Fettstreifen. Soppressata: Beim Anschneiden einheitlich natürliches Rot oder tiefrot, je nachdem, ob schwarzer oder roter Pfeffer verwendet wurde.*

GESCHMACK: *Capocollo: Delikat, mit fortschreitender Reife verfeinert er sich. Soppressata: Mehr oder weniger pikant, mit ausgewogener Würze.*

VERWENDUNG: *Besonders geeignet als Vorspeise oder als Fleischgang. Köstlich auch für den kleinen Hunger.*

HERKUNFT: *Die gesamte Region Kalabrien.*

Von der griechischen Kolonisation bis heute spannt sich eine zweitausendjährige Tradition: Der Ausdruck „aus Kalabrien" lässt Freunden feiner Wurstwaren das Wasser im Munde zusammenlaufen. Selbst Giacomo Casanova, ein Meister des guten Geschmacks, berichtet in seinen Memoiren, dass er während einer Reise durch Kalabrien Gast an der Tafel des Bischofs Francescantonio Cavalcanti war und dort in den herrlichsten Wurstwaren schwelgte, die er jemals zu kosten bekam. Die Qualität dieser Wurstwaren erkannte auch die

Europäische Union an und verlieh Soppressata und Capocollo im Dezember 1997 die geschützte Ursprungsbezeichnung. Wurstwaren mit dem Siegel „di Calabria" müssen aus Fleisch von Schweinen hergestellt sein, die ausschließlich in Kalabrien nach traditioneller Art gezüchtet und verarbeitet werden.

Soppressata ist für den Kalabresen die Salami par excellence. Die Wurst reift in Schweinedärmen; sie besteht aus dem Fleisch von Keule, Schulter und Rückenspeck der Schweine. Das mittelgrob gehackte Fleisch würzt man mit Salz, schwarzen Pfefferkörnern oder süßem oder pikantem rotem Pfeffer; die Masse wird dann in die Därme eingefüllt und gut „gepresst", trocknet einige Tage lang und reift anschließend mindestens weitere 45 Tage.

Capocollo besteht aus dem oberen Teil der ausgelösten Lende. Die einzelnen Stücke werden einheitlich geformt und anschließend trocken gesalzen, was vier bis acht Tage dauern kann. Daraufhin werden sie gewaschen, in Essig getaucht, mit schwarzen Pfefferkörnern bestreut, in Häute eingerollt und von Hand verschnürt. Nach mindestens 100 Tagen Reifezeit ist der Capocollo reif zum Anschnitt.

Gegenüberliegende Seite oben
Soppressata besteht aus Keulen- und Schulterfleisch und Rückenspeck vom Schwein; sie ist mehr oder weniger pikant.
Unten
Capocollo und Soppressata sind köstlich als Snack, Vorspeise oder Fleischgang.

Oben
Roter Pfeffer oder auch Peperoncini verleihen der Soppressata Aroma. Capocollo würzt nur schwarzer Pfeffer.
Links
Die Reifezeit für Soppressata dauert mindestens 45 Tage, für Capocollo mindestens 100 Tage.

EINKAUFSQUELLEN

Cooperativa CoZAC - *Piano Lago*
Zona Industriale - 87050 Figline Vegliaturo (CS)
☎ *0984 969079*

Sizilien

Neben Sizilien selbst sorgen auch die Satelliteninseln dafür, dass diese Region einen reichen Schatz an bemerkenswerten, vielseitigen Düften und Genüssen bereit hält. Die Insel Pantelleria produziert nicht nur exzellenten Wein und ebenso hervorragendes Olivenöl: Vor allem wachsen dort Kapern, die als die besten Italiens gelten. Auch Salina und Lipari leben von Anbau und Verarbeitung der Kapern: Sie prägen das Gesicht Siziliens.

Auf Favignana, der größten Ägadischen Insel, und auf Lampedusa wird Tunfisch verarbeitet; seine Eier liefern nach langer Verarbeitungs- und Reifezeit die getrocknete *bottarga*. Tunfisch wird auch

in Öl eingelegt; auf die gleiche Weise stellt man *ventresca* (Bauchfleisch) her. Auch die Innereien werden weitgehend verwendet: Lunge und Herz, aber auch das an den Gräten haftende Fleisch *(ficazza)* werden zu Konserven verarbeitet, die in der Küche auf die unterschiedlichste Weise verarbeitet werden. Vor allem Herz und *ficazza* vom Tunfisch, in dünne Streifen geschnitten und mariniert in sizilianischem Olivenöl aus Castelvetrano oder aus dem Belice-Tal (in diesen beiden Landstrichen wachsen Olivenbäume am besten) sind köstliche Begleiter zu Bruschetta, Crostini und den bekannten Tomaten aus Pachino.
Auf Lampedusa hat man sich nicht nur auf Tunfisch und *bottarga* spezialisiert, sondern

Regionale Spezialitäten

auch auf die Verarbeitung anderer Fische: Von Makrelen über Degenfisch und Adlerfisch bis hin zu Sardinen und *palamito* (Bonito).
Im Inneren Siziliens gibt es weitere kulinarische Entdeckungen zu machen. Sant' Angelo di Brolo beispielsweise wartet mit der gleichnamigen Salami auf, in Chiaromonte Gulfi dreht sich alles ums Schwein – mit einem wahrhaft einzigartigen Produkt, *gelatina* vom Schwein. Diese Salami besteht aus erlesenem, magerem Fleisch, das anderswo zum Schinken reift. Auch die *soppressata* ist eine Kostprobe wert. Vielleicht lassen Sie sich auch von der typischen *suzu* verführen: eine Mischung aus Kalbs- und Schweinefüßen, Schweineschwarte und gekochtem Rindfleisch, die mit Essig, Peperoncini, Lorbeer und Zitrone gewürzt wird.
Rund um Ragusa wird ein exzellenter *caciocavallo* hergestellt, der nach der Stadt *ragusano* heißt; aus den Gegenden um Enna und Piazza Armerina stammt der *piacentino*, ein Käse, der nicht nur mit Pfeffer, sondern – gelegentlich – auch mit Safran verfeinert wird. Einige Orte in den Provinzen Trapani, Agrigento und Palermo produzieren noch heute einen festen Käse aus der Milch der Schafe, die im Valle del Belice grasen: den *vastedda*. Es gibt ihn jedoch kaum noch zu kaufen.
Die berühmten sizilianischen *cannoli* (gefüllte Röllchen) und die beliebte Eistorte *cassata* bezeugen die Kunst sizilianischer Zuckerbäcker, die in einigen Gegenden – wie der Grafschaft Modica und rund um Noto – noch deutlich spanische und arabische Einflüsse zeigt. Dies schmeckt man in der *cubbaita* (oder *giuggiolena*), einem weichen Torrone mit Mandeln, Honig und Sesamsamen.
Die Mandeln aus Avola und Noto und Pistazien aus Bronte bereichern nicht nur die Konditorwaren Siziliens, sondern – wie man ruhig behaupten kann – ganz Italiens.

Üppig blüht im Frühjahr die Natur rund um die Ruinen von Selinunte.

Kulinarische Ausflüge

1 ***Die „Via dei Dolci": von Syrakus nach Chiaramonte Gulfi***

Nach einer Aufführung im berühmten Theater von Syrakus geht es auf die „Straße der Süßigkeiten" mit Köstlichkeiten, die ein Vermächtnis der Spanier sind.

2 ***Das Reich der Schweine: von Enna bis Sant'Angelo di Brolo***

Zwischen mittelalterlichen Burgen und Kathedralen entdeckt man unverhofft das Reich der Schweine: von *'u supprissato* aus Nicosia zum *budello origanato*, vom Wildschweinschinken zur Salami aus Sant'Angelo.

Route 1

• Ausgangspunkt ist **Syrakus**, eine zauberhafte, vom Golf umschlossene Stadt. Besichtigen Sie das eindrucksvolle griechische Theater aus dem 5. Jahrhundert und das herrliche römische Amphitheater aus dem 3. Jahrhundert v. Chr.

• Aus Syrakus führt eine bequeme Straße 32 km bis nach **Noto**, wo Sie das elegante Rathaus von 1700 erwartet – und eine reichhaltige Auswahl an Süßwaren, deren Königin die Mandelcreme ist (nur Mandeln aus dem 9 km entfernten **Avola** werden dafür verwendet).

• 45 km weiter auf der so genannten „Via dei Dolci" liegt **Modica** mit seiner berühmten Schokolade. Spuren der spanischen Tradition finden sich in den *mpanatigghi*, einem Mürbteiggebäck mit einer Füllung aus Schokolade, Kalb- oder Rindfleisch, Mandeln, Zimt und Aromen.

• Von Modica bis **Ragusa**: 15 km geht es das Irminio-Tal entlang bis in die Altstadt von Ragusa Ibla. Nutzen Sie die Rast und kosten Sie frische Schafsricotta und *tuma siciliana*.

• Nach weiteren 17 km erreicht man von Ragusa aus **Chiaramonte Gulfi**, das metaphorische Schlaraffenland, wo die Metzgerskunst wahre Triumphe feiert: Salami, *salsiccia* und der typische *suzu* (Kalbs- und Schweinefüße, Schweineschwarte und gekochtes Rindfleisch mit Essig, Peperoncini, Lorbeer und Zitrone, entbeint, gepresst und in Gläser abgefüllt. Er wird sofort verspeist oder eine Zeit lang aufbewahrt).

Oben
Imposant thront die Chiesa Madre über den Häusern von Petralia Soprana, einer alten Festung erst der Römer, dann der Araber.
Unten
Weidende Rinder an den Hängen der Madonie.

Route 2

- Ausgangspunkt ist **Enna**. Hier sind das Lombardische Kastell, eine bedeutende mittelalterliche Feste aus der Stauferzeit, zu besichtigen, der Dom von 1300 und die Kirchen San Benedetto und San Francesco.
- Von Enna geht es nach **Nicosia** (zirka 48 km), einer alten Sikulerstadt. Bekannt sind die Kirche Santa Maria Maggiore, die Kathedrale San Nicola (14. Jh.) und die meisterhaften Wurstwaren vom Schwein: *salsiccia, suppissato di Nicosia* und *budello origanato*, Schweineinnereien mit Salz und Oregano, die nach drei bis vier Monaten Reifezeit roh oder gekocht verspeist werden.
- Ein langes Stück Wegs (zirka 100 km) führt bis nach **Alcara Li Fusi** inmitten der Nebrodi-Berge. Kosten Sie hier unbedingt den Schinken von frei laufenden Schweinen und *'u suppissato*, Halsstück oder Filet vom Schwein mit diversen Aromen (wie Fenchel und Peperoncino), mit Holzstäben gepresst und in Därme gefüllt.
- Fahren Sie von Alcara weiter nach **Sant'Angelo di Brolo** (zirka 55 km) und kosten Sie die gleichnamige *salami*: Das traditionsgemäß zerkleinerte Fleisch wird mit Salz und halbkörnigem Pfeffer gewürzt.

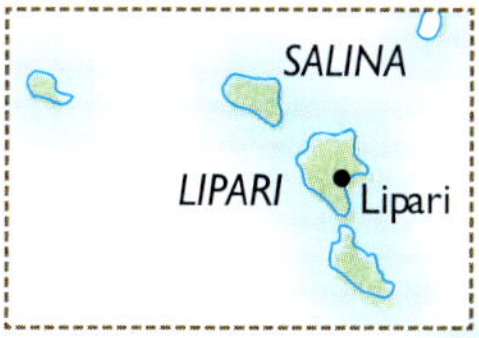

Links
Jagd auf Wild, römisches Mosaik; Villa del Casale an der Piazza Armerina.
Unten
Siziliens Zitrusfrüchte werden in die ganze Welt exportiert.
Ganz unten
Blick auf Calascibetta, eine alte Normannenstadt, die die Araber befestigten.

Cappero di Pantelleria

AUSSEHEN: *Die fleischige* Capparis spinosa *erreicht eine Höhe zwischen 30 und 50 cm.*
FARBE: *Die Pflanze ist tiefgrün.*
GESCHMACK: *Sehr intensiv, wie auch der Duft.*
VERWENDUNG: *Die Möglichkeiten sind unbegrenzt. Man kann damit Saucen verfeinern, Fischgerichte (wie zum Beispiel Schwertfisch aus dem Ofen), Pastagerichte und vieles mehr.*
HERKUNFT: *Die Insel Pantelleria.*

Oben
Eine Kapernpflanzung am Strand von Campobello auf Pantelleria.
Rechts
Kapernblüten haben zarte weiß-rosafarbene Blüten und violette Blütenstempel.
Unten
Eine Konservierungsmethode ist das Einsalzen.

Wer im Juli über die Insel Pantelleria schlendert, dessen Auge kann sich an den herrlichen Blüten zahlloser Pflänzchen erfreuen. Es sind Kapern (*Capparis spinosa*): Leider heißt jede Blüte, die sich hier entfaltet, dass man auf die Kapernernte verzichtet hat.
Schon die Bibel erwähnt diese Früchte in *Ekklesiastes* als ein Symbol der Kraft; die Hofdamen Athens verwendeten sie als Kosmetik, während die Klassiker von Plinius bis Apicius ihre kulinarischen Qualitäten rühmten. Kapern aus Pantelleria sind exzellent: Teurer als die türkischen oder nordafrikanischen, rechtfertigt der bessere Geschmack diese Preisdifferenz. Zuzuschreiben ist dies insbesondere der Konservierung in Trockensalz, die die Kapern fester werden lässt als die in Salzlake konservierten Konkurrenzprodukte.

Schwertfisch-Rouladen

ZUTATEN FÜR 4 PERSONEN:
* *500 g dünnes Schwertfischfilet* * *120 g Paniermehl* * *30 g geriebener Pecorino*
* *eine Hand voll Kapern* * *eine Hand voll entsteinte grüne Oliven*
* *1 EL gehackte Petersilie* * *1 EL Tomatenpüree* * *3 EL natives Olivenöl extra*
* *Salz* * *1 scharfe Chilischote* * *1 Zwiebel* * *1 Zweig Lorbeerblätter*
* *Saft einer Zitrone* * *1 Knoblauchzehe* * *eine Prise Oregano*

* Schwertfischfilet dünsten, anschließend das Fleisch in dünne Scheiben teilen.
* In einer Schüssel Paniermehl, geriebenen Käse, Kapern, Oliven, gehackte Petersilie und Tomatenpüree mischen.
* Olivenöl darüber gießen, Salz und gehackte Chilischote zugeben. Alles gut verrühren und auf die Schwertfischfilets verteilen.
* Die Filets wie Rouladen aufrollen und abwechselnd mit rohen Zwiebelscheiben und Lorbeerblättern auf die Spieße stecken.
* Die Spieße grillen, gelegentlich mit einigen EL *salmoriglio* übergießen (Marinade aus Öl, heißem Wasser und Zitronensaft, in einer kleinen Schüssel im Wasserbad mit der Gabel gut vermischt).
* Salzen und pfeffern; Knoblauch, Oregano und Petersilie zugeben, fünf Minuten garen lassen.
* Die Rouladen servieren, dazu *salmoriglio* separat reichen.

Die Kapernpflanze geht eine perfekte Symbiose mit der zweiten Ressource der Insel ein: den Zibibbo-Weinreben. Die nicht erblühten Knospen werden von Mai bis August geerntet, jede Pflanze kann jährlich bis zu fünf Kilogramm Kapern tragen. Nach der Ernte ziehen die Kapern mindestens acht Tage lang in Meersalz. Danach tropfen sie noch zweimal ab und werden neu gesalzen, so dass Duft und Geschmack sich entfalten können. Experten raten, Kapern in Salz oder in Öl zu konservieren – nicht jedoch in Essig, der ihren Eigengeschmack überdeckt.

Links
Alle drei bis vier Tage geht der Bauer von Pflanze zu Pflanze und sammelt die Knospen ein.
Unten
Kapern sind nicht die Früchte der Pflanze, sondern die noch nicht erblühten Knospen.

Für jede Kapergröße gibt es einen eigenen Namen: *puntina* heißen die ganz kleinen, *capperi* die mittelgroßen und *capperoni* die größten Früchte.

EINKAUFSQUELLEN

COOP. AGR. PRODUTTORI DI CAPPERI
Bezirk Scauri basso
91017 Pantelleria (TP) ☎ *0923 916079*

Cioccolata di Modica

AUSSEHEN: *Schokolade aus Modica wird in Tafeln verkauft, die außen glänzend und innen körnig sind. Dies verdanken sie dem Umstand, dass sich durch die Verarbeitung im Rohzustand die Zuckerkristalle nicht auflösen.*
FARBE: *Tiefbraun.*
GESCHMACK: *Der Geschmack des Zuckers und der Schokolade schmecken deutlich heraus, ebenso das Aroma von Vanille und Zimt, die die Mischung traditionsgemäß verfeinern.*
VERWENDUNG: *Insbesondere für Trinkschokolade, die in Tassen mit Keksen gereicht wird, oder auch in Schokoladentafeln, die mit Brot gegessen werden.*
HERKUNFT: *Modica, Provinz Ragusa, in der Antica Dolceria Bonajuto.*

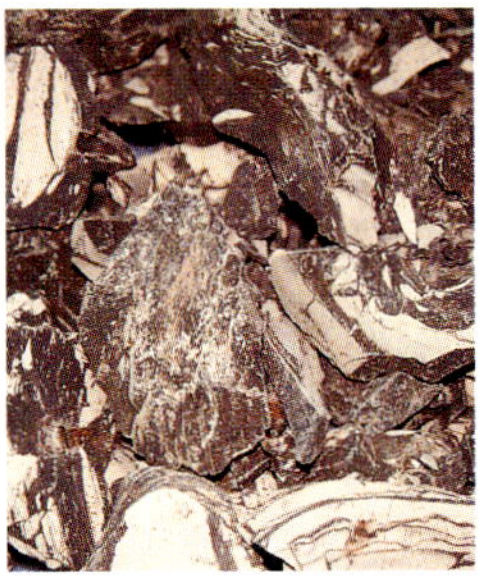

Oben links
Wichtigste Zutat für Schokolade ist der Kakao.
Daneben
Hier erhält sie ihre Form.

Unten
Giacomo Casanova stimmte sich mit Schokolade, vermutlich mit ein wenig Chili, auf seine galanten Abenteuer ein.

Schokolade aus Modica blickt auf eine altehrwürdige Tradition zurück, die über die Zeiten hinweg die Grafschaft Modica mit Spanien und der mittelamerikanischen Kultur der Azteken, der Ureinwohner Mexikos, vereint. Leonarda Sciascia schreibt in seiner *Contea di Modica*, dass jeder, der sie kostet, meint, den Inbegriff, das Absolute erreicht zu haben: Er ist überzeugt, Schokolade von anderswo – und sei sie noch so berühmt – sei nur eine Verfälschung, eine schlechte Nachahmung. Bei der Erforschung der Neuen Welt trafen die Spanier auf eine große Vielzahl gänzlich neuer, unbekannter Lebensmittel, die sie geschwind in Europa einführten. Darunter war auch *xocoàtl*, ein Produkt, das die Ureinwohner aus Kakaosamen gewannen

und das nicht nur Kraft und Stärke verlieh: Sein Genuss war gleichbedeutend mit Reichtum und Wohlstand.

'Mpanatigghi (Pikantes Mürbeteiggebäck)

Zutaten für 6 Personen:
Für die Füllung:
- *200 g Rückenstück vom Rind* • *200 g Schokolade aus Modica mit Zimt*
- *50 g geröstete Mandeln* • *400 g Zucker*
- *2 Eier* • *einige Nelkenblüten*

Für den Mürbeteig:
- *600 g Mehl* • *150 g Schweineschmalz* • *150 g Eigelb*
- *3 Eier* • *50 g Thymianhonig*

- Das Rückenstück gut garen.
- In der Zwischenzeit die Schokolade schmelzen.
- Das Fleisch hacken und flüssige Schokolade, gehackte Mandeln, Zucker, Eier und Nelkenblüten zugeben.
- Den Mürbeteig zubereiten, indem die Zutaten rasch verknetet werden.
- Den Teig einige Stunden ruhen lassen, dann auf dem Nudelbrett ausrollen und Kreise ausstechen.
- Mit der Füllung farcieren und halbmondförmig zusammenklappen, die Ränder gut zusammendrücken.
- Das Gebäck 20–30 Minuten im Ofen backen.

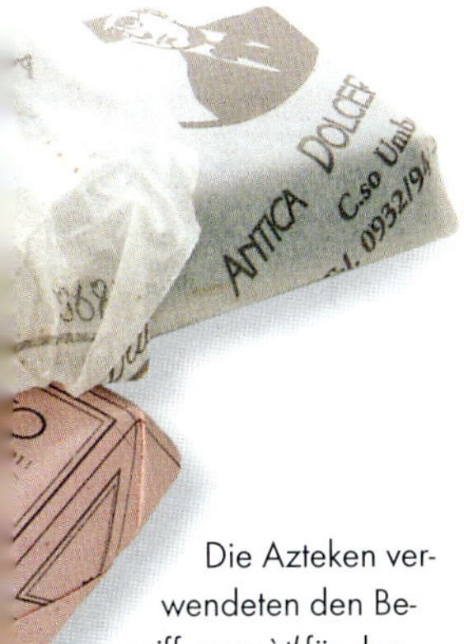

Die Azteken verwendeten den Begriff *xocoàtl* für das Getränk ebenso wie für das feste Erzeugnis. Der Italiener nennt das erste „cioccolata", das zweite hingegen „cioccolato". Diese Unterscheidung führt auf Bruder Bernardino de Sahagùn zurück, der das feste Produkt in Form kleiner Zigarren „cioccolato" nannte. Die Azteken gewannen es, indem sie Kakaosamen mit einem steinernen Wellholz auf dem *mtatl* mahlten, einem gekrümmten Stein, der auf zwei Querfüßen ruhte. Das Kakaomehl mischten sie mit gekochtem Maisbrei. All dies wurde auf dem *mtatl* ausgerollt, bis die Kakaobutter die Masse gehärtet hatte.
Als die Spanier Sizilien beherrschten, führten sie auf der Insel das Herstellungsverfahren für Schokolade ein. Dieser Technik huldigt man noch heute in der Antica Dolceria Bonajuto in Modica, wo Verfahren, Geräte und Zutaten (Vanille, Zimt und natürlich Kakao) bis heute unverändert blieben. Angeblich war dies das Rezept, mit dem sich Casanova auf seine Abenteuer einstimmte.

Ganz oben
Phasen der Schokoladenherstellung: Das Trocknen und Kühlen.
Oben
Zwei Schokoladentafeln verlocken zum Anbeißen.

EINKAUFSQUELLEN

Antica Dolceria Bonajuto di Franco Ruta - *Corso Umberto I, 159 97015 Modica (RG)* ✆ *0932 941225*

Crema di mandorle di Noto

AUSSEHEN: *Cremig.*
FARBE: *Perlmuttweiß.*
GESCHMACK: *Delikat-aromatisch, mit einem Bouquet, das an Blütenduft erinnert.*
VERWENDUNG: *Es gibt tausenderlei Möglichkeiten. Manch einer nascht sie einfach löffelweise aus dem Topf.*
HERKUNFT: *Noto (Syrakus).*

Oben
Die früh blühenden Mandelbäume sind eine Attraktion der Insel.
Rechts
Mandeln aus Noto sind ein Symbol der Stadt und wichtigste Zutat für die Creme.
Unten
Mandelcreme wird in Gläsern verkauft.

Der Inbegriff von Schlichtheit und Zartheit: Dies ist die wohl treffendste Beschreibung für Mandelcreme aus Noto. Schlicht wie die Zutaten, die zu ihrer Herstellung verwendet werden: „gewöhnliche" Mandeln aus Noto (das Aushängeschild der Produkte, die aus dieser Ecke der Provinz Syrakus stammen), roh und fein gehackt; Zucker, meisterhaft dosiert nach einem

Biancomangiare

ZUTATEN FÜR 4 PERSONEN:
• *150 g Mandelcreme aus Noto* • *60 g Weizenstärke* • *75 g Zucker*

- Für die Mandelmilch die Mandelcreme in 0,7 Liter lauwarmem Wasser auflösen.
- Sorgfältig durch ein sehr feines Sieb streichen; den im Sieb verbliebenen Bodensatz der Mandeln gründlich ausdrücken.
- Der Mandelmilch Stärke und Zucker hinzufügen, alles in einen großen Topf geben und bei niedriger Hitze köcheln lassen.
- Ständig mit dem Schneebesen rühren, damit sich keine Klümpchen bilden.
- Sobald die Masse kocht, vom Herd nehmen; kurze Zeit weiter rühren.
- In kalt ausgeschwenkte Puddingformen gießen.
- Abkühlen lassen, dann mindestens 6–8 Stunden in den Kühlschrank stellen.
- In Sizilien serviert man Biancomangiare auf einem Bett von Zitronenblättern; so entfaltet sich bei jedem Druck des Löffels auf die Blätter das angenehme Zitronenaroma, wenn die ätherischen Öle freigesetzt werden.

alten Rezept, das von einer Generation zur anderen überliefert wurde; und schließlich ein wenig Wasser, um die Masse streichfähig zu machen. Und zart, weil das völlige Fehlen von Aromen es der Creme erlaubt, ihren Mandelduft voll zu entfalten.
In der reichen Tradition sizilianischer Süßwaren stellt die Mandelcreme eine unverzichtbare Zutat für die Zubereitung zahlloser Rezepte dar. Ihr Geschmack bereichert Kuchen, Mürbteiggebäck, Cremes, Halbgefrorenes, Mousses und alles, was die kulinarische Phantasie nur ersinnen kann. Nicht zu vergessen die Mandelmilch, zu der sich in der heißen Sommersaison kaltes Wasser und Mandelcreme vermählen. Dieses Erfrischungsgetränk lieben sämtliche Sizilianer, Reich und Arm, Jung und Alt. In den Konditoreien kocht man die Mandelmilch mit Weizenstärke auf und zaubert daraus einen weißen Pudding: Ein ideales Dessert für ein besonderes Dinner.
Eine köstliche Variante der Mandelcreme ist die Creme aus gerösteten Mandeln. Für dieses Rezept verwendet man naturbelassene Mandeln mitsamt der Haut, die den Kern umhüllt; sie werden bei niedriger Temperatur langsam geröstet.

Links
Das Mandelmehl wird mit Zucker und etwas Wasser auf einer Marmorplatte verknetet.

Das Endprodukt ist ganz und gar anders: Der Geschmack ist viel ausgeprägter, das Aroma der Röstung dominiert.

EINKAUFSQUELLEN

CAFFÈ SICILIA SRL - *Corso Vittorio Emanuele, 125 96017 Noto (SR)* ✆ *0931 835013*

Ragusano

AUSSEHEN: *Quaderförmig mit abgeschrägten Kanten. Wegen dieser Besonderheit wird er im Dialekt* scaluni *(Stufe) genannt. Höchstens 60 cm lang, Breite und Höhe höchstens 15 cm, Gewicht 12–16 kg (in den Handel gelangen aber auch kleinere Laibe).*
FARBE: *Weißer Teig mit Tendenz ins Strohgelb; strohgelbe Rinde, die mit fortschreitender Reife zu Braun tendiert.*
GESCHMACK: *Süß, angenehm, delikat, mit zunehmender Reife leicht pikant.*
VERWENDUNG: *Über sechs Monate lang gereifter Ragusano passt gerieben herrlich zur Pasta, oder man genießt ihn zum Abschluss eines Mahls; der halb gereifte wird zum Kochen verwendet oder in Scheiben geschnitten gegrillt. Einige sizilianische Küchenchefs kombinieren ihn mit Fisch, beispielsweise in Schwertfisch-Rouladen, gefüllt mit Ragusano und im Ofen gebacken.*
HERKUNFT: *Die Orte Acate, Chiaramonte Gulfi, Comiso, Giarratana, Ispica, Modica, Monterosso Almo, Pozzallo, Ragusa, Santa Croce Camerina, Scicli und Vittoria in der Provinz Ragusa, und Noto, Palazzolo Acreide und Rosolini in der Provinz Syrakus.*

Ragusano wurde 1996 mit dem DOP-Siegel ausgezeichnet. Eng verbunden mit den Traditionen und der Kultur Siziliens, spielt dieser Brühkäse eine nicht unbedeutende Rolle in der Wirtschaft der Insel.
Herstellung und Reifeprozess durchläuft der Käse in verschiedenen Orten der Provinzen Ragusa und Siracusa. Produziert wird er aus der Vollmilch von Kühen, meist der Modica-Rasse, die in der Regel frei lebend auf den Weiden der Iblei-Berge grasen. Ihre Milch wird auf eine Temperatur von zirka 34 °C erhitzt und mit festem Lamm- oder Zickleinlab eingedickt.
Zunächst wird die Käsemasse gepresst, dann der Teig getrocknet. Darauf wird er gebrüht: Bei dieser

Oben
Seinen Geschmack verdankt der Ragusano unter anderem speziellen Kräutern, die die frei lebenden Modica-Kühe auf den Weiden grasen.

Rechts
Ragusano hat eine dünne Rinde und einen festen Teig mit Rissen, die sich mit fortschreitender Reife verbreitern.

Prozedur wird die in Scheiben geschnittene Masse mit 80 °C heißem Wasser übergossen und so lange bearbeitet, bis sie ungefähr Würfelform erreicht hat. Die Käselaibe taucht man daraufhin ins Salzbad und lässt sie danach in gut gelüfteten Räumen reifen – Tafelkäse zirka vier Monate lang und über sechs Monate, wenn er zum Reibekäse reifen soll. Ragusano erkennt man an seiner glatten, dünnen Rinde und dem kompakten Teig mit Rissen, die mit fort-

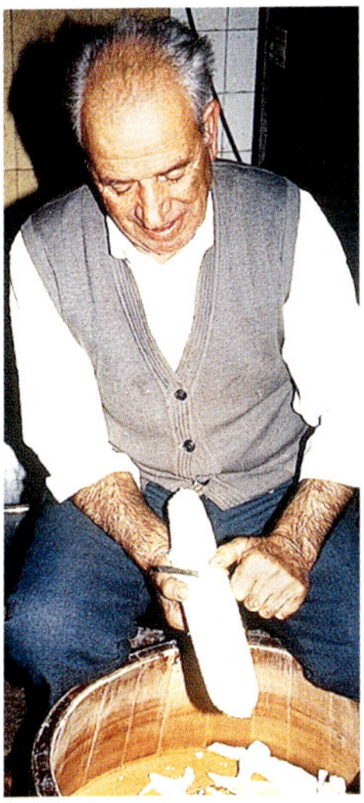

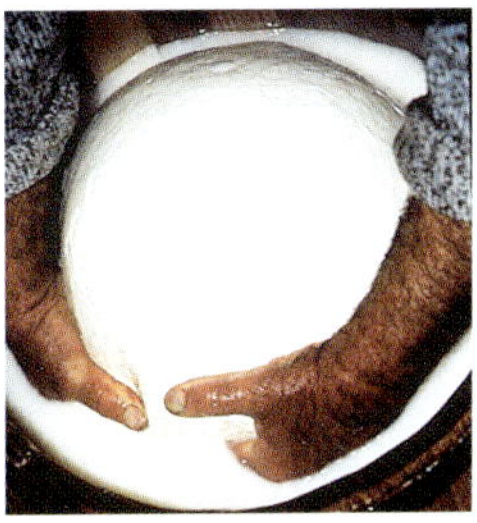

Von links
Das Schneiden des Käsebruchs, die Bearbeitung mit der *manuvedda* und das abschließende Formen des Teigs.
Unten
Der Käse in der *mastredda* vor dem Salzbad.
Ganz unten
Ragusano im feuchten Salzbad.
Daneben
Die reifenden Formen.

schreitender Reifezeit immer zahlreicher werden.
Die Zukunft des Ragusano ist ungewiss: Die Käser, die ihn herstellen, sind im Schnitt über 50 Jahre alt, und ihre Söhne kehren dem väterlichen Betrieb und dem Land den Rücken. Überdies muss dieser großartige Käse sich der Konkurrenz anderer gereifter Käseprodukte stellen, wie dem Grana und dem Parmigiano reggiano.

EINKAUFSQUELLEN

- **Florida Rosario** - *Bezirk Scorsone*
  97015 Modica (RG) ☎ *0932 951151/952370*
- **Di Pasquale Salvatore** - *Bezirk Cardita*
  97100 Ragusa ☎ *0932 619269*
- **Lissandrello Salvatore** - *Bezirk Canalicci*
  97100 Ragusa ☎ *0932 642517*

Sardinien

So berühmt sind die exquisiten Langusten aus Alghero und Siniscola, die Meerestiere und Fische, vor allem der Tunfisch aus Carloforte, dass man meinen könnte, die sardische Küche sei ausschließlich aufs Meer ausgerichtet. Doch dem ist nicht so. Neptuns Reich steuert zwar so manches bei, doch die Insel selbst ist ebenso reich an Gaumenfreuden: Käse, Süßes, Wurstwaren, Brot, Gemüse, Obst, Wein, Olivenöl, Fleisch und Konserven. Und vielleicht lässt sich behaupten, dass die Spezialitäten vom Land, von den Hirten und den Feldern, noch interessanter und origineller sind als die Meeresspezialitäten.

Pasta, Gemüsesuppen, Brot und gegrilltes Fleisch vom Spieß prägen diese wahrhaft originelle Küche, die – aus historischen und geografischen Gründen – stets mit dem Problem der Haltbarmachung zu kämpfen hatte. So entstanden *pane carasau* (das mit Tomaten, Pecorino und einem verlorenen Ei obenauf als *pane frattau* serviert wird), *fregula* (kleine Pastakugeln in Brühe, ähnlich dem arabischen Couscous) aus der Campidano-Ebene, *culurgiones* und *malloreddus*.

Vor allem jedoch die Käsesorten machen den Reichtum der sardischen Gastronomie aus. Wie könnte es auch anders sein? Schließlich verbreitete die Insel die Kunst der Käseherstellung in ganz Italien.

Und so findet man überall *caprino, canestrato* und *pe-*

Regionale Spezialitäten

KÄSE — *Seite*

• *Fiore sardo* — *234*

Canestrato, Caprino, Casada, Merca, Pecorino, Peretta, süße Ricotta, salzige Ricotta

WURSTWAREN

Capocollo, Guanciale, Mustela, Pancetta, Schinken, sa Suppressada

FLEISCH & FISCH

• *Bottarga* — *232*

Langusten, Meeresfrüchte, geräucherter Aal, Tunfischherz, Mosciame di Tonno

VON FELD, WALD & WIESE

Honig vom Erdbeerbaum, Pane carasau

DOLCI

Amaretti, Anicini, Aranzada, Casadinas, Cascheddas, Mustazzolus, Ossus, Pane di sapa, Papassinos, Pastissus, Pistoccos, Sebadas, Torrone

corino, peretta, ricotta (frisch und gereift); unbestrittener König der Käse ist jedoch der *fiore sardo*.
Schwieriger zu kosten ist der *merca*, ein süßer Käse; am ersten Tag von feinem Geschmack, wird er dann leicht säuerlich.

Andere Agrarprodukte hätte man hier wohl weniger erwartet: Schinken, Pancetta, *capocollo* und *guanciale* aus Desulo, Oliena, Gonnesa und Villa Grande. Typisch auch die *mustela* (in Essig und Wein mariniertes Schweinefilet).

danken sie dem Fischfang in den Gewässern der Halbinsel Sinis.
Sie haben vielleicht Appetit auf etwas Süßes? *Aranzada, pistoccos, papassinos, sebadas, amaretti, cascheddas, casadinas, mustazzolus* und *torrone* sind nur einige der

In unglaublichen Farben schillert das Meer an der Costa Smeralda, einem der begehrtesten Ziele der Touristen aus aller Welt.

Man verwendet ihn in erfrischenden Gemüsesuppen, in Brühe oder Pasta. Direkt nach der Herstellung verspeist, heißt er *sa frue*; säuerlich nennt man ihn *casu ascedu* oder *fiscedu*. Dazu isst man *carta da musica*, ein Fladenbrot dünn wie ein Notenblatt.

Doch auch Fischliebhaber kommen auf dieser Insel auf ihre Kosten: Sie erwartet eine breite Palette renommierter Produkte wie *bottarga*, Tunfischherz und *mosciame* (Tunfischsalami). *Bottarga di muggine* (Meeräschen-Eier) und geräucherten Aal ver-

vielen Naschereien, die noch heute in ganz Sardinien traditionell hergestellt werden. Lassen Sie sich keinesfalls die *anicini*, Anisplätzchen, entgehen. Bekannt ist auch *miele di corbezzolo*, Honig vom Erdbeerbaum, aus Ales.

Kulinarische Ausflüge

Heimat der Delikatessen: von Cagliari bis Sant'Antioco

Zwischen mittelalterlichen Bauten atmet man den Meeresduft von *bottarga* und *musciame*, den Erdduft von *suppressada* und *fiore sardo*, und den festlichen Duft von Mostbrot und *anicini*.

Oben
Kunstvoller Teller mit Figuren in sardischer Tracht.

Route 1

- Ausgangspunkt ist **Cagliari**: die Kathedrale Santa Maria (13. Jh.) und der mittelalterliche Elefantenturm werden Sie ebenso verzaubern wie die meisterhaften *pastissus*, Törtchen mit Mandelfüllung und Glasur; *pane di sapa*, ein mit gekochtem Most verfeinertes Gebäck, das es zu Allerheiligen gibt, und *ossus*, Süßes aus gerösteten Mandeln, Eiweiß, Zitrone, Zucker und Zimt.
- Machen Sie vor der Weiterfahrt einen Abstecher ins Archäologische Nationalmuseum – und ins nahe **Maracalagonis** zum Souvenirkauf: *sa suppressada* (Wurst aus gewürfeltem Schweinefleisch und -speck, die gesalzen und gewürzt in Naturdarm zirka einen Monat reift) und *sa mustela*, eine der *salsiccia* ähnliche Wurst, die frisch oder gereift verspeist wird; frisch mundet *sa mustela* fritiert oder gebraten, gereift ist sie eine exzellente Vorspeise. Schauen Sie bei der Fahrt gelegentlich nach oben: Schwärme von rosa Flamingos überfliegen die nahen Weiher.

Links
Launeddas-Bläser eröffnen einen traditionellen Trachtenzug in Domus de Maria bei Cagliari.
Unten
Die gigantischen Ruinen einer der über die Insel verstreuten Nuraghe; 7000 davon künden von der uralten Kultur der sardischen Ureinwohner.

• Aus Cagliari führen Sie 56 km Schnellstraße in die Stadt **Iglesias**, wo bis ins 16. Jahrhundert Silber abgebaut wurde. Besuchen Sie die romanisch-gotische Kathedrale Santa Chiara und lassen sich vom *fiore sardo* verführen, einem Käse aus Schafsmilch, Lab und Salz als einzigen Zutaten, der – je nach Reifegrad – bei Tisch gegessen (bis drei Monate) oder gerieben (bis sechs Monate) wird.

• Rund zehn Kilometer weiter liegt **Gonnesa**. Lassen Sie sich hier die *anicini*, Anisplätzchen, nicht entgehen: ein schlichtes, duftendes Ofengebäck aus Mehl, Eiern, Zucker, Schmalz, Backtriebmittel und Anissamen.

• 15 km trennen Gonnesa von **Carbonia**, wo die rationale Architektur der dreißiger Jahre vorherrscht; daneben findet man hier auch *ricotta gentile*, süße Ricotta, und *ricotta salata* mit Salz. Beide werden aus

Schafsmolke hergestellt. Die erstere wird frisch verspeist; die zweite reift zwischen 20 und 30 Tagen.

• Weitere 15 km sind es bis **Sant'Antioco**, wo neben phönizisch-punischen Ruinen Meister der Tunfisch-Verarbeitung neben klassischer *bottarga* (getrocknete, in Salz gelegte Tunfischeier) auch *musciame* (Tunfischsalami) und Tunfischherz herstellen und verarbeiten.

Links
Die Ernte, eines der vielen Wandgemälde, die Wände und Fassaden in San Sperate, dem „Museumsdorf", schmücken.

Bottarga

AUSSEHEN: *Beim Anschneiden sehr kompakt.*
FARBE: *Einheitlich, Tendenz zu Fuchsrot.*
GESCHMACK: *Intensiv und ausgeprägt.*
VERWENDUNG: *Köstlich auf Brötchen; in Scheiben geschnitten oder gerieben ein exzellenter Begleiter zu Spaghetti.*
HERKUNFT: *Oristano, Alghero, Sant'Antioco, Tortolì, Cabras und die Insel San Pietro.*

Oben
Fischfang-Anlage in einer Fischzucht.
Ganz oben, Mitte
Der Fischweiher in Mistras, wo verschiedene Fischarten gezüchtet werden.

Unten
Bottarga schmeckt köstlich als Vorspeise, in dünnen Scheiben mit Olivenöl angerichtet.

Italien müsste die Produktion der Bottarga einmal reglementieren und bei der Europäischen Union das DOP-Siegel beantragen, wie dies bereits Griechenland tat; das griechische Produkt erhielt die Anerkennung. Nur wenige kennen diese Köstlichkeit, die alleine ebenso gut genossen werden kann, beispielsweise mit Öl und Tomaten oder Sellerie, wie zur Pasta. Unter diesen Umständen ist das Risiko, dass auch diese „kulinarische Köstlichkeit" eine „ausgestorbene Spezies" werden könnte, sehr hoch. Doch was ist Bottarga? Nur wenige Eingeweihte wissen das: Es sind sonnengetrocknete Tunfischeier.

Spaghetti alla buttariga

ZUTATEN FÜR 4 PERSONEN:
• 50 g Meeräschen-Bottarga • 7 EL natives Olivenöl extra
• 400 g Spaghetti • Salz

- Bottarga reiben oder in sehr dünne Scheiben schneiden und in einer Schüssel mit einigen EL Öl zirka eine Stunde einweichen lassen.
- Spaghetti in reichlich Salzwasser al dente garen.
- In der Zwischenzeit 5 EL Öl in einem großen Steingut-Tiegel erhitzen.
- Spaghetti abschütten und abtropfen, in den Tiegel geben, die eingeweichte Bottarga zugeben, vermischen und sehr heiß servieren.

Wie gewinnt man Bottarga? Zunächst werden dem Fisch die Eier entnommen: Einige Tunfische enthalten bis zu acht Millionen davon. Dann breitet man die Eier auf Holztischen aus, bestreut sie mit Meersalz und presst sie. Rund 24 Stunden später wird das überschüssige Salz entfernt und die Blöcke zum Reifen in die Sonne gehängt. Einstmals wurden sie in den Tunfisch-Fangstellen verarbeitet.
In Sardinien stellt man Bottarga nicht nur vom Tunfisch her, sondern auch von der hiesigen Meeräsche, die man an den Küsten rund um die Insel fängt.
Eine Rarität ist dieses Produkt allemal: Nicht nur ist es außerhalb der Insel wenig bekannt und findet daher wenige Märkte, nein: Bottarga aus Sardinien muss sich überdies gegen die Konkurrenz der tiefgefrorenen Eier aus anderen Mittelmeerländern behaupten, deren Preise erheblich niedriger sind.
Von den verschiedenen Arten *batarik* (die Bezeichnung *bottarga* stammt aus dem Arabischen) aus Italien sind die von der Meeräsche aus Cabras (Oristano) und vom Tunfisch aus Sant'Antioco, Portoscuso und Carloforte (Cagliari) qualitativ am hochwertigsten.

Unten
Geriebene Bottarga wird mit Pasta gegessen.

Unten
Bottarga wird am Stück oder gerieben und in Gläser verpackt verkauft.

EINKAUFSQUELLEN

F.LLI MANCA - *Via G. Cima 5*
09072 Cabras (OR) ☎ 0783 290848
(Meeräschen-Bottarga)

SALIS EFISIO & C. SNC
Via Lungomare C. Colombo, 54/61
09017 Sant'Antioco (CA) ☎ 0781 82766
(Tunfisch-Bottarga)

Fiore sardo

AUSSEHEN: *Typische „Maultierrücken"-Form mit ganz platten Oberflächen und gerundeten Seiten. Die Form kommt vom Umstülpen aus einer Form in eine andere. Gewicht zwischen 1,5 und 4 kg; Höhe 12–15 cm, Durchmesser 12–20 cm.*
FARBE: *Die Rinde ist leuchtend gelb bis dunkelbraun, der Teig weiß oder strohgelb.*
GESCHMACK: *Mehr oder weniger pikant, je nach Reifegrad.*
VERWENDUNG: *Drei Monate gereift dient er als Tafelkäse; nach längerer Reifezeit wird er gerieben.*
HERKUNFT: *Die gesamte Insel Sardinien. Der meistgeschätzte Fiore sardo kommt aus Arborea, Gavoi, Iglesias, Osilo, Sindia, Thiesi und Villanova Monteleone; seine Wahlheimat ist jedoch Macomer.*

Der Fund einer Statue aus dem ersten Jahrtausend vor Christus, die einen Hirten mit seinem Schafbock zeigt, bezeugt, dass Schafzucht in Sardinien bereits in grauer Urzeit betrieben wurde. Und aus der altehrwürdigen Kunst, aus Schafsmilch Käse herzustellen, entwickelte sich der heutige Fiore sardo. Es handelt sich hierbei um einen harten Rohmilchkäse mit DOP-Siegel, der rohe, pure Schafsmilch enthält. Er wird mit Lammlab eingedickt und für gewöhnlich von den einzelnen Schafhirten „hausgemacht". Die Milch wird in einem einzi-

Oben
Fiore sardo wird aus roher, reiner Schafsmilch mit Lammlab hergestellt.
Rechts
Je nach Reifegrad genießt man Fiore sardo als Tafel- oder Reibekäse.

gen Melkgang gewonnen und ohne jegliche Behandlung zu Käse verarbeitet. Der größte Teil der Kleinerzeuger verwendet *sa moriga*, den Bruchzerkleinerer für die Milch, *sa chiova* für das Zerkleinern des Käselabs, *su sega casu* für das Schneiden der Käsemasse und *sa furchidda*, um die Formen im Kessel zu halten. Die Käsemasse wird in spezielle Formen gefüllt und gesalzen; so reift er mindestens drei Monate lang, häufig auch ein halbes Jahr oder länger. Diesen Prozess durchläuft er meist in zwei verschiedenen Reifekammern: Anfangs in der Wohnstätte des Schäfers auf einem Bett von Schilfmatten nahe des Herds, wo der Käse trocknet und leicht geräuchert wird, und dann auf dem Dachboden. Danach kommt der Fiore sardo einige Monate lang in Kellerräume. Hier wird er regelmäßig gewendet und mit Olivenöl eingerieben, um Schimmelbildung und starkes Austrocknen zu verhindern.
Fiore sardo wird fast ausschließlich in Italien verkauft. Eine Besonderheit ist jedoch, dass 65–70 Prozent des gesamten inneritalienischen Absatzes in die Provinz Lecce verkauft werden. Offensichtlich geht dieser Käse mit der Küche der Halbinsel Salento eine unschlagbar köstliche Verbindung ein.

Diese Seite, im Uhrzeigersinn
Verschiedene Herstellungsphasen: Die frische, nicht pasteurisierte Milch wird erhitzt und dickgelegt; die Käsemasse wird zerkleinert, um sie von der Molke zu trennen, und die Käselaibe werden von einer Form in die andere gestülpt, damit sie die typische „Maultierrücken-Form" erhalten.

EINKAUFSQUELLEN

Coop. Allevatori Mores - *Via Risorgimento, 4 07013 Mores (SS)* ✆ *079 706002*

IN.CAS.S. - *Piazza San Sebastiano, 3f 07014 Ozieri (SS)* ✆ *079 787681*

SE.PI. Formaggi srl - *S.S. 131, km 76,100 09094 Marrubiu (OR)* ✆ *0783 858333*

Cons. per la tutela del formaggio Fiore Sardo DOP - *c/o ERSAT - Via Roma, 202 08020 Gavoi (NU)* ✆ *0784 53687*

Produktverzeichnis

Ortsverzeichnis

Rezeptverzeichnis

Bildreferenzen

Die Abkürzungen o, u, m, r und l beziehen sich auf die Position der Illustrationen auf der jeweiligen Seite (oben, unten, Mitte, rechts, links).

Claudio Adami, Paroldo: S. 28o, 29m

Agenzia fotografica Farabola/Overseas, Milano: S. 66u (Schmidbauer)

Agenzia fotografica Marka, Milano: S. 2o (Rho), 2u (Papetti), 10o (Donadoni), 21ol (Donadoni), 11ur (Mazzola), 21mr (Albonico), 40or (Di Girolamo), 40–41u (Doz), 50–51u (Papetti), 58ol (Di Girolamo), 66ml (Huber), 67ur (Huber), 100ml (Albonico), 101ol (Donadoni), 120or (Simeone), 120ml (Donadoni), 120ul (Giaccone), 136ul (Donadoni), 137ul (Donadoni), 146o (Donadoni), 147or (Donadoni), 147ur (Donadoni), 157o m u (Donadoni), 164 o u. ml (Donadoni), 165u (Papetti), 174m, 191or (Donadoni), 203ol (De Marco), 210o (Donadoni), 210m (Cristofori), 210u (Capovilla), 218o u. u (Giaccone), 219u (Donadoni), 231o (Mereghetti), 231m (Rho)

Agenzia Franca Speranza, Milano: S. 154–155 (Vannini), 162–163 (Carfagna), 172–173 (Agentur Anzenberger), 216–217 (Oddo & Sinibaldi)

Sergio Anelli, Milano: S. 58, 59, 168–169u

Anfosc, Potenza: S. 205

Antica dolceria Bonajuto, Modica: S. 222o, 223o u. u

Antica macelleria Cecchini, Greve in Chianti: S. 126–127u

APT, Lucca: S. 131o

Archivio Chimera, Milano: S. 62o

Archivio d'Abruzzo, Pescara: S. 169o u. u

Archivio dell'Arte del Quotidiano, Roma: S. 20ul, 66or, 67mr, 100o, 121or, 136ml, 190l u. r, 211mr

Archivio fotografico *Cucina moderna* e *Sale & Pepe*, Segrate: S. 13o, 15ul u. r, 15m (Chessa), 22o (Pulga-Pedrini), 23m (Basso), 36u, 42u (Ziletti), 43ol, 43or (Lodi), 44–45o (Leonardi & Vitale), 47ol u. r, 47ml u. 47ulr (Leonardi & Vitale), 80u, 63m, 96, 104, 110, 111u (Viola), 126o, 129o u. m, 142–143u, 143ol (Focus Team/Nicotondini), 166ol (Basso), 166or, 171ul, 171u, 176, 178u, 186o, 233m

Archivio fotografico Electa, Milano: S. 41rm, 136or, 157mr, 191ur, 202ml u. u, 203ur

Archivio fotografico Mondadori/Electa, Milano: S. 1, 2m, 10–11ol, 11or, 11u, 32, 33u, 37o (Menna), 40ul, 50o, 63u, 85o, 100ur, 101mr, 109o, 111o (Menna), 121ul, 125o, 129, 137or, 147ml, 156o u. u, 158m u. 159m (Marcialis), 161o (Simion), 164m, 174o, 174–175, 175o, 179o, 181o, 183o (Simion), 186u (ADNA), 197o (Prina), 203r, 211ur, 215o, 219o u. m, 230o, 230–231u, 233o

Archivio fotografico Tecnoprint, Ancona: S. 140, 141ol u. u

Assopiemonte DOC u. IGP, Torino: S. 34, 35

Azienda agricola in conversione biologica Maria Santoro, Moliterno: S. 206o u. 207 (Agesa Arti Grafiche)

Azienda agricola „La gallinella", Velezzo Lomellina: S. 60 u. 61u (Studio Molinari & C)

Massimo Baldocchi, Massa Macinaia: S. 130o, 131mr,

Massimo Bersanetti, Milano: S. 46, 62u

Bonetti s.p.a., Milano: S. 170m

Cascina „La permuta", Vigevano: S. 61o

Caseificio „La verde fattoria del monte Comune", Moiano di Vico Equense: S. 184, 185

Caseificio Sociale Bagolino, Bagolino: S. 52, 53

Club degli Amici di Acqualagna, Acqualagna: S. 142l, 143or u. ur

Comunità Montana Valtellina, Sondrio: S. 55u

Confetteria Barbero, Cherasco: S. 22u, 23o u. u

Consorzio del culatello di Zibello, Zibello: S. 106 u. 107 (Trascinelli)

Consorzio del formaggio parmigiano reggiano, Reggio Emilia: S. 114, 115or u. u, 115o (Trascinelli)

Consorzio del prosciutto di Parma, Parma: S. 116, 117

Consorzio del prosciutto di San Daniele, San Daniele del Friuli: S. 96–97m, 97o u. u

Consorzio del trentingrana, Trento: S. 68 u. 69 (Studio B. QUATTRO)

Consorzio di tutela Comunità Montana Alta Langa, Bossolasco: S. 30, 31

Consorzio di tutela coppa piacentina, Piacenza: S. 105 (Valda Consulting)

Consorzio di tutela del fagiolo di Lamon, Lamon: S. 78, 79

Consorzio di tutela del formaggio asiago, Vicenza: S. 76, 77

Consorzio di tutela del prosciutto veneto berico-euganeo, Montagnana: S. 80o, 81ol u. u

Consorzio di tutela del radicchio rosso di Treviso, Treviso: S. 4, 82, 82–83, 83u

Consorzio di tutela del salame di Varzi, Varzi: S. 63o

Consorzio jambon de Bosses, Saint-Rhémy-en-Bosses: S. 14o, 14–15u (Libertini/Nikon), 15o

Consorzio per la tutela del formaggio castelmagno, Castelmagno: S. 24, 25

Consorzio per la tutela del formaggio fiore sardo, Gavoi: S. 234, 235

Consorzio per la tutela del formaggio gorgonzola, Novara: S. 26, 27

Consorzio per la tutela del formaggio montasio, Rivolto di Codroipo: S. 92–93u u. 93m (Libra)

Consorzio per la tutela del formaggio mozzarella di bufala campana, S. Nicola la Strada: S. 178o, 179u

Consorzio per la tutela del formaggio pecorino romano, Macomer: S. 160, 161u

Consorzio per la tutela del pomodoro San Marzano, San Valentino Torio: S. 182o, 183u

Consorzio per la tutela del riso vialone nano veronese, Isola della Scala: S. 84–85o (Canteri), 84u (Canteri), 85u (Lazzarin)

Consorzio per la tutela dell'olio Terre di Bari, Bari: S. 195o

Consorzio produttori aceto balsamico di Modena, Modena: S. 102, 103

Consorzio produttori farro della Garfagnana, Piazza al Serchio: S. 124

Consorzio produttori fontina/Sanguinetti Comunicazione, Aosta: S. 12o (Studio Santis), 12u, 13u

Consorzio ricerca filiera lattiero-casearia, Ragusa: S. 226–227

Consorzio speck Alto Adige, Bolzano: S. 68 u. 69 (Performance Advertising)

Consorzio tutela dei formaggi casera e bitto, Sondrio: S. 54o (Cavallero), 54–55u, 55o (Cavallero)

Consorzio tutela olio Sabina, Rieti: S. 158o (Munzi), 158u (Perugini), 159o u. u (Perugini)

Cooperativa agricola brisighellese, Brisighella: S. 112a, 113m u. u

Cooperativa agricola produttori di capperi, Pantelleria: S. 220m, 221o u. m (Cappadona & Billardello)

Cooperativa agricola valdanese, Terranuova Bracciolini: S. 122, 123

Cooperativa Altopiano di Navelli, Navelli: S. 170o u. u, 171o u. m

Cooperativa caseificio pugliese, Corato: S. 192, 193

Cooperativa CoZac, Figline Vegliaturo: S. 214, 215u

Cooperativa della lenticchia di Castelluccio di Norcia, Norcia: S. 148, 149m u. u, 149o (Foto Das)

Cooperativa Garfagnana, San Romano Garfagnana: S. 125u

Cooperlat, Jesi: S. 138 u. 139 (Studio Mazzanti)

Ditta Borrillo, San Marco dei Cavoti: S. 187

Ente del Turismo Puglia, Bari: S. 190–191o, 194u, 195u

Federazione regionale coltivatori diretti della Liguria, Genova: S. 47mr

Formaggio di fossa di G. Rossini, Sogliano al Rubicone: S.109m u. u (Agenzia Arnaldo Valerio)

Frantoio Sant'Agata d'Oneglia di A. Mela: S. 44m, 45o u. u

Fratelli Antonelli, Bari: S. 197u

Fratelli Manca, Cabras: S. 232, 232–233o, 233u

G.a.l. Acta, Villa d'Agri: S. 204 (Parente & Saccente)

Gastronomia Beltrami, Cartoceto: S. 141or u. m

Grazia Neri, Milano: S. 132o u. m (De' Micheli), 133ul u. r (De' Micheli)

Hotel Tosco Romagnolo, Bagno di Romagna: S. 113o

Maj-Britt Idström, Milano: S. 33o

Latteria sociale Lavariano Turnaria, Lavariano: S. 92o, 93o

Maurizio Lodi, Milano: S. 40ol

Macelleria Giannarelli, Carrara: S. 128o, 128–129u

Macelleria Marini, Ferruccia: S. 127

Momio music, Cosenza: S. 212, 213

Tony Nicolini, Milano: S. 72–73, 86–87, 134–135, 144–145, 188–189, 200–201, 208–209

Norcineria Lanzi, Norcia: S. 152o, 153o

Oli Masters Corporations, Milano: S. 130–131u (Fotografica Illustrazione/Tosi), 150, 151, 194o

Panificio biscottificio „La maggiore", Altamura: S. 198 u. 199 (Saponara)

Pastai gragnanesi soc. coop., Gragnano: S. 180, 181u

Pasticceria centrale, Gorizia: S. 90o (Salateo)

Pasticceria Giuditta Teresa, San Pietro al Natisone: S. 90u u. 91 (La photografica)

Mario Pelino, Sulmona: S. 166–167o u. u, 167or u. u

Pianetta di Barbieri & C, Voghera: S. 56 u. 57 (Marchesi)

Prosciuttificio Patrizi, Norcia: S. 153m u. u

Prosciuttificio Wolf, Sauris di Sotto: S. 3, 94o (Da Pozzo), 95o u. m (Casassola/Ikon), 94–95u, 95u (Studio Aquilini)

Regione Piemonte, Direzione turismo, sport e parchi, Torino: S. 36o, 37u

Ristorante Acquapazza, Cetara, S. 177

Ristorante „Alla pasina", Dosson di Casier: S. 83o

Ristorante S. Benedetto, Montagnana: S. 81or

Lou Embo Roiter, Venezia: S. 220o, 221u

Laura Ronchi/Tony Stone, Milano: S. 8–9, 18–19 (Piedilato), 38–39, 48–49 (Fupoji), 64–65, 98–99 (Telasi), 118–119, 228–229 (A. & L. Images)

Salumificio Bertolin, Arnad: S. 16o u. m, 17m u. u

Raimondo Santucci, Milano: S. 16u, 17o, 28u, 29o, 44u, 108, 112u, 132–133u, 133o, 152u, 182u, 196u, 206u, 220u, 222–223u, 223m

Der Herausgeber bedauert eventuelle ungewollte Fehler oder Auslassungen bei der Aufzählung der Bildreferenzen.